Y

~Ye

ŒUVRES

DE DELILLE.

TOME VIII.

IMPRIMERIE DE LACHEVARDIERE,
RUE DU COLOMBIER, 30.

ŒUVRES

DE DELILLE,

PRÉCÉDÉES

D'UNE NOTICE SUR SA VIE ET SES OUVRAGES

PAR P.-F. TISSOT,

PROFESSEUR AU COLLÉGE DE FRANCE, ET AUTEUR

DES ÉTUDES SUR VIRGILE.

TOME VIII.

L'IMAGINATION.

PARIS,

FURNE, LIBRAIRE ÉDITEUR,

QUAI DES AUGUSTINS, N° 39.

1832.

ÉPITRE

A MADAME DELILLE.

O toi, de tous les biens le plus cher à mon cœur,
Qui m'adoucis les maux, m'embellis le bonheur ;
Dont la raison aimable et la sage folie,
Quand du crime légal les sanglans attentats
Jetaient autour de nous les ombres du trépas,
   M'ont tant de fois, dans ma mélancolie,
Consolé de la mort et presque de la vie !
     Reçois l'hommage de ces vers ,
Douce distraction de mes chagrins amers.
     A qui de mon plus cher ouvrage
    Plus justement pouvais-je offrir l'hommage ?
Le sujet t'avait plu, ma muse l'embrassa ;
     Et cet ouvrage commença
     (Que cette époque m'intéresse !)
Le jour même où pour toi commença ma tendresse :
Ce jour, un seul regard suffit pour m'enflammer ;
Car te montrer c'est plaire, et te voir c'est t'aimer.
  Oh ! par combien de douces sympathies
    Nos âmes étaient assorties !
    Pour le malheur même pitié,
    Même chaleur dans l'amitié,
    Pareil dédain pour la richesse ,
    Pareille horreur pour la bassesse ;
Mêmes soins du présent, même oubli du passé ,
    Dont bientôt de notre mémoire

Tout, hormis tant d'amour, peut-être un peu de gloire,
Va pour jamais être effacé.
Dans les revers même constance,
Surtout la même insouciance
De l'impénétrable avenir :
Que dis-je ! avec la Mort et sa lugubre escorte
De loin je crois le voir venir :
Déjà l'essaim des maux vient frapper à ma porte ;
Le Temps, dont je ressens l'affront,
Déjà sur moi portant ses mains arides,
De ses ineffaçables rides
Laboure mon visage et sillonne mon front.
Qu'importe, si je puis, dans mon heureuse ivresse,
Reprendre quelquefois et ma lyre et mes chants !
Mais je n'ai plus ces sons touchans
Qu'embellissait encor ta voix enchanteresse !

Jadis mes vers présomptueux
Chantaient de l'univers les nombreux phénomènes,
Les frais vallons, les monts majestueux ;
Des bataillons armés le choc tumultueux,
Des volcans embrasés les fureurs souterraines,
Et le volcan bien plus impétueux
De nos discordes inhumaines.
Quelquefois, déployant de plus riantes scènes,
Je prêtais aux jardins de plus riches couleurs,
Je guidais un ruisseau, je plantais un bocage,
Et des austères lois de leur vieil esclavage
J'affranchissais les bois, j'émancipais les fleurs ;
D'autres fois, dans la paix des domaines champêtres,
Poète du hameau, j'enseignais à leurs maîtres
L'art d'y nourrir l'antique honneur,

De vivre heureux où vivaient leurs ancêtres,
Et de répandre autour d'eux leur bonheur.

Mais aujourd'hui des arts, de la nature,
Vainement j'oserais essayer la peinture :
Sur mes yeux se répand un nuage confus ;
Et comment peindre encor ce que je ne vois plus !
  Le dieu brillant du jour et de la lyre,
  Qui rarement daigne encor me sourire,
  N'est plus pour moi, dans ce triste univers,
Le dieu de la lumière, hélas ! ni des beaux vers.
Les muses, à mes vœux autrefois si dociles,
  Quand jeune encor je vivais sous leur loi,
    Se montrent déjà difficiles,
    Même quand je chante pour toi ;
    Déjà de mon aride veine
Les nombres cadencés ne coulent qu'avec peine.

Écoute donc, avant de me fermer les yeux,
Ma dernière prière et mes derniers adieux :
Je te l'ai dit, au bout de cette courte vie,
Ma plus chère espérance et ma plus douce envie
  C'est de dormir au bord d'un clair ruisseau,
A l'ombre d'un vieux chêne ou d'un jeune arbrisseau ;
Que ce lieu ne soit pas une profane enceinte ;
Que la religion y répande l'eau sainte,
Et que de notre foi le signe glorieux,
Où s'immola pour nous le Rédempteur du monde,
M'assure, en sommeillant dans cette nuit profonde,
    De mon réveil victorieux.

  Là, quand le ciel voudra que je succombe,

Dans le repos des champs place mon humble tombe.
Tu n'y pourras graver ces titres solennels
Qui survivent aux morts, et qu'au sein des ténèbres
Emporte dans l'horreur de ses caveaux funèbres
L'incorrigible orgueil des fragiles mortels :
      Au lieu de ces honneurs suprêmes,
Du néant vaniteux emphatiques emblèmes,
Place sur mon tombeau quelqu'un de ces écrits
Que ton goût apprécie et que ton cœur inspire,
      Que tu venges par un souris
      Des insultes de la satire.

      Quand le céleste Raphaël,
Aux pieds de l'Éternel, pour chanter ses louanges,
Alla se réunir à ses frères les anges,
      Et retrouver ses modèles au ciel,
Sur la tombe précoce où périt son jeune âge,
      Il ne reçut point en hommage
Ces nobles attributs, ces brillans écussons
Qui d'une race illustre accompagnent les noms ;
Mais ce tableau fameux, son plus sublime ouvrage,
Du Christ transfiguré majestueuse image,
Par la force et l'audace aux Romains enlevé,
Et de ses derniers jours chef-d'œuvre inachevé.
Quel ornement pompeux, quelle riche hécatombe,
      Eût égalé des tributs si flatteurs?
Un si touchant trophée attendrit tous les cœurs,
Et la Gloire, en pleurant, lui vint ouvrir la tombe.

      Je suis bien loin d'avoir les mêmes droits ;
Mais lorsque de la mort j'aurai subi les lois,
      Pour rendre hommage à ma cendre muette,

Sur mon cercueil arrosé de tes pleurs
Rends à mes vers l'honneur qu'on fit à sa palette ;
Un vieil accord unit le peintre et le poète,
Les beaux-arts sont amis, et les muses sont sœurs.

Dans ma retraite ténébreuse,
Si tu m'aimas, viens aussi quelquefois
A ma tombe silencieuse
Faire ouïr cette douce voix,
Dont la grâce mélodieuse
Et la justesse harmonieuse
Rendront jaloux les Amphions des bois.
Ne crains pas d'y chanter les airs mélancoliques
De ces Arions italiques
Qui des sons modulés t'enseignèrent les lois ;
J'aimai toujours leurs accords pathétiques.
Peut-être, à tes sons gémissans,
Ma muse encor rendra quelques tristes accens ;
Car, tu le sais, cette aimable déesse
Qui s'empara de moi quand je reçus le jour,
La Poésie, à la vive allégresse
Préfère, pour former sa cour,
Et la Mélancolie, et la douce Tristesse,
Filles rêveuses de l'Amour.
O de mon sort souveraine maîtresse !
Je leur vouai mon cœur en te donnant ma foi :
Et tout ce que les dieux ont d'une main féconde
Versé de biens et de plaisirs au monde
N'égale pas l'espoir d'être pleuré par toi.

Que des muses audacieuses
Dans leurs rimes ambitieuses
Rêvent leur immortalité,

Moi je n'aspire plus qu'à la tranquillité
  De la rustique sépulture
  Où doit bientôt à la nature
  Se rendre ma fragilité.
 Toi, viens me voir dans mon asile sombre !
Là, parmi les rameaux balancés mollement,
La douce illusion te montrera mon ombre
  Assise sur mon monument ;
 Là, quelquefois, plaintive et désolée,
Pour me charmer encor dans mon triste séjour,
Tu viendras visiter, au déclin d'un beau jour,
  Mon poétique mausolée ;
Là tu me donneras, en passant, un soupir
Plus doux pour moi qu'un souffle du zéphyr ;
 Par toi ces lieux me seront l'Élysée :
Le ciel y versera sa plus douce rosée ;
L'ombre y sera plus fraîche, et les gazons plus verts ;
Les vents plus mollement caresseront les airs ;
  Et si jamais tu te reposes
Dans ce séjour de paix, de tendresse et de deuil,
  Des pleurs versés sur mon cercueil
Chaque goutte, en tombant, fera naître des roses

PRÉFACE.

—

Ce poème a été commencé dans l'année 1785 , et fini en 1794. L'intervalle de ces deux dates a été marqué par de grands évènemens, dont on y retrouvera quelques traces. Cette observation m'a paru nécessaire, car il est juste que chaque époque soit chargée de sa propre responsabilité.

Deux inconvéniens sont attachés aux ouvrages long-temps annoncés : le public se venge de ces retards par un jugement trop rigoureux ; les lectures qu'en a faites l'auteur, soit dans le monde, soit dans les sociétés littéraires, les fragmens qui en sont connus, lui donnent, au moment de sa publication, un air de vieillesse qui le décolore.

De plus, cette longue attente donne à la malveillance le temps de s'armer contre le succès, et déjà, au défaut de l'ouvrage qu'on ne connaissait pas, on en a attaqué le titre ; on a prétendu que l'Imagination était un sujet trop vague et trop étendu ; on a oublié que Lucrèce a fait un poème sur la Nature des choses , *De rerum naturá*, c'est-à-dire sur le monde entier et sur tout ce qu'il renferme ; sujet assurément beaucoup plus vague , beaucoup plus étendu, et dont l'Imagination ne serait qu'une faible partie, ce qui n'empêche pas que ce poème ne soit un des plus magnifiques et un des plus précieux monumens de l'antiquité. La grande étendue d'un sujet est plutôt un avantage qu'un inconvénient; l'important est d'en diviser les masses en parties bien distinctes et bien circonscrites.

C'est ce que je me suis proposé de faire, comme on le verra dans le plan que je trace ici de l'ensemble du poëme, et des différentes parties qui le composent.

CHANT PREMIER.

L'homme sous le rapport intellectuel.

Les sens sont frappés par les divers objets qui se présentent à eux; ces impressions se gravent dans la mémoire: phénomène inexplicable de cette faculté; c'est dans son vaste dépôt que l'imagination les choisit, les colore, les modifie, les assortit à son gré; les songes, ouvrage de l'imagination encore agissante dans le repos de la nuit, l'action de l'imagination dans la création et l'emploi des figures, ses voyages du monde moral au monde physique, du monde physique au monde moral, et l'art avec lequel elle les embellit l'un par l'autre; de là les comparaisons; les différentes idées éveillées les unes par les autres; ce qui, dans les divers caractères des objets, frappe le plus vivement l'imagination; les effets que produisent sur elle les contrastes, les oppositions et les rapports plus ou moins immédiats; comment elle arrive d'une idée à celle qui en paraît le plus éloignée; des idées innées, de leur influence sur le reste de la vie; quel degré de bonheur peut procurer à l'homme la culture de son intelligence et de son imagination. Episode historique à ce sujet.

CHANT DEUXIÈME.

L'homme sensible.

Influence de l'imagination sur le bonheur ; les plaisirs de l'illusion suppléant aux plaisirs réels ; l'imagination, dédaignant le présent, se rejette vers le passé par le souvenir, et vers l'avenir par la prévoyance. Le souvenir, source d'un grand nombre d'affections, de vices et de vertus, produit les regrets, les remords, l'amitié, la reconnaissance et la haine : épisode relatif à cette passion. L'avenir frappe encore plus vivement l'imagination ; elle y est entraînée d'un côté par la crainte, de l'autre par l'espérance ; son influence non seulement morale, mais physique ; quelques effets heureux des illusions du *mesmérisme ;* effets nuisibles ou salutaires de la crainte ; avidité avec laquelle elle cherche les pronostics de l'avenir ; ce que l'imagination ajoute à l'avarice, à l'ambition et à l'amour : épisode relatif à cette passion.

CHANT TROISIÈME.

Impression des objets extérieurs.

Les couleurs, les formes, les mouvemens, la grâce qui résulte de leur élégance et de leur harmonie ; pouvoir et charme de la pudeur ; pouvoir de la nouveauté, ses attraits et ses dangers ; puissance de la mode ; impression qu'on reçoit à la vue de ce qui commence et de ce qui finit ; de l'enfance et de la vieillesse ; ce que le besoin d'être ému donne d'attraits même aux spectacles les plus terribles, les batailles, les volcans. Quels objets font naître

et entretiennent la mélancolie, la tristesse, l'épouvante
et l'horreur; nuances qui séparent et distinguent ces diverses affections; les objets rians, leur définition; peinture de quelques objets de ce genre; effets de la grandeur
sur l'imagination; la grandeur dans les ouvrages de la nature, les forêts, la mer et les montagnes; grandeur du
spectacle du ciel; l'homme, chef-d'œuvre de la création,
et affectant plus vivement l'imagination que tous les autres objets, par l'impression de ses sentimens; éloquence
du discours, du geste et surtout du regard : un coup d'œil
de Marius désarmant son assassin.

CHANT QUATRIÈME.

Impression des lieux.

Au premier aspect, le sujet de ce chant peut paraître
tenir de trop près à celui qui le précède; mais en y réflé-
chissant, l'impression des lieux ne peut pas plus se confondre avec les objets dont nous sommes frappés que le
site d'un volcan avec le volcan lui-même, le lieu de la
scène avec l'action qu'on y représente, un champ de bataille avec le combat dont il est le théâtre.

Effets réciproques de l'imagination sur les lieux, et des
lieux sur l'imagination; influence des lieux sauvages et
rians, agissant sur nous avec une variété qui dépend des
dispositions de notre âme. A la puissance physique des
lieux se joint la puissance morale, qui prend sa source
dans nos souvenirs agréables ou tristes : nous aimons les
lieux où nous reçûmes la naissance ou l'éducation, où
nous avons été heureux, où nous fûmes amans ou aimés,

ceux même où nous fûmes malheureux, ceux où reposent les objets de nos affections et de nos regrets. Antiquité des lieux et souvenirs qui y sont attachés : ces lieux font une impression d'autant plus vive, qu'ils rappellent des évènemens plus célèbres ; l'imagination se plaît à en parcourir les ruines, à les rebâtir ; recompose Rome et Athènes. Episode sur le voyage en Grèce par M. de Choiseul ; charmes qu'éprouvent les écrivains dans les lieux qui les ont inspirés. Impression des lieux ténébreux, des lieux solitaires, et de la solitude et des ténèbres réunies à un grand danger : exemple de ces impressions, tiré d'un fait arrivé dans les catacombes de Rome.

CHANT CINQUIÈME.

Les arts.

Hymne à la beauté, considérée comme le modèle des arts ; le beau idéal dans la sculpture et la peinture ; soin que les artistes grecs avaient de ne saisir dans la nature que ce qu'il y avait de plus parfait, et de composer un tout de plusieurs traits épars, choisis par le goût et reproduits par le génie ; ces artistes se sont même souvent élancés au-delà de la nature pour y trouver une perfection dont elle ne leur offrait point de modèle ; l'Apollon du Belvédère, la Transfiguration de Raphaël ; la musique, la danse, l'architecture ; description de la rotonde de Saint-Pierre de Rome ; la poésie, ses charmes et ses consolations ; ses différens genres : la comédie, la tragédie, Molière et Racine ; l'apologue, La Fontaine ; l'épopée, Homère, Virgile, le Dante, Milton, l'Arioste, le Tasse,

Ovide, Voltaire. L'éloquence ; force qu'elle donne aux vérités utiles ; les hautes sciences, sous le rapport de l'imagination ; la géométrie ; ce que doivent à l'imagination les arts mécaniques, l'horlogerie, l'imprimerie, la navigation.

CHANT SIXIÈME.

Le bonheur et la morale.

Influence de l'imagination sur le bonheur dans les différens âges ; par quels principes on doit diriger l'imagination ; sources du bonheur, l'indépendance, le travail qui doit toujours avoir un but et une espérance ; la vertu, sous le rapport de l'imagination ; elle voit le passé embelli par ce qu'elle a fait, et l'avenir par ce qu'elle espère. Le bonheur sous le rapport de la société ; inconvéniens de l'excès de confiance et de défiance ; portrait de J.-J. Rousseau. L'imagination, qui exagère les avantages de la vie, en exagère aussi les peines ; comment on peut armer l'imagination contre la crainte de la mort, de la pauvreté, de l'obscurité ; ressources que la nature elle-même nous fournit pour apprendre à ne pas les craindre ; secours que peut y ajouter la lecture des moralistes ; Horace, Rousseau, Fontenelle, Voltaire, Montaigne ; nécessité de se décider dans le choix de ses lectures par son âge et ses besoins ; nécessité de réprimer l'activité de l'imagination dans les circonstances malheureuses ; l'ingratitude ; perte de sa fortune, de ses amis ; l'exil, et surtout la captivité ; nécessité de s'occuper dans ces différentes situations, et d'opposer les distractions aux chagrins : exemple de Pélisson.

CHANT SEPTIÈME.

La politique.

Insuffisance des lois et des peines pour gouverner un peuple; moyens que l'imagination a inventés pour y suppléer, et pour lui inspirer l'amour de la patrie et de l'obéissance; puissance de l'étiquette; avantages qu'en ont recueillis les gouvernemens, et les malheurs auxquels ils se sont livrés en s'en écartant. Cérémonies et fêtes publiques; le culte des morts chez les peuples policés et les peuples sauvages; avantages qu'en retire la société; combien il sert à lier ensemble par les souvenirs et les regrets les générations successives, et combien il ajoute de pouvoir aux dernières volontés des morts, rendues plus sacrées par les honneurs qu'on leur rend; la fête des morts; la résurrection; récompenses des justes; hommage rendu à M. Turgot. Fêtes champêtres imaginées pour délasser le peuple de ses travaux et pour l'y attacher; description de quelques unes de ces fêtes dans différens pays; fêtes triomphales; description des triomphes romains; jugement solennel des rois d'Égypte; fêtes nationales de la Grèce; genre de spectacles que peuvent avoir les peuples vivant sous un ciel moins favorable à ces solennités. Puissance des monumens, leur origine, leurs progrès; les tombeaux; mausolée du maréchal de Saxe; soins politiques des anciens de présenter en spectacle les monumens des hommes illustres, comme des objets d'émulation et des leçons de vertus; profanation des tombeaux de Saint-Denis; danger de prodiguer les honneurs et de les décerner sans choix ; médailles échappant par leur petitesse aux injures du temps. Du costume des différens états ; malheurs qu'ont produits l'abandon et le mépris des costumes ; puissance des signes , la *rose blanche*, la *rose rouge*, les factions *verte* et *bleue*, le ruban *tricolore*.

CHANT HUITIÈME.

Les cultes.

Contemplation de l'Être suprême, première source de toute perfection ; distance que notre faiblesse met entre nous et la Divinité ; besoin d'un culte qui nous en rapproche , et nous rende plus présente l'idée d'un Dieu vengeur et rémunérateur. Sources diverses des différens cultes créés par la reconnaissance, la crainte, l'espoir, l'intérêt et l'orgueil ; les bienfaiteurs de leur patrie, premier objet du culte dans l'antiquité ; les vices et même les crimes partagèrent quelquefois avec la vertu les honneurs d'un culte public ; apothéose des empereurs romains ; la crainte, source plus commune encore que la reconnaissance d'un grand nombre de croyances religieuses ; forme hideuse qu'elle prête aux dieux créés par elle ; vœu du poète en faveur des Africains élevés dans ces cultes bizarres et funestes ; divinités indiennes formées sur le modèle des dieux insoucians d'Épicure. Les dieux créés par l'intérêt ; fête des Maldives consacrée aux vents par un peuple navigateur. Influence de l'orgueil sur quelques cérémonies religieuses ; le singe adoré dans quelques pays, à cause de sa ressemblance avec l'homme ; des Indiens offrant à leurs dieux des copeaux, parce que

leur chevelure est naturellement bouclée. Le besoin des
nouveautés donne naissance à un grand nombre de cultes;
les inventeurs des arts divinisés. Penchant invincible de
l'homme pour la superstition ; honneurs divins rendus
aux animaux les plus vils, et même aux êtres inanimés ;
superstition plus ridicule encore du culte rendu au grand
Lama ; les peuples qui à leur gré se font des dieux de fantaisie ; le désir de connaître l'avenir créant les auspices
et les augures, et tous les genres de prédictions ; les Romains gouvernés par le cri ou le vol d'un oiseau ; superstitions des oracles tributaires de l'orgueil et de l'ambition. Véritable origine de l'union entre l'autorité civile
et l'autorité religieuse ; heureux effets de cette union ;
les différentes divinités des anciens transportées par la
tradition du lieu de leur origine en d'autres pays ; connaissance d'un seul Dieu transmise par Moïse aux Hébreux ; impression profonde et constamment conservée
par ce peuple de ses premières idées ; la pompe de ses
cérémonies ; la religion préside à ses actions en apparence
les plus indifférentes. Les dieux de l'Égypte transportés
dans la Grèce, mais avec des formes plus aimables et plus
douces ; les Romains, qui les adoptèrent, par l'effet de
leur caractère plus sérieux et plus grave, leur donnèrent
des formes plus majestueuses et plus sévères; moyen politique que trouvèrent les Romains dans le culte public ;
leurs fêtes triomphales et champêtres entretenant l'a-
mour de la gloire et de l'agriculture : Jupiter-Stator ;
Palès ; le dieu Terme, protecteur des propriétés ; les dieux
domestiques fêtés à Rome et dans la Chine ; traitemens

capricieux auxquels ils étaient soumis à Rome, et dont on trouve encore des traces en Italie. Influence des fondateurs sur les religions ; Zoroastre, Numa, Mahomet, Confucius ; influence des mœurs et des climats ; soleil adoré dans presque toutes les parties du monde ; invocation du poète à cet astre, source de tant de bienfaits. **La** religion révélée ; son incomparable supériorité ; si l'imagination ne l'a pas créée, elle a augmenté la pompe de ses solennités, a embelli ses triomphes, et l'a soutenue dans ses persécutions ; tableaux des martyrs et des premiers chrétiens rassemblés dans les catacombes ; cruauté du fanatisme ; les Grecs plus modérés, tous les peuples de la Grèce réunis à Délos pour la fête d'Apollon ; sacrifices humains dans les Gaules et le Mexique. Toutes les religions mettent l'espoir du pardon à côté de la crainte des châtimens ; avantage de la religion chrétienne sous ce rapport ; épisode à ce sujet.

Cette exposition générale du plan de l'ouvrage me dispense de parler du pouvoir que l'imagination exerce sur nos plaisirs, sur nos peines, et sur les ouvrages du génie, dans les différentes carrières qui lui sont ouvertes. Je m'en tiendrai à celui qu'elle exerce sur les arts d'imagination. Il suffira d'en citer deux exemples tirés l'un du plus grand des peintres, et l'autre du plus grand des poètes. Dans les arts d'imagination, il ne suffit pas de choisir un sujet heureux et une idée féconde, il faut entourer l'idée principale de toutes celles qui l'avoisinent.

Raphaël veut peindre le Fils de Dieu, dont la divinité

triomphante de sa mortalité passagère remonte vers le ciel : la divinité dans tout l'éclat de sa gloire ne peut seule remplir toute l'idée de ce grand peintre ; mais s'il me montre, sur la terre et sur le premier plan, un démoniaque entouré de quelques apôtres occupés de sa délivrance ; sur le second plan, au sommet d'une montagne, d'autres disciples de Dieu, sans s'apercevoir de ce qui se passe sur la terre, fixant des yeux éblouis, mais non pas étonnés, sur l'image céleste du Dieu triomphateur qui verse autour de lui des torrens de lumière ; s'il fait contraster la majestueuse sérénité de ce Dieu, vainqueur de la mort, avec les traits convulsifs du démoniaque, emblème des passions humaines, et même avec l'inquiète sollicitude des apôtres qui viennent à son secours ; s'il me montre au-dessus du Fils de l'Éternel des groupes d'anges dont la présence annonce le voisinage du ciel, et qui semblent prêts à le reconduire en triomphe au trône de son Père :

Alors je reconnais l'ouvrage d'une imagination féconde et sublime ; alors j'oublie la correction du dessin et toute la beauté de l'exécution ; je ne suis plus occupé que du contraste admirable qu'il met entre le calme radieux de la divinité, et l'agitation de l'humanité souffrante. Je passe des hommes à Dieu, de la terre au ciel ; des peines et des passions de cette vie, à l'impassible tranquillité des demeures célestes ; et je me trouve heureux, et presque fier, d'avoir senti ou deviné l'idée de ce grand homme. Non seulement l'imagination peut seule composer de beaux ouvrages, mais elle peut seule les louer dignement.

« Eh bien ! disait un peintre à un voyageur revenu de
Rome, ces beaux enfans du Dominicain sont-ils grandis? »
Au moment où un grand sculpteur venait de donner le
dernier coup de ciseau à un cheval en marbre, « Marche
donc, » dit un témoin de son travail. Voilà l'imagination
louant le génie !

Combien la poésie doit encore à l'imagination ! pour
nous en convaincre, essayons d'assister par son pouvoir
à la première conception de l'*Iliade*. Depuis long-temps
retentissaient aux oreilles d'Homère les récits miraculeux
de la guerre de Troie ; les instituteurs et les nourrices les
contaient à leurs élèves et à leurs nourrissons ; les mères
à leurs enfans : une foule de héros, différens de patrie,
de caractère et de courage, mais tous réunis par le même
intérêt : l'artificieux Ulysse, l'impétueux Ajax, le sage
Nestor ; l'impiété farouche de Diomède, le caractère religieux d'Hector ; le fier Achille s'élevant au-dessus d'eux
tous, également passionné dans son amitié et dans sa haine,
retiré dans sa tente, mais toujours présent par son absence même, plus funeste aux Grecs par son refus de combattre, qu'aux Troyens par sa valeur ; le choc de deux
puissans empires, la lutte de l'Europe et de l'Asie ; les
hommes et les dieux, mais des dieux passionnés et des
hommes héroïques ; les plus riches peintures de la nature
physique et morale ; les plus tendres affections du cœur
venant adoucir les horreurs des batailles ; le vieux Priam
aux pieds du féroce Achille, recevant de ses mains sanglantes le cadavre de son fils ; Andromaque, son enfant
dans les bras, cherchant à détourner Hector d'un combat

inégal, et opposant à son courage le sourire de son fils :
toutes les richesses de la géographie, toutes les traditions
de la théogonie, enfin l'orgueil national de la Grèce flat-
tée du récit de ses victoires, voilà ce que l'imagination
d'Homère lui montre dans ce magnifique sujet ; il s'en empare, et l'*Iliade* devient le prototype éternel de l'épopée :
tant le succès d'un ouvrage dépend de la force et de l'é-
tendue de la première conception !

Avant de peindre le pouvoir de l'imagination, il était
nécessaire de décomposer l'homme dans sa double organisation d'être intellectuel et d'être sensible, car c'est de
ces deux sources que dérivent ses idées et ses sentimens,
sur lesquels l'imagination exerce une si vive influence.
Plus on observe le monde physique et moral, plus on
aperçoit la correspondance éternelle que la nature a éta-
blie entre eux : c'est d'après ce principe que doit être
écrit un poème philosophique. Tout ouvrage de ce genre
a pour objet des vérités physiques ou des vérités morales.
Dans le premier cas, le poète, pour rendre plus intéres-
santes les peintures du monde matériel, doit les rapprocher des vérités morales, et trouver entre elles des rapports ingénieux. Ce sont ces images qui donnent aux
idées abstraites de la morale et de la métaphysique un
corps, une figure et un vêtement, comme je l'ai dit dans
le premier chant de ce poème :

Tout entre dans l'esprit par la porte des sens.

Et, sous ce rapport, on peut dire que la poésie est ma-
térialiste ; ces rapprochemens peuvent se faire ou par la
peinture immédiate des objets moraux ou physiques, ou

par la voie indirecte des comparaisons, qui transporte la pensée de l'un à l'autre. Qu'on me permette ici de citer, non pas comme modèles, mais comme exemples, quelques comparaisons tirées de cet ouvrage. Quand j'ai voulu exprimer comment les objets modifient l'imagination, comment ils sont eux-mêmes modifiés par elle, il m'a suffi de peindre l'action réciproque des eaux sur le rivage, et du rivage sur les eaux :

> Du mobile Océan tels les flots onduleux
> Vont façonner leurs bords, ou sont moulés par eux.

Si je veux expliquer comment les idées sont réveillées les unes par les autres, je me rappelle l'étincelle qu'on approche d'un amas de poudre, dont les grains, s'embrasant de proche en proche, produisent un vaste incendie :

> Voyez ces longs canaux, retraite ténébreuse
> Des esprits sulfureux qui, prêts à s'allumer,
> N'attendent que la main qui va les enflammer;
> De cet amas dormant de nitre et de bitume,
> Qu'une étincelle approche, un feu soudain s'allume;
> Il court de tube en tube, erre de tous côtés,
> Fait éclore, en passant, mille objets enchantés :
> C'est un fleuve de feu, c'est un dragon superbe :
> Ici tourne un soleil, là s'élance une gerbe,
> Des astres inconnus peuplent le firmament;
> Une étincelle a fait ce vaste embrasement.

Avec le même avantage et le même succès, les idées morales viennent se joindre aux peintures du monde physique ; ainsi, lorsque dans un éloge de la rose, j'ai voulu peindre les émanations de son parfum, j'ai dit :

> La rose au doux parfum, de qui l'extrait divin,
> Goutte à goutte versé par une avare main,
> Parfume, en s'exhalant, tout un palais d'Asie,
> Comme un doux souvenir remplit toute la vie.

C'est par le secours de ces échanges continuels que la poésie se fertilise et s'enrichit ; ils ont un double avantage, celui de jeter plus de variété dans la composition, et celui de flatter le penchant naturel de l'homme à saisir dans l'assemblage des êtres les deux bouts de la chaîne, et de rapprocher par des rapports ingénieux des êtres d'une nature si différente.

Mais ce genre de composition demande une grande variété de connaissances, qui ne peut s'acquérir que par de longues études, ou mieux encore par de longs voyages. C'est par ce double moyen qu'Homère, Virgile, le Tasse et Milton ont enrichi leurs poèmes d'une aussi prodigieuse variété de tableaux. On disait un jour à Thompson, le célèbre auteur du poème des *Saisons,* qu'un de ses amis avait composé un poème épique. « Un poème épique ! répondit Thompson avec vivacité, cela n'est pas possible, il n'a jamais vu une montagne. » Mais si cette variété est nécessaire à un poème épique, soutenu par l'intérêt d'une grande action, combien l'est-elle encore davantage dans un poème philosophique ou didactique, qui ne peut valoir que par la richesse des détails et le mérite de l'exécution ! Cependant un avantage qu'on ne peut lui refuser, c'est de pouvoir également s'élever au genre le plus noble, et descendre au ton simple et familier de la satire et de l'épître ; c'est dans ce sens que Boileau a dit :

> Heureux qui, dans ses vers, sait d'une voix légère
> Passer du grave au doux, du plaisant au sévère !

Horace semble avoir tracé les devoirs du poète

philosophe, dans ces vers pleins de sens et de finesse :

> Defendente vicem modo rhetoris, atque poetæ :
> Interdum urbani, parcentis viribus, atque
> Extenuantis eas consulto.

« Prenant tantôt l'accent élevé de l'orateur et du poète, tantôt celui de l'homme du monde qui ménage ses forces et les affaiblit à dessein. » Aussi appelle-t-il les vers de ses satires et de ses épîtres, *sermoni propiora*, le style de la conversation.

Ce qui m'a coûté le plus dans mon travail, c'est de ne pas abuser de la richesse poétique du sujet, et de ne pas sacrifier l'instruction à l'éclat des peintures et à la pompe des descriptions ; les poèmes philosophiques, dénués d'instruction, de méthode, et surchargés d'ornemens, ressemblent à ces amas de glaces stériles, éblouissans et froids.

Un jour que je m'étais occupé des idées abstraites qui appartiennent à ce sujet ; dans une de ces rêveries qui ressemblent à des songes, j'ai cru voir m'apparaître le Génie de la langue française : son air était froid et noble ; son vêtement, d'étoffes et de couleurs différentes, chargé de diamans et de strazs, sa démarche grave et compassée, son langage un peu monotone, et son maintien maniéré. « Eh quoi ! me dit-il en s'approchant de moi, ce n'était donc point assez de m'avoir retiré de la société des rois et des héros, pour m'entourer de laboureurs et de pâtres ; de m'avoir arraché aux pompes du théâtre, pour me jeter dans des terres labourables, dans des jachères et des friches ; d'avoir substitué dans mes mains au sceptre de la tragédie, aux grelots de la gaieté comique, des serpes et des râteaux ! voilà que vous me forcez encore de m'oc-

cuper tristement d'idées métaphysiques et abstraites, jusqu'ici tout-à-fait étrangères à la poésie. — Permettez-moi,
lui dis-je, de me justifier, et de vous tracer ici le tableau
fidèle de mes travaux poétiques. Votre langue était gé-
néralement accusée d'une pauvreté dédaigneuse ; vous
paraissiez surtout avoir une grande répugnance à peindre
les travaux et les occupations champêtres. Voltaire avait
prétendu que Boileau même n'aurait pas osé traduire les
Géorgiques de Virgile ; je vous proposai de donner un
heureux démenti à cette allégation ; vous me prêtâtes
pour cette entreprise des richesses jusqu'alors ignorées de
notre langue : l'ouvrage parut ; les femmes et les jeunes
gens le lurent peu, mais firent semblant de le lire. L'ouvrage fut presque à la mode, et le suffrage des gens de
lettres lui promit un succès plus durable.

» Une ordonnance monotone et symétrique régnait
dans nos jardins ; de tristes charmilles, dans leurs ennuyeux alignemens, masquaient aux yeux les formes et
les teintes différentes des arbres. Les eaux dormaient dans
des bassins, de longs canaux s'étendaient en lignes droi-
tes, le ruisseau le plus animé n'eût osé se permettre le plus
petit détour ; tout l'emplacement était soigneusement nivelé : c'était à la poésie à réformer ces abus. Aidé de votre
secours, je chantai les jardins libres et irréguliers : la
variété succéda à la monotonie, la liberté à l'esclavage ;
les bois, les prés, les eaux reprirent leur indépendance,
et les jardins devinrent des paysages.

» Ce travail achevé, je vous retins encore dans les
champs ; nous n'avions point de *Géorgiques françaises*.

Celles de Virgile, si parfaites dans l'exécution, semblaient incomplètes dans leur plan. Il ne nous avait point
présenté l'homme des champs jouissant de tous les plaisirs que peut offrir la campagne, étudiant tous les aspects
variés des saisons, observant la nature pour en mieux
jouir, se rendant heureux, et répandant autour de lui
son bonheur. L'agriculture dont il a dicté les lois n'est
que l'agriculture ordinaire connue de son temps; il n'a
point employé le loisir de l'homme des champs à connaître ce qu'il trouve autour de son habitation d'intéressant et de curieux; il a entièrement oublié le philosophe
et le naturaliste; enfin il n'a point appris aux poètes à célébrer leurs beautés et à chanter la magnificence de la
nature : j'ai tâché de remplir ces vides [1].

» Cependant votre langue, accusée d'un peu de recherche et d'afféterie, avait besoin d'être retrempée dans
la mâle simplicité des poètes anciens. La traduction des
grands modèles de l'antiquité est pour la poésie moderne,
passez-moi cette comparaison, ce que sont ces cuves fa-
meuses d'Allemagne où le vin nouveau, versé tous les
ans sur les vendanges précédentes, emprunte d'elles sa
force et sa maturité. J'avais à choisir entre Homère et
Virgile; mais Virgile, vivant sous un gouvernement plus
rapproché du nôtre, par cette élégance, cette politesse et ce sentiment des convenances qui n'appartiennent qu'à une cour et à un siècle polis; Virgile, à qui
j'ai dû mes premiers succès dans la carrière littéraire, a

---

[1] Nous ne pouvons mieux faire que de renvoyer le lecteur à la Préface de
l'*Homme des Champs*, où l'auteur a exposé lui-même l'intention de ce poème.

dû facilement obtenir la préférence. Quoi qu'en aient dit
des personnes d'ailleurs très estimables, cette traduction présentait des difficultés plus grandes peut-être que
celles des *Géorgiques*. Indépendamment de l'étendue de
l'ouvrage, plusieurs chants, presque entièrement des-
criptifs, tels que la navigation d'Énée dans le troisième ;
les jeux célébrés sur le tombeau d'Anchise dans le cinquième ; dans le sixième la peinture des enfers ; dans les
six derniers celle d'une foule de batailles, où les costumes, les armes, les stratagèmes militaires, n'ont rien de
commun avec ceux des siècles modernes, demandaient
dans l'exécution autant d'efforts que les détails du poème
didactique, et d'ailleurs exigeaient beaucoup plus de
mouvement, de verve et d'élévation. Je me suis imposé
la plus scrupuleuse fidélité dans la traduction de tout ce
qui regarde les usages civils, religieux, politiques ou
militaires des anciens, surtout la partie historique et géo-
graphique, dont les détails sont si précieux aux amateurs
de l'antiquité. Le fameux Danville ayant demandé à un
dessinateur de cartes celle de la Grèce, surpris et fâché
de n'y pas trouver je ne sais quelle bicoque de l'Attique :
— Ah ! monsieur, dit-il, vous m'avez volé un village.

» Enfin il manquait à votre langue une sorte d'audace
dans les idées, d'énergie dans l'expression, que Milton
a portée peut-être plus loin que ses prédécesseurs. J'ai
donc ajouté à la traduction de l'*Énéide* celle du *Paradis
perdu*, et peut-être son auteur aurait vu avec plaisir l'accueil qu'elle a reçu, puisqu'il est dû tout entier au génie
avec lequel il a su peindre également la majesté de l'Être

Suprème, les fureurs de Satan, tracées d'un pinceau peut-être plus énergique que la colère d'Achille ; le ciel, l'enfer, la magnificence de la création, le paradis terrestre, et les chastes amours et les innocentes délices de nos premiers pères. Ainsi la poésie ancienne et la poésie moderne ont concouru à fortifier la vôtre, et quoique vous m'ayez souvent refusé la vivacité des tours, la rapidité du mouvement, et surtout l'incomparable secours de l'inversion; qu'au lieu des terminaisons caractéristiques des nombres, des genres, des cas et des temps, vous m'ayez souvent embarrassé de l'appareil des articles et des verbes auxiliaires, plus d'un connaisseur indulgent n'a pas trouvé ce travail inutile pour l'accroissement de vos richesses poétiques.

» Tous ces essais ne pouvaient suffire à l'emploi de vos richesses; la morale et la métaphysique restaient encore presque entièrement étrangères à notre poésie, et j'ai cru qu'un poème sur l'*Imagination*, sur cette faculté qui exerce sur nos idées, nos sensations et nos sentimens, un si puissant empire, pouvait remplir ce vide et vous ouvrir un champ vaste et fécond. »

À ces mots, le Génie me sourit, me jeta quelques feuilles de lauriers, détachées de la couronne de Virgile et de Milton, dont les bustes, par le hasard de mon rêve, se trouvaient placés à côté de lui : je les saisis avec empressement, et les rattachai avec respect aux couronnes à qui elles appartenaient.

L'IMAGINATION.

POÈME

EN HUIT CHANTS.

CHANT I.

L'HOMME SOUS LE RAPPORT INTELLECTUEL.

Trop heureux le génie, ornement de la scène,
Qui, formé par Thalie, ou cher à Melpomène,
Égayant, à son choix, ou tourmentant les cœurs,
Fait éclater le rire ou ruisseler les pleurs ;
Mais heureux, après lui, l'ami de la sagesse,
Qui, disciple de Pope, élève de Lucrèce,
Sans masque, sans cothurne, et sans illusion,
D'un style simple et vrai fait parler la raison !
Il n'entend pas pour lui retentir le théâtre
Des suffrages bruyans d'une foule idolâtre ;
Mais le sage le lit : le sage quelquefois
Pour rêver avec lui s'enfonce dans les bois ;
Et, charmé de ses vers, n'en suspend la lecture
Que pour voir les forêts, les cieux et la nature.
Content de ce destin, je chante dans mes vers
L'IMAGINATION, charme de l'univers.
    Je dirai ses attraits, son empire invisible
Sur l'être intelligent et sur l'être sensible ;
Comment elle reçoit, par l'organe des sens,
L'image des objets, et des lieux, et des temps ;
Comment, des arts divins inspirant le délire,
Elle anime à la fois les pinceaux et la lyre :
Je peindrai tour à tour ses dangers, ses bienfaits ;
Quel soin peut seconder ou régler ses effets ;

Comment des arts, des jeux, et des fêtes publiques,
Elle étale à nos yeux les pompes politiques;
Et, suppléant aux lois, ou servant leur pouvoir,
Par des liens de fleurs elle enchaîne au devoir;
Comment, de mille erreurs créatrice féconde,
De fausses déités elle peupla le monde;
A l'argile, à la pierre, éleva des autels,
Devant un bois muet prosterna les mortels;
Comment enfin, du Christ secondant les conquêtes,
De leur pompe sacrée elle embellit nos fêtes.
Noble et vaste projet! et tel que l'art des vers
Jamais d'objets plus grands n'entretint l'univers.

    Mais pour la célébrer ma voix a besoin d'elle.
Où donc te rencontrer, adorable immortelle?
Pour enchanter l'oreille ou charmer les regards,
Dans leurs temples brillans inspires-tu les arts?
Vas-tu sur l'Apennin, sur les Andes sauvages,
Prêter de loin l'oreille à la voix des orages?
Dans la noire épaisseur de ces antiques bois
Où jamais des humains la hache ni la voix
N'interrompit la paix de leur nuit ténébreuse,
Aux coteaux d'Hercinie, aux champs de Vallombreuse,
Pensive, égares-tu tes pas silencieux?
De Pomone et de Pan séjour délicieux,
Tibur t'amuse-t-il du bruit de ses cascades?
Sur les pompeux débris de quelques colonnades
Le temps te montre-t-il le néant de l'orgueil?
Gémis-tu sur les pas de quelque mère en deuil,
Qui, visitant d'un fils la lugubre demeure,
S'assied, croise les bras, baisse la tête, et pleure?
Au sein d'un doux réduit, cher à la volupté,
Dans les bras de l'amour remets-tu la beauté?

Ou bien aimes-tu mieux, dans sa retraite obscure,
Charmer l'ami des arts, l'amant de la nature?
Eh bien! je suis à toi. Viens, ô ma déité!
Viens, telle qu'on t'admire en ta variété,
Folâtrant sur les fleurs, se jouant dans l'orage,
Pour sceptre une baguette, et pour trône un nuage;
Conduisant sur ton char, entouré de vapeurs,
Les fantômes légers et les songes trompeurs;
Ta robe sans agrafe et ton corps sans ceinture,
A l'air abandonnant ta libre chevelure:
Viens, portant dans tes mains le myrte et le laurier,
Le luth du troubadour, la lance du guerrier;
Variant, comme Iris, tes couleurs et tes charmes,
Le rire dans tes yeux prêt à céder aux larmes;
Jeune, fraîche, et dans l'air, sur la terre et les flots,
Versant toutes les fleurs, excepté les pavots.

   Cependant, pour chanter ta puissance divine,
Il en faut avec art démêler l'origine,
Les principes cachés et les ressorts secrets:
Prenons donc de plus haut ces sublimes objets.

   Ce n'est pas sans raison que de l'intelligence
Dans les sens ébranlés on plaça la naissance;
Tout entre dans l'esprit par la porte des sens:
L'un écoute les sons, distingue les accens;
L'autre des fruits, des fleurs, des arbres et des plantes,
Apporte jusqu'à nous les vapeurs odorantes;
L'autre goûte des mets les sucs délicieux;
L'œil, plus puissant, embrasse et la terre et les cieux:
Mais, tant que le toucher n'a pas instruit la vue,
Ses regards ignorans errent dans l'étendue;
Les distances, les lieux, les formes, les grandeurs,
Tout est douteux pour l'œil, excepté les couleurs.

Mais le toucher, grands dieux ! j'en atteste Lucrèce[1],
Le toucher, roi des sens, les surpasse en richesse ;
C'est l'arbitre des arts, le guide du désir,
Le sens de la raison et celui du plaisir.
Tous sont assujettis à ce maître suprême,
Ou plutôt tous les sens sont le toucher lui-même.
Chacun de ses rivaux, dans son pouvoir borné,
A son unique emploi demeure confiné :
La puissance du tact est partout répandue ;
L'ouïe, et l'odorat, et le goût, et la vue,
Sont encor le toucher, le plus noble des sens :
Présens, il les dirige, et les remplace absens.
Le mortel qui, sans yeux commençant sa carrière,
Pour ne la voir jamais, arrive à la lumière,
D'une main curieuse interroge les corps,
Écoute du toucher les fidèles rapports.
Par lui, de leur couleur s'il perd la jouissance,
Il juge leur grandeur, leurs contours, leur distance.
    Que dis-je ! chaque sens, par un heureux concours,
Prête aux sens alliés un mutuel secours ;
Le frais gazon des eaux m'embellit le murmure ;
Leur murmure, à son tour, m'embellit la verdure.
L'odorat sert le goût, et l'œil sert l'odorat :
L'haleine de la rose ajoute à son éclat ;
Et d'un ambre flatteur la pêche parfumée
Paraît plus savoureuse à la bouche embaumée.
Voyez l'Amour heureux par un double larcin !
La main invite l'œil, l'œil appelle la main ;
Et d'une bouche fraîche, où le baiser repose,
Le parfum est plus doux sur des lèvres de rose.
Ainsi tout se répond, et, doublant leurs plaisirs,
Tous les sens l'un de l'autre éveillent les désirs.

Cependant des objets la trace passagère
S'enfuirait loin de nous comme une ombre légère,
Si le ciel n'eût créé ce dépôt précieux
Où le goût, l'odorat, et l'oreille, et les yeux,
Viennent de ces objets déposer les images,
La Mémoire. A ce nom se troublent tous nos sages :
Quelle main a creusé ces secrets réservoirs?
Quel dieu range avec art tous ces nombreux tiroirs,
Les vide ou les remplit, les referme ou les ouvre?
Les nerfs sont ses sujets, et la tête est son Louvre.
Mais comment, à ses lois toujours obéissans,
·Vont-ils à son empire assujettir les sens?
Comment l'entendent-ils sitôt qu'elle commande?
Comment un souvenir qu'en vain elle demande,
Dans un temps plus heureux promptement accouru,
Quand je n'y songeais pas, a-t-il donc reparu?
Au plus ancien dépôt quelquefois si fidèle,
Sur un dépôt récent pourquoi me trahit-elle?
Pourquoi cette mémoire, agent si merveilleux,
Dépend-elle des temps, du hasard et des lieux?
Par les soins et les ans, par les maux affaiblie,
Comment ressemble-t-elle à la cire vieillie,
Qui, fidèle au cachet qu'elle admit autrefois,
Refuse une autre empreinte, et résiste à mes doigts?
Enfin, dans le cerveau si l'image est tracée,
Comment peut dans un corps s'imprimer la pensée[2]?
    Là finit ton savoir, mortel audacieux ;
Va, mesure la terre, interroge les cieux,
De l'immense univers règle l'ordre suprême ;
Mais ne prétends jamais te connaître toi-même ;
Là s'ouvre sous tes yeux un abîme sans fonds.
Quels que soient cependant ces mystères profonds,

Par le secours des sens, par leur vieille alliance,
La mémoire entretient son magasin immense.
Là repose en secret, accumulé par eux,
Tout ce que m'ont appris mes oreilles, mes yeux :
Les erreurs, les vertus, les faiblesses humaines ;
De la terre et des cieux les nombreux phénomènes ;
Ce qui croît sous nos pas, ou resplendit dans l'air,
Ou marche sur ce globe, ou nage dans la mer ;
Les annales des arts, les fastes de la gloire,
Et les lieux, et les temps, et la fable, et l'histoire ;
Et des faisceaux légers de fibres et de nerfs
Dans l'ombre du cerveau vont graver l'univers.
Tel, dans l'enfoncement d'une retraite obscure,
Que n'éclaire qu'à peine une étroite ouverture,
Le magique miroir, dans ses mouvans tableaux,
Représente à nos yeux et la terre et les eaux ;
Les travaux des cités, les lointains paysages,
Des objets réfléchis fugitives images.
  Mais tandis que les sens nourrissent ce trésor,
Lui-même en remplit un plus admirable encor,
Qui sans cesse reçoit et reproduit sans cesse :
L'Imagination, féconde enchanteresse,
Qui fait mieux que garder et que se souvenir,
Retrace le passé, devance l'avenir,
Refait tout ce qui fut, fait tout ce qui doit être,
Dit à l'un d'exister, à l'autre de renaître ;
Et, comme à l'Éternel quand sa voix l'appela,
L'être encore au néant lui répond : Me voilà.
Des maîtres du ciseau, du pinceau, de la lyre,
C'est elle qui produit, qui nourrit le délire,
Donne au fier conquérant son rapide coup d'œil,
Des grands cœurs entretient le généreux orgueil,

Et par l'espoir d'un nom soutient un grand courage.
Tel, des siècles vengeurs pressentant le suffrage,
Cicéron s'élançait vers la postérité,
Et de loin écoutait son immortalité.
La politique même à ma noble déesse
Doit le plus grand essor de sa haute sagesse.
Son regard voit plus loin, en voyant de plus haut;
Où la foule se traîne, elle arrive d'un saut:
Tel, quand le ver rampant voit à peine un brin d'herbe,
Un immense horizon s'ouvre à l'aigle superbe.
Enfin c'est cet instinct, ce sens divinateur,
Qui donne au grand talent son vol dominateur.
Le présent appartient à tous tant que nous sommes,
Aux savans le passé, l'avenir aux grands hommes;
Ou si l'esprit recule au gré du souvenir,
C'est pour mieux s'élancer dans le vaste avenir.
   Et le mystique amour, la piété touchante,
Que ne doivent-ils pas au pouvoir que je chante!
Voyez ce tendre cœur qui, prompt à s'enflammer,
Vit l'enfer dans une âme incapable d'aimer [3]:
Dans les plaisirs sacrés dont le torrent l'inonde,
Sait-elle encor s'il est d'autres plaisirs au monde?
Loin, bien loin sous ses pieds, elle voit ce séjour;
Il n'est plus que son Dieu, le ciel et son amour.
Tantôt, le contemplant dans l'éclat de sa gloire,
Elle aime à voir enfin ce qu'elle aimait à croire;
Tantôt plus haut encor, sur des ailes de feu,
Sublime, elle s'élève à l'opprobre d'un Dieu,
Endure ses affronts, partage ses tortures,
D'intarissables pleurs arrose ses blessures;
Tantôt, dans les langueurs d'un ineffable amour,
En une longue extase elle épuise le jour;

Et la bouche entr'ouverte, immobile et pâmée,
Elle succombe au Dieu dont elle est consumée :
Tant ce pouvoir divin, cet ascendant vainqueur,
Domine sa pensée et subjugue son cœur !
    Toutefois, triste ou gaie, ou profonde ou légère,
L'Imagination a plus d'un caractère ;
Dépendante des ans, des climats, de nos mœurs,
Le jouet, le tyran et des sens et des cœurs ;
Des objets tour à tour esclave ou souveraine,
Elle prend leur empreinte ou leur donne la sienne :
Du mobile océan tels les flots onduleux
Vont façonner leurs bords ou sont moulés par eux.
Tantôt, à recueillir bornant toute sa gloire,
Elle n'est qu'une immense et fidèle mémoire,
Où, comme en un miroir, se peignent les objets;
Tantôt, d'un prisme heureux imitant les effets,
Elle colore tout, et sa vive imposture
Multiplie, agrandit, embellit la nature.
Ainsi, dans un amas de tissus précieux [4],
Quand Bertin fait briller son goût industrieux,
L'étoffe obéissante en cent formes se joue,
Se développe en schall, en ceinture se noue,
Du pinceau, de l'aiguille emprunte ses couleurs,
Brille de diamans, se nuance de fleurs,
En longs replis flottans fait ondoyer sa moire,
Donne un voile à l'amour, une écharpe à la gloire ;
Ou, plus ambitieuse en son brillant essor,
Sur l'aimable Vaudchamp va s'embellir encor [5].
    C'est peu de varier, de colorer le monde :
La vive enchanteresse, en chimères féconde,
Lui donne d'autres dieux, d'autres mœurs, d'autres lois,
Et le peuple, à son gré, d'habitans de son choix.

Ainsi créait Rousseau ; d'un peuple fantastique
Ainsi le grand Platon forma sa république :
Et ne vîmes-nous pas nos régénérateurs ,
Destructeurs courageux et hardis créateurs ,
Des états balancés cherchant les équilibres ,
Les former tous parfaits , tous vertueux et libres ?
Dieu garde leurs états ! qu'ils y puissent en paix
Fonder leur colonie et n'émigrer jamais !
   Ainsi , toujours veillant et toujours agissante ,
L'Imagination peint , exagère , enfante ;
Même lorsque la nuit ramène le repos ,
Quand tout dort , et les vents , et les bois , et les flots ,
Qui ne sait son pouvoir ? Tel que l'airain sonore ,
Qu'on cesse de frapper et qui résonne encore ;
Tel qu'une fois lancé le rapide vaisseau
Se souvient de la rame , et vole encor sur l'eau :
Ainsi , dans le sommeil , l'âme préoccupée
Obéit aux objets dont elle fut frappée ;
Ainsi la nuit du jour retrace le tableau ;
Ainsi de nos pensers nos rêves sont l'écho.
Des songes , je le sais , la peinture bizarre
Souvent brouille , déplace , ou confond , ou sépare.
Tel au miroir des eaux notre œil voit retracés
Les nuages en bas , les arbres renversés ,
La terre sous les eaux , et les troupeaux dans l'onde ,
Et les ruisseaux roulant sur la voûte du monde ;
Mais le fond est le même. En songe , un orateur [6]
En quatre points encor lasse son auditeur.
Bercé par le rouet d'une rauque éloquence ,
En songe , un magistrat s'endort à l'audience ;
En songe , un homme en place , arrangeant son dédain ,
Pour prendre des placets étend encor la main.

En songe, sur la scène un acteur se déploie ;
L'auteur poursuit sa rime, et le chasseur sa proie ;
Le grand voit des cordons, l'avare de l'argent,
Et Penthièvre ouvre encor sa main à l'indigent [7].
En songe, un tendre ami revoit l'ami qu'il pleure [8] ;
Il reconnaît les lieux, il se rappelle l'heure
Où dans des pleurs muets prolongeant ses adieux,
Immobile, long-temps il le suivit des yeux.

    Peindrai-je d'un amant le délire et les songes ?
C'est pour lui que Morphée est riche en doux mensonges :
D'espérance, d'amour, de désir palpitant,
Il voit l'objet qu'il aime, il l'écoute, il l'entend ;
Il croit voir sur sa bouche, où le refus expire,
Mollement se répandre un languissant sourire ;
Il croit voir, l'entourant des plus aimables nœuds,
S'étendre et s'arrondir ses bras voluptueux ;
Il reçoit ses baisers, ses caresses brûlantes :
Tout son corps a frémi sous ses mains caressantes.
La nuit fait envier ses prestiges au jour,
Et trempe ses pavots du nectar de l'amour [9].

    Ainsi, dans ces erreurs, par un charme suprême,
Revit tout ce qui plaît, revit tout ce qu'on aime.
Tels, dans la douce paix des Champs Élysiens,
On peint de ces beaux lieux les heureux citoyens
Idolâtrant encor l'erreur qu'ils ont chérie,
Vaines ombres, qu'amuse une ombre de la vie [10] :
Les uns d'Amour encor suivant les douces lois,
D'autres au son du luth croyant mêler leur voix,
Ceux-ci faisant voler des chars imaginaires,
Et tous, comme ici-bas, heureux par des chimères.

    Ne croyez pas pourtant qu'envoyés sans dessein,
Tous les songes ne soient qu'un simulacre vain.

Par eux, déjà le ciel exerce sa justice :
Le rêve du méchant est son premier supplice.
Sous ses lauriers pompeux, dans son alcôve d'or [11],
Des Belges, que son nom fait tressaillir encor,
L'affreux dévastateur, au milieu des nuits sombres,
Des riches égorgés croit voir encor les ombres.
Un songe les lui montre un poignard dans le flanc,
Le poursuit de leurs cris, le couvre de leur sang ;
Leur dépouille l'accuse ; en vain son cœur rappelle
La pauvreté paisible : il n'est plus digne d'elle.
Le ciel, pour le punir, lui laisse ses trésors ;
En proie à sa richesse, en proie à ses remords,
Comme un énorme poids son or sur lui retombe,
Et des spectres sanglans l'entraînent dans la tombe.

   Oublirai-je vos dons, rêves consolateurs ?
Providence du pauvre, ils charment ses malheurs.
Un songe heureux remplit ses celliers et ses granges
D'abondantes moissons, de fertiles vendanges.
Un songe le fait roi, lui donne des sujets ;
Il rêve de trésors, de sceptres, de palais.
Trop court enchantement ! trop passager délire !
Le réveil lui ravit sceptre, couronne, empire ;
Mais il garde l'espoir, l'espoir, son seul flatteur,
Et les illusions, ces doux rêves du cœur.

   Apprenons maintenant quels ressorts invisibles
Réveillent des objets les images sensibles ;
Et comment nos pensers, toujours contagieux,
L'un par l'autre avertis, communiquent entre eux.
Telle est de notre esprit la marche involontaire ;
Nulle pensée en nous ne languit solitaire ;
L'une rappelle l'autre, et grâce aux nœuds secrets
Par qui sont alliés les différens objets,

En images sans fin une image est féconde :
Tel un caillou tombant forme un cercle dans l'onde ;
Un autre lui succède, et tous les flots troublés
Étendent jusqu'aux bords leurs cercles redoublés.
Observez les tableaux que notre esprit compose :
Tantôt c'est un effet qui rappelle la cause,
Et la cause tantôt rappelle les effets.
Ainsi le bienfaiteur retrace les bienfaits,
Et le bienfait réveille une image chérie ;
Ainsi mes prés, mes bois, chers à ma rêverie,
Me parlent du grand Être ; et mes humbles chansons
Disent, comme Virgile : Un Dieu m'a fait ces dons.
Tantôt dans la pensée accourent et s'assemblent
Des objets séparés, dont les traits se ressemblent.
Ce hameau vous a plu ! Ne vous peindrait-il pas
Les lieux où votre enfance a fait les premiers pas ?
Le trait le plus léger, surpris sur un visage,
De l'être qu'on chérit nous rappelle l'image.
Regardez les transports de ce couple amoureux :
Ils vous peindront les jours où vous fûtes heureux.
    Pour varier encor sa brillante peinture,
L'Imagination dans la même nature
Ne choisit pas toujours les traits de ses tableaux ;
Pour rajeunir ces traits par des rapports nouveaux,
Dans les mondes divers incessamment errante,
Entre la brute et l'homme, entre l'homme et la plante
Et la terre et le ciel, et l'esprit et le corps,
Elle cherche et saisit d'ingénieux accords ;
Et d'un règne dans l'autre en transporte l'image.
De là l'Allégorie, ornement du langage.
Ce mont jusques au ciel s'élève avec orgueil ;
Ces myrtes sont rians, ces cyprès sont en deuil ;

Le lis peint la candeur, et l'agneau l'innocence ;
Le lion, d'un héros exprime la vaillance.
Une herbe est parasite, un zéphyr indiscret ;
Et, si ce tour vieilli peut peindre un jeune objet,
Grâce à ce teint brillant où la beauté repose,
Églé sera long-temps comparée à la rose.
Voyez nos factions : c'est la fureur des flots ;
Nos jours sont un orage, et la France un chaos.
Mais l'histoire surtout, dans ses pages fidèles,
Se plaît à nous offrir ses brillans parallèles :
Notre esprit s'en amuse : il compare, à son choix,
Les succès, les revers, les peuples et les rois,
Les siècles écoulés, et le siècle où nous sommes,
Les grands évènemens, et surtout les grands hommes.
Il aime à rapprocher Robespierre et Cromwell,
Le poignard de Caton et la flèche de Tell ;
Et des derniers Romains si je lis les annales,
Des petits et des grands les discordes fatales,
Le luxe subjuguant ces rois de l'univers,
Les esclaves s'armant des débris de leurs fers ;
Les harangues des chefs, leurs sanglans artifices,
L'ambition féroce égorgeant ses complices,
Des registres de morts les tableaux odieux,
L'oubli de tous les droits, né de l'oubli des dieux,
Les riches dépouillés, et la guerre civile
Partageant aux vainqueurs jusqu'aux champs de Virgile,
L'Imagination compare ces tableaux,
Et dans les maux passés croit voir nos propres maux :
Tant des lieux et des temps prompte à franchir l'espace,
D'un âge dans un autre elle aime à voir la trace !
     Par des effets plus sûrs encore et plus puissans,
Le contraste nous frappe en de contraires sens :

Des termes opposés qu'à nos yeux elle étale
L'Imagination mesure l'intervalle ;
Passe de l'un à l'autre, et l'inconstant désir
Veut changer de tableaux, pour changer de plaisir.
Voyez-vous, sous le ciel de l'ardente Italie [12],
Virgile regretter la fraîche Thessalie ?
Oh ! qui le portera sous ces rians berceaux,
Dans ces noires forêts, au bord de ces ruisseaux ?
Des personnes, des lieux, la grandeur éclipsée,
Par l'effet du contraste, attache la pensée.
Ainsi contre ces murs, monument de l'orgueil,
Où Rome antique étonne et lasse encor notre œil,
Et qu'abandonne au temps sa fille négligente,
J'aime à voir s'appuyer la cabane indigente.
Que Sylla meure en proie aux insectes hideux [13]
Qui de la pauvreté sont les hôtes honteux,
Je m'étonne et m'écrie : « Est-ce donc là cet homme,
Vainqueur dans Orchomène, et le bourreau de Rome ! »
Bélisaire ! à ce nom trembla le monde entier [14],
Et son casque tendu sollicite un denier !
J'admire, en gémissant, tant de maux et de gloire,
Et les dons de l'aumône aux mains de la victoire.
Tantôt, pleurant ton sort, descendu de si haut,
O Stuart ! je te suis du trône à l'échafaud.
Tantôt, de Marius méditant le naufrage,
Je mêle ses débris aux débris de Carthage ;
Et si je ne craignais d'éveiller nos douleurs,
Quels désastres plus grands feraient couler nos pleurs,
Et près de la grandeur montreraient la misère !
Enfin, quand l'art invente ou trace un caractère,
Qui me frappe le plus ? C'est le contraste heureux
D'une âme violente et d'un cœur généreux.

J'admire de sang-froid le sage Idoménée [15],
Et le prudent Ulysse, et le pieux Enée :
Mais qu'on me montre Achille, Achille, âme de feu,
Dont la rage est d'un tigre, et les vertus d'un dieu ;
D'amitié, de fureur, héroïque assemblage,
Sentant profondément le bienfait et l'outrage,
Tonnant dans les combats, ou, la lyre à la main,
Seul, au bord de la mer, consolant son chagrin ;
Pour apaiser Patrocle en sa demeure sombre,
Tourmentant un cadavre et punissant une ombre ;
Et quand Priam d'Hector vient chercher les débris,
Respectant un vieux père et lui rendant son fils :
Ce grand tableau m'étonne, et mon âme tremblante
Frémit tout à la fois de joie et d'épouvante :
Tant, prompt à nous frapper en de contraires sens,
Le contraste sur nous a des effets puissans !
Il étonne, il éveille, il excite notre âme :
De deux cailloux choqués ainsi jaillit la flamme.
Tels, quand deux vents rivaux se disputent les mers,
Les flots, en se heurtant, s'élancent dans les airs.

    Enfin, par le hasard d'un heureux voisinage,
Une image souvent éveille une autre image.
Sans être ressemblans, ni contraires entre eux,
Les objets plus voisins sont plus contagieux ;
Et ce tissu brillant des images de l'âme,
L'esprit, avec plaisir, en suit toute la trame.
Seul, et désoccupé, j'erre dans ce jardin ;
Une rose à mes yeux se présente : soudain
Je rêve à cette fleur : de sa coupe vermeille
Je songe que les sucs alimentent l'abeille ;
Elle en pétrit son miel, en bâtit son palais ;
Une reine y commande, et le gouverne en paix.

Je songe à ces grands noms de roi, de république;
Je compare, j'oppose à l'essaim monarchique
Ces fourmis, qui, sans arts, sans palais élégans,
Habitent dans un antre, et vivent en brigands.

Quelques états, pourtant, avec l'indépendance
Unirent quelquefois les arts et l'abondance,
Me dis-je; mais des mœurs l'inflexible fierté,
Et ces fougueux débats chers à la liberté,
Enfantent trop souvent les discordes civiles,
Ensanglantent les champs et dépeuplent les villes.
Moi, je suis pour un chef; son pouvoir est plus doux :
Mais ce pouvoir heureux n'appartient-il qu'à nous?
Je tourne vers les cieux ma course vagabonde;
Là mon œil voit régner le grand flambeau du monde;
D'un éclat emprunté brillant autour de lui,
Les astres de sa cour lui prêtent leur appui.
De là je redescends sur cette pauvre terre,
Et dis à tous ces fous qui se livrent la guerre
Pour des systèmes vains et de plus vains projets :
« La royauté n'est point le malheur des sujets;
Elle préside au ciel comme aux lieux où nous sommes,
Et gouverne à la fois les astres et les hommes. »
Ainsi l'esprit voyage; ainsi, rêvant tout bas,
J'arrive d'une fleur au destin des états :
Tant chaque idée entraîne une suite nombreuse!

Voyez ces longs canaux, retraite ténébreuse
Des esprits sulfureux, qui, prêts à s'allumer,
N'attendent que la main qui va les enflammer;
De cet amas dormant de nitre et de bitume
Qu'une étincelle approche, un feu soudain s'allume;
Il court de tube en tube, erre de tous côtés,
Fait éclore, en passant, mille objets enchantés.

C'est un fleuve de feu, c'est un dragon superbe ;
Ici tourne un soleil, là s'élance une gerbe,
Des astres inconnus peuplent le firmament :
Une étincelle a fait ce vaste embrasement.

Mais un débat fameux s'élève entre les sages [16] :
Du monde et des objets d'imparfaites images
Ont-elles précédé notre arrivée au jour ?
Je sais que dans la nuit de son premier séjour,
De sa tunique épaisse encore enveloppée,
L'enfance des objets ne peut être frappée ;
Mais ce sentiment prompt, cet élan des besoins
Qui devance le temps, la culture et les soins,
Veut, compare, choisit, aime, hait, craint, espère ;
Qui n'en voit dans l'enfant l'empreinte héréditaire ?
Et si, dès qu'ils sont nés, déjà des animaux
L'instinct intelligent choisit les végétaux ;
Si le chien montagnard hérite de sa race
L'adresse paternelle aussi bien que l'audace ;
Si l'oiseau de son œuf sait briser la prison ;
Si, de ses murs de cire élevant la cloison,
L'abeille géomètre a su par elle-même,
Dans ses angles savans, résoudre un grand problème ;
A l'aspect d'un point noir, si la poule à grands cris
Sous son aile inquiète assemble ses petits ;
Si, quand le tigre au loin poursuit sa course errante,
Le buffle, sans le voir, se roule d'épouvante ;
Si l'instinct est si prompt et si sûr dans ses lois,
La sublime raison a-t-elle moins de droits ?
Je sais que de l'instinct notre raison diffère :
L'une agit librement, l'autre est involontaire ;
L'instinct veut deviner, la raison veut savoir :
L'un sait mieux pressentir, et l'autre mieux prévoir ;

L'une luit par degrés, l'autre soudain s'enflamme ;
L'un est l'éclair des sens, l'autre le jour de l'âme :
Enfin, quand la raison hésite et flotte encor,
Souvent l'instinct rapide a déjà pris l'essor.

    N'allons pas toutefois, calomniant l'enfance,
De la raison tardive accuser l'indolence ;
Voyez comme l'enfant, avide des objets,
Les saisit, les dévore, et, tel que d'anciens traits
Aux approches du feu renaissent sur la cire,
Semble se souvenir bien plutôt que s'instruire.
De là ce mot fameux qu'un sage a publié [17] :
« L'homme n'ignorait pas : il n'avait qu'oublié. »
Et si ce doux produit de l'homme et de la femme
Est l'extrait le plus pur de leurs sens, de leur âme,
Pourquoi n'auraient-ils pas déposé dans son sein
Du tableau de la vie un informe dessin ?
Je sais que les leçons, l'âge, l'expérience,
De leurs impressions marquant la molle enfance,
A ce premier cachet et des sens et du cœur
Viennent joindre leurs traits : mais si cette liqueur
Qui coule du pressoir dans la cuve fumante
Fermente tous les ans quand la vigne fermente,
Et, loin du sol natal, de la vigne et du ciel,
Répond dans sa prison à l'arbre paternel,
De ces traits primitifs, qu'aucun pouvoir n'efface,
Croirai-je que l'enfant ne garde pas la trace ?
Je ne citerai point ces taches, ces couleurs,
Ces signes d'animaux, et de fruits, et de fleurs,
Dont, suivant nos aïeux, amoureux de prodiges,
La mère à son enfant imprime les vestiges.
Et qui peut en douter ? Des auteurs de nos jours
Les plaisirs, les douleurs, les haines, les amours,

Déjà, dans son obscure et vivante retraite,
L'enfant en a senti l'impression secrète.
Prête à le mettre au jour, la mère de Stuart [18]
Voit son amant tomber sous vingt coups de poignard ;
Et, tremblant d'un fer nu, roi pédant et frivole,
Son fils livre la guerre aux docteurs de l'école,
Et le savant dilemme, et les doctes débats,
Furent son arme unique et ses plus grands combats.
Mais jusqu'où de l'esprit s'étendra la culture ?
Jusqu'où doit le savoir féconder la nature ?
Les Muses aiment peu de longs raisonnemens :
Un récit dira plus que de froids argumens.
    Au sein de cette mer qu'on nomme Pacifique [19],
L'île de Pélion lève son front antique.
Chef-d'œuvre de l'instinct, phénomène des lois,
Simple, mais non grossier, étranger à la fois
Aux vices élégans, aux barbares usages
Des peuples policés et des hordes sauvages,
Son peuple heureux ignore et cette urbanité
Qui trahit avec grâce, et la férocité
Qui rapporte en chantant, dans ses mains triomphantes,
Du crâne des vaincus les dépouilles sanglantes.
Son doux repos n'est point un stérile loisir :
A côté du travail il trouve le plaisir.
Le chef donne l'exemple en son palais de chaume,
Et quand il a dicté des lois à son royaume,
Il revient à l'ouvrage. Aucun ne sait mieux l'art
D'emmancher la cognée et d'emplumer un dard.
Les poissons de leurs eaux, et les fruits de leur terre,
Voilà leurs simples mets : aussi l'affreuse guerre
Trouble bien rarement et leurs champs et leurs jours :
C'est pour le superflu que l'on combat toujours.

Être justes et bons fait leur plus douce gloire ;
Et quand des nations la désolante histoire
Nous a peint leurs malheurs, leurs combats, leurs forfaits,
Le lecteur fatigué, pour reposer en paix,
Se plaît à rencontrer ce peuple débonnaire,
Semblable à la tribu que nous a peinte Homère,
Qui de simple laitage, et de fruits, et de miel,
Vivait au bout du monde, et que le roi du ciel
Contemplait quelquefois de son trône sublime,
Pour délasser ses yeux des spectacles du crime.

 Un vaisseau qu'Albion vit sortir de ses ports [20],
Heureux dans son naufrage, échoua sur ces bords ;
Là n'éclatèrent point ces cris affreux de joie
De brigands affamés qui fondent sur leur proie ;
Ce peuple hospitalier accueillit leurs malheurs,
Leur donna des secours, un asile et des pleurs.
En voyant tant d'honneur, de bonté, de franchise,
Des fiers Européens quelle fut la surprise !
« Ah ! si l'homme est heureux avec si peu d'efforts,
A quoi bon tous nos arts? à quoi bon nos trésors? »
Disaient-ils. Mais de ceux qu'y poussa le naufrage,
Nul d'un œil si charmé ne vit ce beau rivage,
Qu'un jeune homme doux, simple en ses mœurs, en ses traits,
Que le ciel pour ces lieux sembla former exprès.
Nul dans les jeux du corps n'égalait son adresse ;
Ses pieds légers du cerf défiaient la vitesse ;
Son corps à la beauté, ce trop fragile don,
Joignait des mouvemens le facile abandon ;
Plutôt bon que poli, moins empressé que tendre,
Son âme d'un coup d'œil savait se faire entendre :
Tous ses goûts étaient purs ; au luxe des cités
Il préférait des champs les naïves beautés.

Né dans le sein des arts, il aimait la nature;
La seule propreté composait sa parure;
Nul ne vit ses cheveux, aussi libres que l'air,
Par la poudre blanchis, ou tordus par le fer;
Quelquefois seulement leurs touffes vagabondes
Du jais le plus luisant se teignaient dans les ondes;
Son esprit cultivé négligeait ses trésors.
En vain de l'harmonie il apprit les accords;
Il n'aimait d'autres airs que ceux qu'à ses compagnes
Redit sur son hautbois le berger des montagnes,
Ou du barde écossais les sons majestueux;
Et pour peindre en un mot cet enfant vertueux,
Le Centaure autrefois l'eût voulu pour Achille,
Mentor pour Télémaque, et Rousseau pour Émile.
Aussi son œil à peine a vu ces beaux climats,
Ce peuple simple et doux, son cœur n'hésite pas;
Il adopte ces lieux; et son âme attendrie
Pour la première fois croit trouver sa patrie.
Pour ajouter encore à son enchantement,
A ses yeux enivrés s'offre un objet charmant.
Son nom était Zoé: de sa taille élégante
Le jonc n'égale pas la souplesse ondoyante;
Son port, son air, ses traits semblaient faits pour l'amour;
Ses yeux tantôt lançaient les feux ardens du jour,
Et tantôt se voilant de leur longue paupière,
Du doux astre des nuits imitaient la lumière.
Qu'importe la couleur au jeune homme amoureux?
Le cœur dément bientôt le jugement des yeux;
Et quand il la pressait sur son cœur idolâtre,
On croyait voir l'ébène à côté de l'albâtre.
Dans le ravissement de ses nouveaux destins [21],
Adieu l'Europe, adieu ses arts et ses festins!

Tel un jeune coursier, fait pour l'indépendance,
De sa belle prison dédaignant l'abondance,
Rompt ses liens, s'échappe, et, perdu dans les champs,
Écoute en liberté ses sauvages penchans;
Suit sa compagne aux champs, la suit à la pâture,
Et possède, à son gré, le ciel et la nature.

Dans le temps que Walter, par un charme secret,
Se rend à son instinct, et suit son doux attrait,
Des arts européens, de leurs brillans prestiges,
Boo, fils du monarque, admirait les prodiges;
Un jour nouveau pour lui vint luire à ses regards:
Le ciel même semblait l'avoir fait pour les arts.
L'esquif et le canot, la rapide nacelle,
Avaient pris sous ses mains une forme nouvelle.
Nul plus adroitement ne tressait les roseaux,
Ne cultivait la terre, et ne fendait les eaux;
Et dans les arts bornés connus dans sa patrie
Chaque jour signalait son heureuse industrie.
Aussi de ce vaisseau, dont les débris épars,
Tout fracassé qu'il est, étonnent ses regards,
Il va voir chaque jour l'étonnant artifice;
Il en voit à loisir réparer l'édifice:
Il dévore des yeux tout ce savant amas
D'ancres, de gouvernails, de voiles et de mâts;
Il veut partir; il veut, loin de ces bords sauvages,
Des peuples policés recueillir les usages.
Tel l'arbre montagnard, dont le sommet mouvant
Ne boit que la rosée et n'obéit qu'au vent,
S'en va dans les jardins, oubliant la nature,
Implorer l'arrosoir et subir la culture.
En vain, les yeux en pleurs, la douleur dans le sein [22],
Son père en cheveux blancs s'oppose à son dessein.

« O mon fils! disait-il, quelle ardeur téméraire
Te fait chercher si loin une terre étrangère?
Où t'emporte l'amour d'un dangereux honneur?
Que peut-on regretter, quand on a le bonheur?
De quoi nous serviront ces arts d'un autre monde?
Rendront-ils de nos mers la pêche plus féconde?
Un ciel plus bienfaisant brillera-t-il pour nous?
L'air que nous respirons en sera-t-il plus doux?
Nos fruits plus savoureux, l'onde plus salutaire?
En aimeras-tu mieux ton pays et ton père?
Voilà les vrais trésors; veux-tu, par leurs effets,
De ces arts si vantés connaître les bienfaits,
Regarde ces débris épars sur ce rivage.
Que dis-je! ah! loin de moi ce funeste présage!
Quel est, si je te perds, l'espoir de mes vieux ans?
Abjure, mon cher fils, ces projets imprudens,
Et, si tu n'en crois pas mes secrètes alarmes,
Écoute mes sanglots, et vois couler mes larmes. »
    Inutile discours! le vaisseau réparé,
Du port qui l'arrêtait à sortir préparé,
Attendait le signal, et déjà de ses voiles
Une haleine propice avait gonflé les toiles.
Au rivage fatal le vieillard suit son fils,
Et le fixant long-temps de ses yeux attendris,
« Eh bien! va, pars; je cède à ton impatience;
Mais que je vais souffrir, dans ta cruelle absence!
Ce fil, de qui les nœuds nous mesurent les jours [23],
Dans mes tremblantes mains je le tiendrai toujours.
Tous les jours je vais croire, au gré de mon envie,
En ôtant à ces nœuds ajouter à ma vie.
Et toi, bonté du ciel, si je dois le revoir [24],
Si les vents, si les flots secondent mon espoir,

S'il doit remplir les vœux d'un père qui l'adore,
Si son cœur sur mon sein doit palpiter encore,
Ah ! prolonge mes jours ; il n'est point de tourment
Qui ne cède à l'espoir de cet embrassement.
Mais au bord du tombeau s'il faut que je le pleure,
O ciel ! fais-moi mourir, fais-moi mourir sur l'heure,
Et qu'enfin, prévenant un plus funeste sort,
Je meure de ma crainte, et non pas de sa mort ! »

Il dit ; et, le cœur plein d'espérance et d'alarmes,
A ces derniers adieux joint un torrent de larmes.
On l'entoure, on l'emporte, et ses pleurs et ses cris
A son palais encor redemandent son fils.

A peine cependant le jeune et fier sauvage
De la riche Albion a touché le rivage,
Dieux ! quels furent sa joie et son ravissement !
Tout était nouveauté, prodige, enchantement.
Tout ce nombreux concours des villes opulentes,
Les coursiers attelés à des maisons roulantes,
Les pompes de la scène, et l'orgueil des palais,
Les glaces répétant et doublant les objets,
Les ports, les arsenaux, le sénat, les lycées,
Tout payait un tribut à ses jeunes pensées,
Tout formait son esprit. Tel l'onyx brut encor,
Dont la terre a long-temps recélé le trésor,
Perd sous les mains de l'art son écorce grossière,
Et de son sein poli réfléchit la lumière.
Son bonheur fut entier juqu'au funeste jour
Où la jeune Willis lui fit sentir l'amour.
Plus que d'un sentiment, avide d'un hommage,
La coquette Willis était vaine et volage ;
Willis ne connut point cette discrète ardeur
D'une amante sans art, qui des plaisirs du cœur

Se pénètre en secret, et ne veut de sa flamme
Pour juge que l'Amour, pour témoin que son âme.
L'éclat seul l'attirait, et son orgueil charmé
Aimerait moins Boo, s'il était moins aimé.
·Aussi quand il fallut quitter ce grand théâtre,
Ces pompes, ces vains bruits que son cœur idolâtre,
Un injuste dégoût refroidit son ardeur :
Boo le ressentit jusques au fond du cœur ;
Le chagrin destructeur s'alluma dans ses veines :
Ainsi que les plaisirs, il ressentait les peines.
Alors ses premiers jours et ses premiers plaisirs,
Ses innocens travaux et ses heureux loisirs,
Désabusant son cœur d'un vain rêve de gloire,
Revinrent à la fois assiéger sa mémoire.

   Pour combler ses tourmens, un écrit de Walter,
Qui par un vent propice avait franchi la mer,
Lui contait son bonheur, sa douce destinée,
Ses amours et les fruits d'un heureux hyménée.
Alors le cœur en proie au regret dévorant,
« O trop heureux Walter ! disait-il en pleurant,
Qu'au malheureux Boo ton sort doit faire envie !
Hélas ! ainsi que moi tu changeas de patrie ;
Mais tu jouis en paix de tes tendres amours,
Et l'infidélité n'a point troublé tes jours ;
Mais à ton cœur constant répond une âme pure ;
Et moi, triste jouet d'une femme parjure,
Je porte au fond du cœur un trait empoisonné !
Que n'ai-je su, paisible aux lieux où je suis né,
Auprès de mes amis, de mes noires compagnes,
Des princes mes aïeux cultiver les campagnes !
Et toi dont j'aurais dû mieux suivre les avis,
Ah ! si, comme autrefois tu l'as dit à ton fils,

La douce sympathie, en dépit de l'absence,
Nous fait de ceux qu'on aime éprouver la souffrance,
O mon père, combien tu dois verser de pleurs !
Mais hélas ! c'en est fait : je succombe, je meurs ;
Je meurs dans les beaux jours de mon adolescence :
Je meurs loin des beaux lieux si chers à mon enfance !
O champs de mon pays ! ô fortuné séjour !
Qu'habitent le travail, l'innocence et l'amour,
Fleuves majestueux, délicieux rivage,
Mers que mes jeunes bras traversaient à la nage,
Bananiers dont j'aimais les ombrages touffus,
Arbres que j'ai plantés, je ne vous verrai plus !
Je ne porterai pas au sein de ma patrie
Ces merveilles des arts, ces fruits de l'industrie.
Consolez-vous : ces arts ne font pas le bonheur.
Et vous, ô mes amis ! si des marques d'honneur
Peuvent toucher les morts sur le rivage sombre,
Du malheureux Boo ne dédaignez pas l'ombre.
Que mon nom soit encor répété parmi vous,
Et dites en pleurant : Boo mourut pour nous. »
   Il dit ; et l'œil tourné vers la carte chérie
Où l'art ingénieux lui traçait sa patrie,
Tantôt vers ces écrits, monumens de nos arts,
Tournant languissamment ses douloureux regards,
Il expire en sa fleur [25] : ainsi la jeune abeille
Qui butinait le thym et la rose vermeille,
Prête de déposer dans ses foyers chéris
L'extrait de la rosée, et des fleurs et des fruits,
Succombe sous le poids de sa moisson nouvelle,
Et regrette, en mourant, la ruche maternelle.
O Walter ! ô Boo ! noms chéris et sacrés,
Vainement par le sort vous fûtes séparés :

Tant que les bois verront renaître le feuillage,
Tant que de l'art des vers l'ingénieux langage
De sons harmonieux charmera l'univers,
Ainsi que dans nos cœurs, vous vivrez dans mes vers.
    De vos sorts différens que dois-je enfin conclure?
Qu'il faut du haut des arts descendre à la nature?
Non : leurs amusemens, quand les mœurs ne sont plus,
Calment les passions, nourrissent les vertus;
Laissons jouir des arts celui qui les possède :
S'ils ont fait quelques maux, ils en sont le remède [26];
Et moi-même bientôt, leur consacrant ma voix,
Je peindrai leurs plaisirs et dicterai leurs lois.

FIN DU CHANT I.

CHANT II.

—

Heureux, disait Virgile, heureux l'esprit sublime
Qui peut de la nature approfondir l'abîme [1];
Qui, combinant entre eux les causes, les effets,
Sonde des élémens les principes secrets;
Qui sait pourquoi du jour s'éclipse la lumière;
Pourquoi pâlit des nuits l'inégale courrière;
Comment la vaste mer, sans l'aide du trident,
S'enfle, couvre ses bords, et les quitte en grondant;
Et qui voit, des hauteurs de la philosophie,
Tous ces vains préjugés que l'erreur déifie.
Mais trop heureux aussi, qui, modeste en ses chants,
Sait peindre les travaux et les plaisirs des champs;
Et qui, n'osant du monde embrasser la structure,
Assis près d'un ruisseau, se plaît à son murmure!
Ainsi parlait Virgile; et moi, de qui la voix
Célébrait les jardins, les vergers et les bois,
J'oserai plus encor : plein d'une douce ivresse,
Ainsi que de Virgile, élève de Lucrèce,
De l'homme, cet abîme et sans bords et sans fonds,
Je vais développer les mystères profonds.
J'ai dit comment, des dieux parcourant les ouvrages,
Les sens dans notre esprit en gravent les images;
Par quel art, variant ses magiques reflets,
L'Imagination colore les objets,

Et puisant à son gré dans la riche mémoire,
De ce monde en roman sait transformer l'histoire.
Aujourd'hui je dirai nos peines, nos plaisirs;
Comment sont irrités ou calmés nos désirs;
Tout ce qu'ajoute aux biens, aux maux de la nature,
Ce pouvoir enchanteur, objet de ma peinture.
Heureux si ces trésors me sont encore ouverts,
Et parent la raison du doux charme des vers!
    Vois comme l'Éternel a, d'une main avare,
Dispersé les plaisirs; comment il les sépare
Par des vides fréquens, où le désir trompé
Ne sait plus où se prendre, et meurt désoccupé;
Où notre œil n'aperçoit, de distance en distance,
Que quelques points épars dans un espace immense.
L'illusion accourt, et sa brillante erreur
Vient, d'un objet à l'autre, amuser notre cœur;
Près du bonheur qu'on eut met le bonheur qu'on rêve:
Dieu créa l'univers, l'illusion l'achève.
Où dort la jouissance elle éveille un désir;
Elle met le regret où finit le plaisir;
Et de vœux, de projets, d'espérances suivie,
Remplit le canevas des scènes de la vie.
    En voulez-vous l'emblème, écoutez ce récit:
Une femme charmante assemblait, m'a-t-on dit,
A de petits soupers très grande compagnie;
De sa table frugale, et souvent mal servie,
Elle se plaignait seule, ou plutôt se moquait;
Mais si l'Aï, l'Arbois, ou le Bordeaux manquait [2],
Si les plats clairsemés se fuyaient sur la table,
Elle contait: soudain la gaîté délectable
Se répandait partout: les ris gagnaient; le vin
Était délicieux, et le souper divin.

Telle est l'illusion, au grand banquet du monde :
Où manque un bien réel, la douce erreur abonde.
Dans un espace étroit, et dans un temps borné,
Son magique pouvoir ne fut point confiné.
Au loin dans l'infini son regard se promène,
Le monde est son empire, et le temps son domaine.
Tantôt des biens présens elle règle le choix ;
Et quand, tenant déjà ses bassins et ses poids,
La prudente raison pèse tout en silence,
Elle accourt, et soudain fait pencher la balance.
Mais ce bonheur est court : tel qu'un coursier fougueux,
Las du sol qui le porte, et d'un pied dédaigneux
Insultant à la terre, avec impatience
Vole en espoir aux lieux qu'il dévore d'avance ;
Tel le présent pour l'homme est bientôt un ennui,
Et le passé lui-même est préféré par lui.
Croyez-vous, en effet, que, prompts à disparaître,
Nos jours soient pour jamais retranchés de notre être ?
Non, non, le souvenir les reproduit toujours,
Le souvenir au temps fait rebrousser son cours ;
Et, tel que ce serpent que tranche un fer barbare,
Fidèle à la moitié dont l'acier le sépare,
A ses vivans débris cherche encore à s'unir,
Ainsi vers le passé revient le souvenir.
Que dis-je ? L'Éternel, en le faisant renaître,
Au sage emploi du temps nous invite peut-être.
Il nous dit : « Du présent placez bien les trésors,
Et que vos souvenirs ne soient point des remords. »
Malheureux le mortel que le remords tourmente !
L'Imagination le nourrit et l'augmente.
Terrible, elle présente à l'homme criminel
Son serment, son parjure, et le temple et l'autel,

Et lui fait de son crime une longue torture.
Mais l'âme, quelquefois, par le remords s'épure ;
Il fait servir au bien le vice qui n'est plus,
Et cet enfant du crime est garant des vertus.

     Comme lui, du passé le regret est l'image,
Mais son air est plus doux. Dans son touchant langage,
Il peint tout ce qui plut à nos cœurs, à nos yeux :
Il s'en va choisissant, dans les temps, dans les lieux,
Quelque endroit préféré, quelques heures chéries,
Où viennent reposer ses douces rêveries ;
Même en les nourrissant adoucit ses douleurs,
Vit de ses souvenirs, et jouit de ses pleurs.
Eh ! qui n'en a connu les peines et les charmes ?
Qui n'a vers le passé détourné quelques larmes ?
L'homme ingrat au passé goûte peu l'avenir.
Non, l'espoir ne vit guère où meurt le souvenir ;
Dans le même foyer tous deux ont pris naissance,
Et le cœur sans regret languit sans jouissance.

     Et toi, du souvenir le plus noble attribut,
Douce Reconnaissance, accepte mon tribut !
Le présent est le dieu que l'intérêt adore ;
Mais toi, vers le passé ton œil se tourne encore.
Si des dettes du cœur il s'était acquitté,
« Cet homme se souvient, » disait l'antiquité.
Mais aux dieux, aux mortels, vainement redevables,
Que d'âmes sans mémoire, et de cœurs insolvables !
Et, même dans l'amour, même dans l'amitié,
Le doux ressouvenir n'est-il pas de moitié ?
Le temps serre les nœuds que l'instinct fit éclore ;
On songe qu'on s'aima, pour s'aimer plus encore.
Trop heureux cependant, si toujours le passé
Par ces doux souvenirs nous était retracé !

Mais, comme les penchans vertueux et paisibles,
La mémoire nourrit les passions terribles,
Surtout dans ces climats dont les âpres chaleurs,
Ainsi que les poisons, exaltent les fureurs.
Là, par l'homme superbe une injure endurée
Descend profondément dans son âme ulcérée.
Pour lui plus de plaisir ; sa barbe, ses cheveux
Croîtront jusqu'au trépas d'un mortel odieux ;
Le serment en est fait : solitaire, sauvage,
Sur les monts, dans les bois, il court nourrir sa rage ;
Et, tandis qu'au désert confiant ses douleurs,
Un jeune amant peut-être y vient verser des pleurs,
Lui, sans pleurs, sans sommeil, le jour, dans l'ombre obscure,
Aux monts, aux vents, aux flots racontant son injure,
Il rugit ; il se peint avec des traits de feu
L'horreur de son affront, le jour, l'heure, le lieu ;
D'un mortel abhorré porte en tous lieux l'image,
Et de loin sur sa tête amoncelle l'orage :
Que ses jours paîront cher le jour qui l'a banni !
Que n'est-il plus heureux, pour être mieux puni !
Dans les illusions de ses vœux sanguinaires,
Il lui prête à plaisir des biens imaginaires,
Des honneurs à ravir, des champs à ravager,
Un nom pour le flétrir, un fils pour l'égorger.
Quel tourment doit enfin lui choisir sa vengeance ?
Faut-il hâter sa mort, prolonger sa souffrance ?
Sera-ce le poison, le feu, l'onde, ou le fer ?
Ah ! quand viendra le jour à ses désirs si cher ?
Il est venu. Malheur à l'objet de sa rage !
L'impétueux autan, précurseur du naufrage,
Moins prompt, moins furieux, disperse les débris
De l'esquif imprudent que l'orage a surpris.

De là ces noirs forfaits, ces scènes exécrables,
Ces monstres de l'histoire, égalant ceux des fables ;
Ces coupes, ces poignards, fruits d'un long souvenir,
Et le passé couvant le terrible avenir.

Oserai-je conter l'épouvantable histoire
Dont Pérouse, en tremblant, garde encor la mémoire[3] ?
D'un mortel orgueilleux un violent affront
Avait blessé le cœur et fait rougir le front.
Instruit de ses fureurs, des piéges qu'il médite,
Le coupable tremblant échappe à sa poursuite ;
Il part, il court attendre, à l'abri du danger,
Des momens plus heureux sous un ciel étranger.
Vaine précaution ! la victime éloignée
N'en est que plus présente à cette âme indignée
Sous un calme trompeur, son noir ressentiment
En prépare de loin l'horrible châtiment,
Dissimule à la fois et la haine et l'offense :
L'art de dissimuler est l'art de la vengeance.
Il feint que, las des cours, du monde dégoûté,
Il a d'un cloître saint choisi l'obscurité.
Là ses tourmens pieux et ses rigueurs austères
Défiaient la ferveur des plus saints solitaires ;
Il fait plus : dans ce cœur qu'habitent les forfaits,
Sa fureur tous les jours reçoit le dieu de paix ;
Mais il n'en hait que plus l'auteur de son outrage ;
Ses crimes redoublés ont redoublé sa rage.

Cependant un faux bruit, par les siens répandu,
Fait croire à l'exilé, par sa haine attendu,
Qu'apaisé, relégué dans sa retraite obscure,
Il a, comme le monde, oublié son injure ;
Qu'il est temps de rentrer dans son séjour natal.
Trop crédule, il se livre à cet espoir fatal,

Part, et revient se rendre à sa douce patrie.
Son ennemi l'a su ; son adroite furie
Avait fait épier son départ, son retour,
Et jusqu'au lieu secret choisi pour son séjour.
Alors, tout palpitant d'une allégresse horrible,
Avec un ris féroce, avec un œil terrible,
Parcourant ce lieu saint, ce temple, cet autel,
Où le crime à sa rage a fait servir le ciel :
« Séjour de piété, témoin d'un si long crime,
Je vous rends grâce enfin, je vous dois ma victime.
Adieu ! gardez pour vous l'innocence et la paix,
Adieu ! je vais jouir de cinq ans de forfaits. »
    Dans la nuit, à ces mots, il quitte sa retraite ;
Vers les lieux indiqués suit sa marche secrète :
Il frappe, il entre armé de poignards, de flambeaux,
Tel qu'un spectre échappé de la nuit des tombeaux,
Surprend son ennemi, le saisit et l'enchaîne ;
Et d'un œil où brillait le bonheur de la haine :
« Ah ! cruel, lui dit-il, tu m'as long-temps trompé,
Mais à mes coups enfin tu n'as pas échappé ;
La vengeance à pas lents t'a conduit dans mes piéges ;
Tiens, traître, tiens, voilà pour tous mes sacriléges.
Tu m'as ravi (comment puis-je assez te punir ?)
Les biens et de ce monde et du monde à venir.
Meurs ! expie en mourant mes crimes, tes injures,
Et mes tourmens passés, et mes peines futures ;
L'enfer est pour tous deux : tu m'y précèderas. »
    Dans son flanc, à ces mots, il a plongé son bras ;
Mais sur ce corps mourant sa haine vit encore ;
Il trempe le poignard dans le sang qu'il abhorre,
Il l'emporte fumant de ce sang odieux ;
Et cet objet funeste est toujours sous ses yeux :

Horrible monument d'une horrible vengeance.
Tant le passé sur nous exerce de puissance !
   D'un vol bien plus rapide et plus ardent encor,
Vers l'obscur avenir l'âme prend son essor.
Tel que ce double dieu, Janus aux deux visages [4],
Qui, d'un double regard embrassant les deux âges,
Regardait, d'un côté, le siècle vieillissant,
De l'autre se tournait vers le siècle naissant ;
Ou tel que, dominant sur les ondes captives,
Un colosse fameux s'appuyait sur deux rives,
L'Imagination se plaît à réunir,
D'un côté le passé, de l'autre l'avenir.
Là sur deux points divers notre cœur se balance :
La Crainte d'un côté, de l'autre l'Espérance ;
L'Espérance au front gai, qui, lorsque tous les dieux
Loin de ce globe impur s'enfuirent dans les cieux,
Nous resta la dernière, et console le monde.
Avec le nautonier elle vogue sur l'onde,
Veille dans les comptoirs, guide les bataillons,
Sourit au laboureur courbé sur ses sillons :
Du savant matinal voit grossir le volume,
Et tient le soc, la rame, et l'épée et la plume ;
Mais surtout des grands cœurs elle enhardit l'essor.
Quand César aux Romains prodiguait son trésor,
Un ami, qu'effrayait sa vaste bienfaisance,
Lui demanda quel bien lui restait : L'espérance,
Dit-il ; et quel espoir que celui de César !
La fortune à l'espoir laisse atteler son char ;
Il enrichit le pauvre, affranchit les esclaves ;
Et par lui le captif chante dans ses entraves.
Quels maux désespérés peuvent lasser l'espoir ?
Dans la nuit la plus sombre il se laisse entrevoir,

Et de l'illusion offre au moins les ressources.

Ainsi, quand du crédit on a tari les sources,
Quand d'un papier en vain protégé par les lois,
La trop mince valeur se mesure à son poids,
Romancier consolant, et fertile en promesses,
Soudain Cambon paraît, il compte nos richesses [5];
La messe supprimée, et les temples vendus,
Ce qu'on fera payer, ce qu'on ne paîra plus;
Des morts déshérités les créances éteintes,
L'impôt sur les malheurs, et l'impôt sur les craintes.
Alors on applaudit : les millions, les milliards,
En assignats nouveaux, pleuvent de toutes parts;
Le crédit se ranime, et la douce Espérance
Sur son char de carton parcourt toute la France.

Le trépas même enfin, l'inflexible trépas,
Invoque l'Espérance, et n'en triomphe pas.
Que dis-je? sur nos cœurs que ne peut sa puissance?
Elle-même souvent révoque la sentence,
Et, d'un corps affaibli ranimant les ressorts,
Elle est, comme des cœurs, bienfaitrice des corps.
Vous l'avez éprouvé, dans ces jours de prestiges [6]
Où Mesmer de son art déployait les prodiges :
Il avait renversé ces vases, ces mortiers,
Où l'on broyait des sucs trop souvent meurtriers;
Mais de l'heureux délire il nous versait la coupe.
De malades plus gais une docile troupe,
De cordons entourés, et des fers sur le sein,
En cercle environnait le magique bassin.
Peindrai-je le bonheur des cœurs qui sont ensemble,
Que le même besoin, le même vœu rassemble;
Ces liens fraternels, cette chaîne d'amour,
Où chacun communique et reçoit tour à tour;

8.

5

Et l'électricité de ces mains caressantes,
Que le rapport des cœurs rend encor plus puissantes?
Non, la douce féerie et tous ses talismans
Ne pourraient s'égaler à ces enchantemens.
Qu'on ne me vante pas la boîte de Pandore,
Ce baquet merveilleux fut plus puissant encore :
Les maux n'en sortaient pas, l'espoir restait au fonds.;
Autour, la douce erreur et les illusions :
Tous se félicitaient de leurs métamorphoses ;
La vieille Églé croyait voir renaître ses roses ;
Le vieillard décrépit, se ranimant un peu,
D'un retour de santé menaçait son neveu.
Le jeune homme, à vingt ans ridé par la mollesse,
Se promettait encor quelques jours de jeunesse ;
Moi-même j'espérais, rejetant mon bandeau,
Des yeux dignes de voir un spectacle si beau.
Mais quoi ! chez les Français est-il rien de durable ?
Mesmer courut ailleurs porter son art aimable.
Chaque malade, au fond de son appartement,
Tout seul, avec ses maux, s'enterra tristement ;
Et, des remèdes vains implorant la puissance,
Il perdit le plus doux, en perdant l'espérance.

    Fondant sur l'avenir des droits non moins puissans,
La Crainte y jette encor des regards plus perçans.
Salutaires tourmens ! Le Créateur suprême
Ne peut à chaque instant nous garder par lui-même ;
Et, quelque grand qu'il soit, ce maître universel
Ne devait point à l'homme un miracle éternel.
Mais, tandis qu'en nos cœurs l'espérance est empreinte,
Exprès à côté d'elle il a placé la crainte,
Sentinelle assidu, qui, devançant nos pas,
Court épier les maux que l'esprit ne voit pas ;

Et, nous avertissant des piéges qu'il redoute,
De la vie avec soin interroge la route.
La raison se réveille à son premier signal,
Et court ou prévenir ou réparer le mal.
Ce sage instinct nous suit même dès la naissance :
Voyez l'enfant, sans art et sans expérience,
Attentif et tremblant former ses premiers pas,
Et, tout près de tomber, tendre ses faibles bras !
Ainsi sont opposés, dans la même balance,
Et la crainte ombrageuse, et la douce espérance.
  Mais je n'ai pas encor chanté tous leurs effets :
Tous deux ont leurs malheurs, ainsi que leurs bienfaits ;
Souvent l'espoir précoce, en la montrant d'avance,
Par une longue attente use la jouissance,
Cueille la joie en fleurs, flétrit son fruit naissant,
Et souvent l'avenir nous vole le présent.
Je pense voir à table un imprudent convive,
Qui, long-temps dégoûté, contient sa faim oisive ;
Et, toujours espérant des mets plus délicats,
Arrive, à jeun et dupe, à la fin du repas.
De la crainte, à son tour, les transes incertaines
Attristent les plaisirs et devancent les peines.
De là, vers l'avenir sombre et mystérieux
Ces élans inquiets, cet instinct curieux :
Ainsi, pour pénétrer d'impénétrables voiles,
L'homme demande au ciel, il demande aux étoiles,
Ses malheurs, ses succès, ses plaisirs, ses douleurs.
Tantôt, sur des cartons de diverses couleurs
Combinant le pouvoir des nombres, des figures,
Lit, dans de vains hasards, de grandes aventures.
Qu'une salière tombe, elle a dicté son sort ;
Le cri de ce corbeau, c'est l'arrêt de sa mort ;

Là sont des talismans, là des miroirs magiques ;
Tantôt, l'œil attaché sur des mains prophétiques,
Il lit dans chaque trait un avenir certain,
Et la ligne fatale est la loi du destin.
Aux superstitions qui donna la naissance ?
La Crainte fanatique à la Reconnaissance [7]
Arracha l'encensoir, et son culte odieux
Par le sang des humains sollicita les dieux.

Dirai-je enfin comment, dans leurs ardeurs brûlantes,
Des vives passions les fougues turbulentes
Viennent aiguillonner et la crainte et l'espoir,
Soit que sur nous la gloire exerce son pouvoir ;
Soit que l'ambition, tyran des grandes âmes,
De l'amour des grandeurs alimente les flammes ;
Soit que, plus inquiète et plus avide encor,
S'allume dans un cœur l'ardente soif de l'or ?

Pénétrez dans ce temple, où l'avide avarice
De l'aveugle hasard adore le caprice :
Voyez au dieu de l'or tous ces autels dressés
Recevoir des mortels les vœux intéressés.
L'or y brille aux regards, y résonne à l'oreille :
A ce bruit tout-puissant, l'avidité s'éveille ;
Mais les cœurs ne sont pas troublés du même soin ;
Là sont les vœux du luxe, ici ceux du besoin.
Et, tandis qu'au hasard, arbitre des richesses,
L'un demande des chars, des bijoux, des maîtresses,
L'autre, de ses enfans attendant le destin,
Déjà du désespoir tient l'arme dans sa main.
Immobiles, l'œil fixe, en un profond silence,
Tous, d'un regard brûlant, se dévorent d'avance.
Dans le cornet fatal le dez a retenti :
Il s'agite, il prélude, il sort, il est sorti !

Tous les yeux, tous les cœurs s'élancent sur sa trace ;
Il hésite, il balance, il promet, il menace ;
Mais il s'arrête enfin : le sort a prononcé,
Et dans tous les regards son arrêt est tracé.
Effroyables tableaux, où chaque front déploie
Ou sa douleur farouche, ou son horrible joie !
  Mais de nos sentimens, mais de nos passions
Celle qui se nourrit de plus d'illusions,
C'est l'amour. Ah ! combien mon cœur le trouve à plaindre,
L'homme à qui ses malheurs donnent droit de le peindre !
Tout frissonnant encor de l'excès de ses maux,
Que de fois dans ses mains vont trembler ses pinceaux !
Tel, à peine échappé des fureurs de l'orage,
Le nautonier pâlit en contant son naufrage.
L'amour dans tous les cœurs fait entendre sa voix :
Mais qui dira combien et nos mœurs et nos lois,
Et de nos arts brillans la puissante magie,
De ce penchant terrible exaltent l'énergie ?
Tel des rayons perdus dans le vague des cieux
Le verre ardent rassemble et redouble les feux.
Pour l'instinct effréné d'une horde sauvage,
L'amour est un éclair : chez nous, c'est un orage.
De tout ce qui fermente et bouillonne en nos cœurs
L'Imagination assemble les vapeurs :
La vanité, l'orgueil, l'espérance, la crainte,
Le regret, le désir ; c'est l'airain de Corinthe,
Où, par un feu brûlant l'un dans l'autre fondus,
Tous les métaux roulaient et brillaient confondus ;
C'est le volcan, où l'air, et l'onde, et le bitume,
Nourrissent à la fois le feu qui les consume.
L'amour lance de loin ses traits les plus puissans :
Il n'est pas renfermé dans l'empire des sens ;

Il n'est pas dans l'alcôve obscure et parfumée
Où le baiser s'empreint sur la bouche enflammée :
Il est dans cette fête où, rencontrant leurs yeux,
Deux amans tout-à-coup s'étonnent de leurs feux,
Et, pleins d'une langueur ineffable et profonde,
Dans la foule et le bruit, ne sont plus qu'eux au monde ;
Il est aux bords déserts, où l'objet adoré,
Seul vu, seul entendu, seul craint, seul désiré,
Remplit chaque pensée ou de joie ou de peine,
Enflamme chaque sens et bat dans chaque veine ;
Il est dans la retraite, où le cœur amoureux
Verse sur le papier le torrent de ses feux ;
Il veille à cette porte, où, seul, dans l'ombre humide,
L'amant, en palpitant, prête une oreille avide ;
Heureux lorsque d'un pied posé timidement
Le bruit vient l'avertir du fortuné moment,
Et promettre à sa flamme une plus douce veille ;
Il est dans le réduit où la beauté sommeille,
Où, de loin l'adorant, et n'osant qu'admirer,
Il écoute son souffle et craint de respirer ;
Tandis que d'un beau corps l'inutile parure,
Ces perles, ces rubis, qu'ornait sa chevelure,
Ces ornemens d'un bras arrondi par l'amour,
Ce corps où d'un beau sein le mobile contour
A ses impressions fit céder la baleine,
Excitent des transports qu'il ne contient qu'à peine ;
Et, la montrant sans voile à son brûlant désir,
Par cent plaisirs secrets devancent le plaisir.

　　Je passe ces momens de turbulente ivresse
Où les sens règnent seuls, où l'illusion cesse.
Qu'en peignant des désirs l'impétueuse ardeur,
Lucrèce dans ses vers alarme la pudeur [8],

Et fasse des accens de l'obscène licence
Murmurer la sagesse et rougir l'innocence ;
Pour le sage lecteur un coupable mépris
Jamais d'un vers impur n'a souillé mes écrits.
Je laisse donc couverts des ombres du mystère
Les traits dont s'effarouche une muse sévère.
    Mais qui me décrira ces transports ravissans,
Ces délices du cœur, après celles des sens ;
Ces doux ressouvenirs et ces tendres pensées
Par qui le cœur jouit des voluptés passées,
Et, rempli d'un bonheur qu'il savoure à loisir,
Consacre au sentiment le repos du plaisir ?
Ah ! celle qui produit, qui nourrit ce délire,
L'Imagination, peut seule le décrire.
L'Imagination, de ses chastes pinceaux,
Peut même à la pudeur en offrir les tableaux :
Avant les voluptés, l'amour vit d'espérance,
Et l'amour leur survit par la reconnaissance.
Le bienfait a toujours le droit de nous charmer.
Eh ! quel plus grand bienfait que le bonheur d'aimer !
    Voilà les plaisirs purs. Mais si la jalousie
Allume au fond du cœur sa sombre frénésie,
Que je le plains ! Autant qu'aux amours sans fureurs
L'Illusion versait d'agréables erreurs,
Autant aux cœurs jaloux, qu'un noir poison consume,
Elle fait des douleurs épuiser l'amertume.
Ce n'est plus cette fée, appelant à ses jeux
Les fantômes brillans et les songes heureux ;
Ce n'est qu'une furie évoquant des lieux sombres
Les spectres effrayans et les sinistres ombres.
Voyez-le, ce jouet, ce tyran de l'amour :
Le malheureux ! il craint et la nuit et le jour :

Le jour sert des regards l'audace téméraire,
Et la nuit peut voiler un odieux mystère.
Le concours des cités, leurs pompes et leurs jeux,
Tout nourrit, tout aigrit ses soupçons ombrageux.
Dans les champs, l'air, les eaux, les fleurs et le zéphyre,
La forêt, le bosquet, tout contre lui conspire.
« Tous deux ils ont suivi ces sentiers écartés ;
La lune, il m'en souvient, retirait ses clartés :
Ces lieux étaient si beaux ! ce bocage si sombre ! »
Il part, il marche, il erre, il s'enfonce dans l'ombre ;
Un feu noir et sinistre allume son regard,
Et son ami n'est pas à l'abri du poignard.
Que dis-je ! malheureux au sein du bonheur même,
Il jouit en tremblant de la beauté qu'il aime ;
Il rêve à ses côtés de rivaux et d'amans,
Et ses plaisirs troublés le rendent aux tourmens :
Et si de son malheur l'assurance terrible
Jette au fond de son âme une lumière horrible,
Ah ! qu'il est malheureux, puisqu'il n'espère plus !
Comme il va regretter les maux qu'il a perdus !
Quelques plaisirs du moins adoucissaient ses peines ;
La douleur aujourd'hui coule seule en ses veines.
C'est peu de son malheur : hélas ! trop tôt détruit,
Plus cruel que ses maux, son bonheur le poursuit.
Ces jours délicieux, ces nuits enchanteresses,
Le nectar des baisers, le charme des caresses,
Des plus doux souvenirs font un poison rongeur :
Tel, sous un ciel ardent, lorsque le voyageur
Est brûlé par la soif, si dans sa longue course
Il vit un ruisseau pur, un beau lac, une source,
Qui, du fond des rochers, du sein des antres frais,
Tombe, écume, et s'enfuit sous un ombrage épais,

Il croit entendre encor cette eau bruyante et claire ;
Il s'abreuve à longs traits de l'onde imaginaire...
Funeste illusion ! trop vains enchantemens !
Bientôt ce court plaisir se change en longs tourmens ;
Son regret s'en irrite, et des fraîches fontaines
L'onde en flots embrasés revient brûler ses veines.

Sur les pertes du cœur nous pleurons chaque jour [9] :
Mais quels regrets pareils aux regrets de l'amour !
J'ai chanté son pouvoir, ses plaisirs, ses prestiges ;
J'en ai peint les effets : qui peindra ses prodiges ?
Qui saura m'exprimer comment ses traits puissans
Trompent la mort, l'absence, et les lieux et les ans ?

Voyez-vous ce visage où d'une âme flétrie
Se peint la douloureuse et lente rêverie ;
Qui, gai par intervalle, et souvent dans les pleurs,
Jusque dans son souris exprime ses douleurs ?
D'un amant qui n'est plus amante infortunée,
Et par un long délire à l'espoir condamnée,
Elle l'attend toujours ; elle croit que la mer
Lui retient cet objet à ses désirs si cher.
Dans les mêmes chemins, connus de sa tendresse,
Cet invincible espoir la ramène sans cesse.
Elle arrive... Son œil jette de toutes parts
Sur l'immense océan ses avides regards ;
Elle demande aux flots si des rives lointaines
Le vent ramène enfin l'objet de tant de peines.
Rien ne paraît. « Allons ! il reviendra demain [10], »
Se dit-elle... et reprend tristement son chemin.
Le lendemain arrive ; elle vient dès l'aurore,
L'attend, soupire... et part... pour revenir encore :
Tant l'amour sait nourrir son triste enchantement !

Que dis-je ! dans l'excès d'un fol engagement,

Même après le trépas l'amour voit ce qu'il pleure ;
Il le voit, il l'entend, l'entretient à toute heure.
Oh ! pour peindre un malheur si digne de mes chants,
Si je pouvais trouver des sons assez touchans,
De deux jeunes amans je dirais l'aventure.
Amour ! toi qu'une fade et vulgaire peinture
Met toujours dans les ris, sur un trône de fleurs,
Pardon si je te place en un lieu de douleurs ;
Ah ! si l'on y goûta tes plus pures délices,
Viens m'aider à les peindre. En l'un de ces hospices [11]
Dotés par les secours, et fondés par les mains
De ce pieux Vincent, bienfaiteur des humains,
Dont le modeste nom, digne de la mémoire,
De tous les conquérans anéantit la gloire,
Une aimable novice, à la fleur de ses ans,
Donnait aux malheureux des soins compatissans ;
Les Grâces arrangeaient son simple habit de bure,
Les Grâces se plaisaient à sa simple coiffure.
Dans ses traits ingénus respirait la candeur ;
Son front se colorait d'une aimable pudeur ;
Tout en elle était calme ; un sentiment modeste
Réglait son air, sa voix, son silence, son geste ;
Ses yeux, d'où sa pensée à peine osait sortir,
N'exprimaient rien encore, et faisaient tout sentir.
On eût dit qu'en secret sa douce indifférence
D'un ascendant suprême attendait la puissance :
Tel ce chef-d'œuvre heureux de l'amour et des arts,
La jeune Galatée, enchantait les regards,
Lorsque essayant la vie et son âme naissante,
N'étant déjà plus marbre et pas encore amante,
Entr'ouvrant par degrés ses paupières au jour,
Pour achever de vivre elle attendait l'amour.

Ainsi, dans sa langueur doucement recueillie,
En une aimable paix reposait Azélie ;
Ou, si son cœur s'ouvrait à quelque impression,
C'était de la bonté la tendre émotion
Qui, sur ce beau visage, où la grâce respire,
De la douce pitié répandait le sourire.

A l'ombre de ces murs, ignorant les humains,
Ce cœur si jeune encore ignorait les chagrins ;
Cependant sur son front je ne sais quel nuage,
S'il n'en était l'effet, en semblait le présage :
On eût dit, à la voir, que l'instinct de son cœur,
Même avant le plaisir, devinait la douleur ;
Et les traits enchanteurs de la jeune Azélie
Devenaient plus touchans par sa mélancolie ;
Rien d'ailleurs ne troublait le calme de ses traits...
Ah ! puisse le malheur ne l'altérer jamais !

Cependant le jour vint où cette âme si pure
Reçut profondément la première blessure.
Un jeune homme mourant à la fleur de ses jours,
Volnis (c'était son nom), sans amis, sans secours,
Dans ce pressant danger oubliant sa naissance,
Des charitables sœurs implora l'assistance.
Jamais rien de plus beau ne parut sous les cieux :
En longs et noirs anneaux s'assemblaient ses cheveux ;
Ses yeux noirs, pleins d'un feu que son mal dompte à peine,
Étincelaient encor sous deux sourcils d'ébène ;
Et son front noble et fier, où se peignait son cœur,
S'embellissait encor de sa douce pâleur.

Tel, moissonné trop tôt, tombe et languit sur l'herbe,
Ou le sombre hyacinthe, ou le pavot superbe :
Tel meurt avant le temps, sur la terre couché,
Un lis que la charrue en passant a touché.

Il fut reçu mourant dans le pieux hospice.
Des soins hospitaliers l'honorable exercice
Distinguait Azélie entre toutes les sœurs ;
Son devoir l'appela près du lit de douleurs.
A leur premier abord leurs regards se cherchèrent :
A leurs premiers regards leurs cœurs se rencontrèrent.
Tant des rapports cachés le rapide ascendant
Sait allumer bientôt l'amour le plus ardent !

Mais un respect timide, une pudeur secrète
Renfermait dans leurs cœurs leur tendresse muette
Du plaisir de se voir leurs yeux embarrassés,
Levés timidement, étaient soudain baissés.
Volnis s'appuyait-il sur le bras d'Azélie,
De quel trouble charmant elle était embellie !
Azélie épuisait tous ces soins délicats
Qui voudraient être vus, mais ne se montrent pas ;
En silence elle offrait, pour calmer sa souffrance,
Des secours que Volnis recevait en silence.
Mais que de fois l'amour qu'elle enferme en son sein
Faisait trembler la coupe en sa timide main !
Offerts par cette main que lui-même eût choisie,
Les sucs les plus amers lui semblaient l'ambroisie ;
Offerts par d'autres soins, pour son corps abattu
Les sucs les plus puissans demeuraient sans vertu.
Quels siècles s'écoulaient dans les momens d'absence !
Quel doux tressaillement annonçait sa présence !
Dans ses nuits sans sommeil, dans ses jours sans repos,
La voir ou l'espérer adoucissait ses maux :
Souvent, pour prolonger une si chère vue,
Il eût voulu nourrir le poison qui le tue ;
Et, rendant en secret grâces à sa langueur,
Des remèdes trop prompts implorait la lenteur.

Tout-à-coup, transporté de joie et d'espérance,
Il conçoit un projet qui l'enivre d'avance.
    A peine relevé de ce lit douloureux,
Son œil osa fixer Azélie et les cieux :
« O fille vertueuse ! ô mon dieu tutélaire !
Dit-il avec transport, que sert un vain mystère ?
Nos feux se sont trahis ; et ces feux innocens
Ne sont pas, tu le sais, le délire des sens ;
Formés dans la douleur, nourris dans la souffrance,
Ils s'épurent encor par la reconnaissance.
C'est par toi que je vis, daigne vivre pour moi ;
Ne me fais pas haïr des jours sauvés par toi.
D'un amour malheureux trop malheureuse fille,
Tu n'as, on me l'a dit, ni parens ni famille,
Eh bien ! ces sentimens qu'eût partagés ton cœur,
Sur moi seul réunis, feront mieux mon bonheur.
Je suis libre, tu l'es : viens, ma chère Azélie,
Viens, je veux te devoir le bonheur et la vie. »
    Tel qu'un faible arbrisseau, dans la serre nourri,
Ne quitte qu'à regret son doux et sûr abri ;
En vain d'un ciel brillant la liberté l'appelle :
Timide, il craint les vents et leur souffle infidèle.
Ainsi, les yeux baissés, rougissant de pudeur,
Azélie, en pleurant, accepta son bonheur.
Les beaux jours renaissaient, la terre était plus belle ;
Le fortuné Volnis s'embellissait comme elle,
Et goûtait, retiré dans un riant séjour,
Le repos, la santé, le printemps et l'amour.
    Que renaître au printemps est un charme suprême !
Mais combien les beaux jours sont plus beaux quand on aime !
    Tous deux savaient jouir de ces charmes touchans :
Le véritable amour se plaît toujours aux champs.

« Vois-tu, disait Volnis, ces fleurs, cette verdure?
Du ruisseau libre enfin entends-tu le murmure?
Tout renaît au printemps, tout se ranime; et moi,
Dans mes beaux jours, hélas! j'étais flétri sans toi. »

Il disait; et tous deux mêlant leurs douces larmes,
De la nature ensemble ils goûtaient mieux les charmes.
Hâtez-vous, couple heureux, hâtez-vous de jouir!
Ces boutons, que l'aurore a vus s'épanouir,
Peut-être avant le soir vont céder à l'orage:
Ah! que de vos destins ils ne soient point l'image!
Vain souhaits! Azélie, au milieu du bonheur,
N'avait pas vainement pressenti le malheur.
Des parens, qu'illustrait le nom de leurs ancêtres,
Visitèrent Volnis dans ces réduits champêtres.
Azélie essuya leur superbe dédain,
Et son cœur en conçut un noir et long chagrin:
Non que sa vanité, secrètement blessée,
Ne sût pas d'un dédain supporter la pensée;
Mais de ce cœur si pur le noble sentiment
Se reprochait d'avoir dégradé son amant:
Le cœur voudrait toujours ennoblir ce qu'il aime.
Azélie enferma son désespoir extrême;
Et Volnis de ce cœur sensible, mais discret,
S'efforça vainement d'arracher le secret.
Mais un jour qu'ils passaient, rêveurs et solitaires,
Dans un salon rempli des portraits de ses pères,
L'esprit déjà frappé, d'un accent plein d'effroi,
« Les voyez-vous? dit-elle; ils ont honte de moi! »

Elle dit, et s'enfuit au fond de sa retraite;
Dès lors rien ne calma sa tristesse secrète;
Dès lors son tendre époux, de moment en moment,
Vit se décolorer ce visage charmant;
Et, malgré ses secours, des âmes la plus belle

S'exhala doucement de ce corps digne d'elle,
Comme au gré d'un feu pur s'exhale vers les cieux
D'un beau vase d'albâtre un parfum précieux.

Pour pleurer tant d'amour, de vertus et de charmes,
Le malheureux Volnis a-t-il assez de larmes?
Non : il ne pleure pas; mais son cœur éperdu
Voit toujours, ou croit voir l'objet qu'il a perdu.
Il le voit, il l'entend, il poursuit son image.
Tantôt il l'entrevoit à travers un nuage;
Tantôt, comme au retour d'un voyage lointain :
« O charme de mon cœur! je te retrouve enfin!
Pourquoi m'as-tu privé de ta douce présence?
Dieu! combien j'ai souffert pendant ta longue absence! »
Tantôt, dans son délire, heureux de revenir
Vers ce lit de douleur, plein d'un doux souvenir,
Il croit se voir soigner par l'objet qu'il adore;
Vers cet objet charmant sa main s'étend encore.
Tantôt au bord des eaux, dans les bois, dans les lieux
Que tous deux parcouraient, qu'ils chérissaient tous deux,
Il croit la voir encore embellir ces campagnes;
Souvent il la demande à ses jeunes compagnes :
Les fleurs qu'elle élevait frappent-elles ses yeux :
« Donnez, qu'à son réveil j'en pare ses cheveux. »
Tantôt de son hymen il préparait la fête;
La couronne de rose et la pompe était prête.
Malheureux! lui rendant tout-à-coup sa douleur,
L'affreuse vérité retombait sur son cœur.
Alors son œil troublé ne voyait que ténèbres,
Que crêpes, que linceuls et que torches funèbres.
Il marchait, s'asseyait, se levait sans dessein,
Commençait un discours, l'interrompait soudain.
A force de douleurs, quelquefois plus tranquille,
Un long accablement le tenait immobile :

Tels qu'on voit, enchaînés dans leur triste repos,
Ces simulacres vains pleurant sur des tombeaux.
Mais toujours il voyait cette image si chère :
Vainement l'amitié tâcha de le distraire :
Lorsqu'un hasard heureux, que l'on n'eût pu prévoir,
D'adoucir ses malheurs fit naître quelque espoir.

    Une jeune beauté d'une grâce accomplie,
Dieux ! comment pûtes-vous faire une autre Azélie ?
De celle qui n'est plus intéressant portrait,
De cet objet charmant rappelait chaque trait.
C'était son doux maintien, son aimable indolence,
Le charme de sa voix, celui de son silence ;
On croyait voir son air, son visage, ses yeux.
Deux gouttes de rosée ou du nectar des dieux,
Deux matins du printemps, deux des plus fraîches roses,
Sur une même tige, à la même heure écloses,
Se ressembleraient moins. Par ce nouvel objet,
De distraire son cœur on forme le projet :
Heureux, si cette aimable et douce ressemblance
Pouvait de sa douleur tromper la violence !
Sous un voile d'abord on cache ses attraits ;
Il vient : le voile tombe et laisse voir ses traits ;
Il tressaille à sa vue, et d'un regard avide
Il la fixe en gardant un silence stupide ;
Puis, égaré de joie, et de crainte, et d'amour,
Son œil sur deux objets semble errer tour à tour ;
Enfin, jetant un cri : « Mes amis, quel prestige !
Elles sont deux. » L'Amour avait fait ce prodige ;
L'Amour montrait de même à ses yeux éperdus,
Et celle qui respire, et celle qui n'est plus :
Tant, avec ce penchant toujours d'intelligence [12],
L'Imagination lui prête de puissance !

CHANT III.

Voyez ce luth muet ! tant qu'une habile main
N'éveille pas le son endormi dans son sein,
Dans le bois insensible en secret il sommeille ;
Mais si d'un doigt savant l'impulsion l'éveille,
Il frémit, il résonne, exprime tour à tour
La pitié, la terreur, et la haine, et l'amour ;
Et, quand rien n'agit plus sur l'organe sonore,
Le bois mélodieux long-temps résonne encore.
Ainsi l'âme se tait, quand rien ne parle aux sens :
Ainsi l'objet émeut ses fils obéissans ;
Et même, quand des sens la secousse est passée,
L'écho des souvenirs prolonge la pensée.
De tous les instrumens le plus ingénieux,
Dont les savans accords retentissent le mieux,
L'âme est organisée. Il est temps de connaître
Comment elle résonne et répond à chaque être ;
Et comment, de nos nerfs ébranlant le faisceau,
L'objet court s'imprimer dans les plis du cerveau,
Vaste et profond sujet ! Pour peindre ce mystère [1],
Il faudrait un Descarte instruisant un Voltaire.
Essayons toutefois, et montrons dans mes vers
L'âme entière à l'aspect de l'immense univers.
Les couleurs avant tout ont des charmes suprêmes ;
Leurs beautés quelquefois plaisent par elles-mêmes,

Et leur aspect pour nous a de secrets appas.
Tel vers l'astre des nuits l'enfant étend ses bras ;
Tel, quand l'onde reçoit son image fidèle,
Crédule, il veut la prendre, et se courbe vers elle.
Le pourpre éblouissant, le tendre azur des cieux,
Le blanc pur et le vert sont le charme des yeux.
D'autres fois, des objets croyant y voir l'emblème,
L'Imagination ou les craint, ou les aime.
Le noir nous peint le deuil, la douleur, le trépas ;
Un drapeau noir conduit les Maures aux combats ;
Le bleu marque la joie, et le blanc l'innocence :
Le vert, fils du printemps, peint la douce espérance ;
Et, par des traits de sang, la comète autrefois,
Sous le dais orgueilleux, a fait trembler les rois.
Souvent encor les arts, ou la riche nature,
Dont nul art ne saurait égaler la peinture,
Savent, en les fondant, embellir les couleurs.
Ainsi l'adroite aiguille entrelace les fleurs ;
Ainsi le peintre unit, de nuance en nuance,
La teinte qui finit à celle qui commence.
Voyez se colorer l'arc éclatant d'Iris !
Voyez l'émail changeant des pigeons de Cypris ;
Et ces prismes vivans où le soleil se joue,
Les oiseaux de Junon, épanouir leur roue !
　　Les formes à leur tour ont des charmes puissans ;
Eh ! qui peut leur donner ce pouvoir sur nos sens ?
Ce n'est point le compas de la géométrie,
La régularité, la froide symétrie :
C'est l'élégance unie à la simplicité,
Et les proportions à la variété ;
C'est un tout assorti qu'un seul coup d'œil rassemble,
Le charme des détails, les beautés de l'ensemble.

A ces traits prononcés que l'œil aime à saisir,
L'Imagination vient joindre son plaisir.
Elle veut rencontrer, jointes à l'élégance,
L'heureuse utilité, la noble convenance.
Des formes, dont les traits la séduisent toujours,
La courbe, par sa grâce et ses moelleux contours,
Rit le plus à ses yeux : dans leurs bornes prescrites,
Les angles, les carrés font trop voir les limites ;
Et, dans l'alongement de son cours ennuyeux,
La triste ligne droite importune les yeux.
Mais sur d'heureux contours glissant avec mollesse,
D'une courbe facile elle aime la souplesse.
Tout ce que la nature embellit de sa main,
Les rondeurs de la joue et celles d'un beau sein,
Ce grand cercle des cieux et la sphère du monde,
Les astres suspendus à sa voûte profonde,
Et les arbres en dôme arrondissant leurs bras,
Tout d'une courbe aimable offre aux yeux les appas ;
Et l'œil, qui nous instruit de leur beauté suprême,
En un cercle brillant s'est arrondi lui-même.
Le mouvement nous plaît par la même beauté :
Sur la rive des mers ainsi l'œil enchanté
Voit le flot qui retombe et le flot qui s'élève ;
En courbe il redescend, en courbe il se relève ;
Et du vaisseau, qui monte et baisse mollement,
L'œil suit avec plaisir le doux balancement.
Eh ! qui du mouvement ne connaît pas l'empire ?
Par des charmes plus sûrs qui sait mieux nous séduire ?
Quand Vénus dans un bois se révèle à son fils,
Ce qui lui fait d'abord reconnaître Cypris,
Ce ne sont point ses traits, ses yeux, sa blonde tresse ;
Elle marche, et son port a trahi la déesse :

Tant l'art de se mouvoir a de charmes pour nous !

Tantôt lent, tantôt vif, ou plus fort, ou plus doux,

Dans ses effets divers, mais jamais arbitraires,

Le mouvement nous plaît par des aspects contraires.

J'aime à voir ce coursier qui, plus prompt que l'éclair,

Dans les champs effleurés part, court, vole, et fend l'air ;

Mais je n'aime pas moins le coursier intrépide

Qui, réprimant l'essor de sa fougue rapide,

Sans avancer d'un pas, dévorant le chemin,

Monte et tombe en cadence, et bondit sous ma main,

Et dont l'ardeur captive et toujours agissante

Présente à nos regards la force obéissante.

Vous frémissez d'effroi, si de fougueux soldats,

S'élançant à grands cris, précipitent leurs pas ;

Mais qu'une vaste armée, en un profond silence,

Garde un calme imposant, et lentement s'avance [2],

Ce silence effrayant frappe bien plus mon cœur,

Et le calme lui-même ajoute à la terreur.

Des mouvemens heureux, des formes attrayantes,

Des couleurs mariant leurs teintes séduisantes,

La beauté composa ces accords ravissans

Qui subjuguent le cœur et captivent les sens ;

Mais ma muse à loisir vous entretiendra d'elle,

Quand mes chants aux beaux-arts l'offriront pour modèle.

De ces mêmes accords l'univers enchanté

Vit éclore un pouvoir plus sûr que la beauté,

Qui toujours l'embellit, qui souvent la remplace,

Qui nous plaît en tous lieux, en tout temps : c'est la grâce.

Et comment définir, expliquer ses appas ?

Ah ! la grâce se sent et ne s'explique pas :

Rien n'est si vaporeux que ses teintes légères ;

L'œil se plaît à saisir ses formes passagères ;

Elle brille à demi, se fait voir un moment,
C'est ce parfum dans l'air exhalé doucement;
C'est cette fleur qu'on voit négligemment éclore,
Et qui, prête à s'ouvrir, semble hésiter encore:
L'esprit, qui sous son voile aime à la deviner,
Joint au plaisir de voir celui d'imaginer.
L'Imagination en secret la préfère
A la froide beauté constamment régulière.
Je ne sais quoi nous plaît dans ses traits indécis,
Que la beauté n'a point dans ses contours précis.
Piquante sans recherche et sans étourderie,
Elle nous fait aimer jusqu'à sa bouderie.
Prête donc à mes vers, ô fille de Vénus!
Ta molle négligence et tes airs ingénus.
Fais envier à l'art tes formes naturelles;
Tu n'as qu'à te montrer pour corriger nos belles;
Apprivoise l'orgueil, instruis la volupté,
Console la laideur, achève la beauté.

Comme Pallas aux dieux se montra tout armée,
La grâce au don de plaire en naissant est formée:
Belle dans son été, comme dans son printemps,
Seule elle sait braver les injures du temps:
L'aimable fantaisie arrange sa parure;
Zéphire, en se jouant, boucle sa chevelure;
De riches diamans ne chargent pas sa main;
Son simple coloris rejette le carmin;
Son maintien est aisé; la souple mousseline
En plis inaffectés autour d'elle badine,
Sa marche annonce aux yeux un enfant de Cypris,
Et sa danse prévient les leçons de Vestris.
Où peut-on rencontrer ce doux moyen de plaire?
Est-ce chez la princesse, est-ce chez la bergère?

Partout où la nature, en dépit de notre art,
La fait naître en passant et la jette au hasard.
Avec le même charme, aimable en toute chose,
Elle parle ou se tait, agit ou se repose ;
De l'enfance naïve elle est le premier don ;
La grâce lui donna son facile abandon,
Cette *soudaineté* que nous vante Montagne ;
Et l'heureux à-propos en tout temps l'accompagne :
Elle doit au hasard ses plus piquans attraits ;
Toujours elle rencontre et ne cherche jamais.
Peu savent la trouver, mais la trouvent sans peine.
Elle craint le travail et redoute la gêne ;
L'air d'effort lui déplaît ; et lorsque dans sa main
Vénus tient en riant les marteaux de Vulcain,
Un air d'aisance encore embellit la déesse.
Le caprice sied bien à cette enchanteresse ;
On l'oublie, elle vient ; on la cherche, elle fuit.
C'est la nymphe échappant au berger qui la suit,
Et qu'un doux repentir ramène plus charmante ;
Sa négligence plaît, et son désordre enchante ;
Tibulle est son poète, et ses attraits divers,
Sous les traits de Délie, ont inspiré ses vers.

　　La pudeur à son tour s'avance sur sa trace.
Ah ! qui peut séparer la pudeur de la grâce ?
L'Imagination de ses regards discrets
A peine ose entrevoir ses mystères secrets ;
Mais de son trouble heureux, de sa rougeur aimable,
Elle adore tout bas le charme inexprimable.
Le vice audacieux s'arrête à son aspect,
Et le brûlant désir est glacé de respect.
Craignant ses propres yeux, elle-même s'ignore ;
Même quand elle est nue, elle est modeste encore ;

Sa décence la voile aux regards curieux,
Et la Vénus pudique est vêtue à nos yeux.
Mais comme nous voyons, délicate et craintive,
Se flétrir sous nos mains la tendre sensitive,
Un mot, un geste, un rien alarme ses appas;
Le cœur vole au-devant de son doux embarras;
Son silence nous plaît, sa froideur même enflamme,
Et la pudeur enfin est la grâce de l'âme.
Mais tandis que j'essaie à tracer ce tableau,
Elle vient en mes mains arrêter mon pinceau.
D'orgueil, de modestie, ineffable mélange,
Ainsi que le reproche elle craint la louange.
Déjà je vois rougir ses timides attraits,
Et crains, en les peignant, de profaner ses traits.
   Toutefois vainement la nature féconde
Aurait de tant d'appas orné l'homme et le monde :
L'habitude bientôt eût flétri la beauté,
Si le ciel n'eût créé la douce nouveauté.
Voyez de l'univers la pompe monotone !
Toujours l'été brûlant fait place au doux automne;
Toujours, après l'hiver, vient le printemps; toujours
Les jours suivent les nuits, les nuits suivent les jours.
Les cieux même, au milieu de leurs pompeux spectacles,
Aux yeux désenchantés ont perdu leurs miracles.
La nouveauté paraît, et son brillant pinceau
Vient du vieil univers rajeunir le tableau.
C'est elle qui du nord fait briller les aurores,
Enfante des héros les sanglans météores,
Fait luire une comète, un Voltaire, un Rousseau,
Fait mugir un volcan, tonner un Mirabeau :
Cet uniforme dieu, conduit par l'habitude,
Qui n'a jamais qu'un ton, qu'un air, qu'une attitude,

L'Ennui, s'enfuit loin d'elle ; et la Variété,
Un prisme dans la main, se joue à son côté ;
De ses mouvans tableaux le monde est idolâtre,
Mais la France surtout est son brillant théâtre.

La baguette à la main, voyez-la dans Paris,
Arbitre des succès, des mœurs et des écrits,
Exercer son empire élégamment futile ;
Et, tandis qu'oubliant leur rudesse indocile,
Les métaux les plus durs, l'acier, l'or et l'argent,
Sous mille aspects divers suivent son goût changeant,
Et la gaze, et le lin, plus fragile merveille,
Dédaigneux aujourd'hui des formes de la veille,
Inconstans comme l'air, et comme lui légers,
Vont mêler notre luxe aux luxes étrangers.
Ainsi, de la parure aimable souveraine,
Par la mode, du moins, la France est encor reine ;
Et, jusqu'au fond du nord portant nos goûts divers,
Le mannequin despote asservit l'univers [3].

Trop heureux les Français, si leur volage idole
Bornait à ces vains jeux sa puissance frivole !
Mais quels pays lointains, quels barbares climats
De nos derniers malheurs ne retentissent pas [4] ?
A peine une secrète et vague inquiétude,
Des antiques devoirs dénouant l'habitude,
Des folles nouveautés a donné le signal,
Tout s'ébranle, tout marche. A cet ordre fatal,
Hardis fabricateurs d'incroyables systèmes,
Des novateurs fougueux ont tout mis en problèmes :
Les arts, les lois, les mœurs, un superbe dégoût
A tout dénaturé : le temps, qui change tout,
Se voit changé lui-même, et notre vieille année
Avec ses mois nouveaux marche tout étonnée.

O mes concitoyens ! dites-moi de quel nom
Se nomment aujourd'hui ma ville , mon canton [5] ?
Dans un pays nouveau chaque jour je m'éveille ;
Le lendemain insulte aux travaux de la veille ;
La nouveauté qui suit vieillit la nouveauté ;
Le désordre s'accroît par la rivalité ;
On s'empresse , on s'élance , on court dans la carrière ;
Hâtons-nous , et gardons de rester en arrière ;
Atteignons , devançons nos rivaux confondus :
Les crimes surpassés sont des crimes perdus.

 Soudain les feux sont prêts , les haches étincellent :
Sous la main des bourreaux des flots de sang ruissellent ;
D'un massacre nouveau le massacre est suivi ;
Le peuple est fatigué , mais non pas assouvi :
Grands , petits , peuples , rois , trône , autel , tout s'efface,
Ainsi , lorsque ligués dans les champs de la Thrace,
De la Terre autrefois les fils audacieux
Sur des monts entassés escaladaient les cieux ,
Les yeux épouvantés , dans les vastes campagnes ,
Ne reconnaissaient plus ni vallons ni montagnes ,
Et cherchaient vainement , à travers les débris ,
Les bois déracinés et les fleuves taris :
Mais bientôt , expiant leurs terribles maximes ,
Les sacrificateurs deviennent les victimes ;
Sur le trône , en tremblant , chacun d'eux va s'asseoir :
L'apôtre du matin est le martyr du soir.
Comme le vieux Saturne , en son étrange rage ,
Dans ses propres enfans dévorait son ouvrage ;
Comme aux champs de Cadmus des frères malheureux ,
Au sortir du sillon , s'exterminaient entre eux ;
Sous ses propres fureurs chaque parti succombe ;
Chacun brille et s'éteint , chacun s'élève et tombe.

Tels roulent sur les flots les flots bruyans des mers ·
Ainsi la bombe suit la bombe dans les airs,
Partout les pleurs, le sang, la rage, la démence,
Et l'empire n'est plus qu'une ruine immense.
Pleurez donc, ô Français ! pleurez ces jours heureux,
Où, de la nouveauté partisans moins fougueux,
Vous l'adoriez sans crime, et ne demandiez d'elle
Que la pièce du jour et l'actrice nouvelle !
    Guidé par cet amour, par ce goût curieux,
Qui séduit des mortels l'instinct capricieux,
Souvent on quitte aussi, par un penchant bizarre,
L'objet le plus parfait pour l'objet le plus rare :
Tel est le cœur humain : un trésor trop commun
De mille possesseurs n'en satisfait aucun.
Empressée à parer chaque objet qu'elle adore,
L'Imagination avec plaisir colore
Tout ce que la nature accorde rarement.
Voyez de cette fleur le ridicule amant :
Si quelque autre avec lui partage sa richesse,
A cette horrible idée il sèche de tristesse ;
De son heureux rival il l'achète à prix d'or,
Et dans sa serre avare enterre son trésor [6].
Grâces à cet instinct l'objet le plus futile,
S'il est rare, est bientôt dispensé d'être utile.
Entrez dans cette salle où sont mis à l'encan
Géographie, histoire, et morale, et roman :
Quel est l'auteur divin que d'un groupe idolâtre
Se dispute à grand bruit l'enchère opiniâtre ?
Est-ce Homère ou Platon ? Non, c'est quelque feuillet
D'un vieux tome échappé du bûcher de Servet [7].
Mais de cette frivole et vaine jouissance
Peut-être un court récit peindra l'extravagance.

Un sauvage autrefois (nous lui ressemblons tous)
Avait vu beaucoup d'or et jamais de cailloux.
Il en voit un : soudain ce prodige l'attire ;
Il s'élance, il le prend, le regarde, l'admire,
Brûle de le montrer : tout-à-coup à ses yeux
S'offrent d'autres cailloux déjà moins précieux ;
Diminuant de joie en croissant de fortune,
Il chérit déjà moins leur beauté plus commune ;
Et l'abondance enfin les dépréciant tous,
Comme il eût jeté l'or il jette ses cailloux [8].
Tant l'objet qu'un vain prisme embellit ou dépare,
Vulgaire, nous déplaît, nous séduit s'il est rare !
Chacun a son pouvoir. Le mortel ignorant
Souvent glisse sur eux d'un œil indifférent :
Pour lui restent cachés dans un nuage sombre
Leurs tissus délicats, leurs nuances sans nombre ;
Mais un tact plus sensible, et des yeux plus parfaits,
A ma divinité révèlent ces secrets.
Prenons donc son flambeau, ses regards et ses ailes,
Et volons au pays des vérités nouvelles :
Elle-même, en riant, me conduit par la main,
Et dans ces lieux déserts m'aplanit le chemin.

Digne objet de mes vers, ma jeune souveraine
Veut voir dans les objets les deux bouts de leur chaîne :
Tels parlent avec force à notre âme, à nos sens,
Les termes opposés des êtres différens.
Le fruit déjà mûri, la moisson jaunissante,
L'été, l'ardent midi n'est pas ce qui l'enchante :
De l'oiseau printanier la première chanson,
Le fruit encore en fleurs, et la jeune moisson ;
L'aurore d'un beau jour dorant un beau nuage,
Ses derniers feux mourans sur la tour du village ;

Voilà ce qui lui plaît. Voyez cet arbrisseau,
Qui de sa pépinière oublia le berceau :
L'agriculteur pour lui voit des dangers sans nombre ;
Mais il prévoit ses fruits, il espère son ombre.

Non loin de lui s'élève un chêne fastueux
Qui défia cent ans les vents impétueux ;
Son sommet, revêtu d'un plus rare feuillage,
Et sa mousse et ses nœuds décèlent son grand âge :
Mais le culte et l'amour du peuple des hameaux
Consacrent sa vieillesse et ses derniers rameaux.
Ainsi du chêne antique ou du naissant arbuste,
L'un paraît plus touchant, et l'autre plus auguste ;
L'un a pour lui l'espoir, l'autre le souvenir :
L'un plaît dans le passé, l'autre dans l'avenir.

Et combien parmi nous sont plus touchans encore
L'être qui va finir, l'être qui vient d'éclore !
« Laissez, laissez venir ces enfans jusqu'à moi, »
Disait cet homme-Dieu dont nous suivons la loi [9].
Eh ! qui sans intérêt peut voir le premier âge ?
Il attire, il émeut, il attendrit le sage.
Après tant de travaux et de périls divers,
Hélas ! il craint pour lui les maux qu'il a soufferts.
Quels piéges vont l'attendre au sortir de l'enfance !
Qu'il voudrait lui léguer sa longue expérience !
Cher et fragile objet de tendresse et de soins,
Il plaît par ses défauts, règne par ses besoins.
Hâtons-nous de le voir, tandis qu'à son aurore
Tout est jeune et fleuri, frais et brillant encore.
Qui sait ce que le sort lui garde de malheurs ?
Quel qu'il soit, il paîra son tribut aux douleurs :
Tout homme doit pleurer, tel est l'arrêt suprême ;
L'homme bon sur autrui, l'homme dur sur lui-même.

Ainsi, dans ce mélange et de crainte et d'espoir,
L'esprit flottant désire, et tremble de prévoir ;
Et, dans le court tableau de l'homme qui commence,
L'Imagination voit un lointain immense :
De l'enfance, pour nous, tel est le doux attrait.
     Avec moins de plaisir, mais non sans intérêt,
L'Imagination regarde la vieillesse.
Dans l'une tout commence, et dans l'autre tout cesse [10] ;
Mais ces ruines même intéressent encor :
Le vieillard du passé déroule le trésor.
S'il fut le bienfaiteur ou l'ornement du monde,
L'Imagination, en souvenirs féconde,
Quand le présent ingrat semble l'abandonner,
Des honneurs qu'il n'a plus revient l'environner :
Ainsi le saint respect qui de loin le contemple
Remplit toujours de Dieu les débris d'un vieux temple.
Mélange de douceur et de sévérité,
L'âge consacre encor sa sainte autorité :
C'est le père, le chef, le roi de sa famille.
Dans un siége d'honneur, près d'un feu qui petille,
Il conte ; et l'écoutant de l'oreille et de l'œil,
Le groupe se resserre autour de son fauteuil.
Douces mœurs, saint respect, amour de la vieillesse,
Revenez parmi nous ! et puisse la jeunesse,
Pour son propre bonheur, abjurer ces travers
Qui perdirent la France, et troublent l'univers !
     Des objets, quels qu'ils soient, qui fait les premiers charmes?
Le besoin d'être ému. La terreur, les alarmes,
Elles-mêmes pour l'homme ont un puissant attrait.
Voyez-le, dominé par cet instinct secret,
Suivre un embrasement, contempler du rivage,
A l'abri du danger, les horreurs du naufrage,

Repaître aux champs de Mars ses yeux épouvantés.
Je sais que, rencontrant ces horribles beautés,
Le philosophe passe en détournant la tête.
Moi, qui dois voir en sage et décrire en poète,
Je veux les déployer ; je veux dans mes tableaux
Placer l'homme à l'aspect de tous ces grands fléaux,
Au pied de ces volcans, auprès de ces batailles,
Du triste genre humain immenses funérailles :
Tressaillant d'un plaisir mélangé de terreur,
De ce mont élevé j'en contemple l'horreur ;
Ces casques, ces mousquets, ces cuirasses brillantes,
Des rayons du soleil au loin étincelantes,
Ce grand luxe des rois, ces pompes du trépas,
Me parent un moment la scène des combats.
Mais l'heure affreuse vient, et le signal s'apprête :
Pareil à l'Océan qui couve la tempête,
Tout s'émeut, tout frémit ; le coursier belliqueux
A l'instinct des guerriers joint son instinct fougueux ;
Comme eux discipliné, comme eux réglant sa rage,
Il hennit, il bondit, mais contient son courage :
La charge sonne : il part, il s'élance aux combats,
Et le sable et le sang ont jailli sous ses pas ;
Le fer luit, l'éclair brille et les tonnerres grondent ;
Des montagnes, des bois les échos leur répondent :
Les échos, qui, jadis chers aux dieux bocagers,
N'avaient appris encor que les chants des bergers.
Telle qu'une Ménade ardente, échevelée,
L'Imagination se perd dans la mêlée :
A travers et la poudre, et le fer, et les feux,
Vagabonde, elle porte et ses pas et ses yeux,
Et revient m'en tracer l'épouvantable image.
Tout dégouttant de sang, le démon du carnage

Appelle à lui la gloire, elle accourt sur ses pas ;
L'éblouissant fantôme ennoblit le trépas :
Tout l'affronte ou l'attend, le reçoit ou le donne.
Ici, la foudre abat ; là, le glaive moissonne ;
Le fer croise le fer, les rangs foulent les rangs.
Entendez-vous les cris des vainqueurs, des mourans ?
L'un de son assassin repousse la furie ;
L'autre traîne à regret un reste affreux de vie ;
Et, provoquant la rage, invoquant l'amitié,
Demande, tout sanglant, la mort à la pitié,
Et ne la doit enfin qu'à la soif du pillage.
Et si j'interrogeais ces scènes de carnage !
De ces guerriers mourans dans leur jeune saison,
L'un a quitté sa vigne et l'autre sa moisson ;
L'autre un art bienfaisant. Mais la patrie ordonne :
Marchons ; bravons ces feux, rompons cette colonne,
Reprenons ces drapeaux déchirés et sanglans.
Jeune guerrier, tu meurs à la fleur de tes ans !
Ah ! combien va gémir ta mère désolée !
Pleurez, amours ; beaux-arts, ornez son mausolée.
    Ainsi de ces grands chocs l'Imagination
Reçoit, répand, varie, accroît l'impression ;
S'irrite ou s'attendrit, aime ou maudit la gloire,
Couronne les vainqueurs, gémit sur la victoire ;
Et s'écrie, en pleurant sur ces nobles forfaits :
« C'était donc peu des maux que la nature a faits ! »
    Oh ! si j'osais unir dans ma vive peinture
Et les volcans du cœur et ceux de la nature,
J'irais, j'approcherais ces formidables monts
Dont les feux souterrains vivent sous les glaçons ;
Ces volcans, plus affreux que les champs du carnage !
Ce ne sont plus ici ces joutes du courage,

Où la gloire, à la mort prêtant ses traits guerriers,
Cache son front hideux sous l'éclat des lauriers ;
Où le péril lui-même irrite la vaillance :
Ici l'homme sans gloire, ainsi que sans défense,
Demeure seul en proie à tous les élémens ;
La colère des flots, et des feux, et des vents,
Ces longs ébranlemens qui déchirent la terre,
Ces orages de cendre, et de flamme, et de pierre,
Ces torrens embrasés et ces trombes de feux
Qui, du fond des enfers, s'alongent vers les cieux ;
Dans les champs, sur les monts, la fuite et l'épouvante ;
Tandis que, se heurtant dans la cité tremblante,
Des temples, des palais les dômes chancelans
Tombent, tombent en foule en des gouffres brûlans ;
Quel spectacle à la fois effrayant et sublime !
L'Imagination, seule au bord de l'abîme,
Interroge, en tremblant, la nature en courroux ;
Elle parcourt les lieux qu'ont frappés ces grands coups ;
Elle y conduit Buffon, elle y ramène Pline,
Et recommande aux arts leur savante ruine.
Avec elle, tantôt, dans ces antres affreux,
Je plonge, je demande à leurs flancs ténébreux
Les débris disparus dans ces tombeaux de soufre.
Un jour, me dis-je, un jour, de cet immense gouffre,
Des portiques, des arcs, par le temps dévorés,
Reparaîtront aux yeux les décombres sacrés ;
Les instrumens des arts, le fer des sacrifices,
Des hommes et des dieux les pompeux édifices,
Le théâtre des jeux, et le temple des lois,
Et les métaux empreints de l'image des rois.

    Je sors, j'erre à pas lents sur cette lave immense [11],
Triste, inhospitalière ; et calcule en silence

Les temps, les temps lointains où la stérilité
Rendra ce sol aride à la fertilité.
Hélas ! avant d'y voir ou des fruits ou de l'ombre,
Des générations s'écouleront sans nombre.
Ainsi, quand tout-à-coup d'affreux ébranlemens
Ont troublé les états jusqu'en leurs fondemens,
Les mœurs, les lois, les arts renaissent avec peine :
Un instant les détruit, un long temps les ramène ;
Et le volcan éteint inspire encor l'effroi.
Mais telle est du destin la consolante loi :
Les biens naissent des maux. Prodigue de verdure,
Ce sol, enfin mûri, rend tout avec usure.
Alors ces doux objets, ce cruel souvenir,
Les désastres passés et les biens à venir,
Ces laves et ces fleurs, ces rocs, ces fraîches ombres,
Abandonnent notre âme à des pensers moins sombres ;
L'homme rêve à ses maux sans en être attristé,
Et la mélancolie accroît la volupté.

O penchant plus flatteur, plus doux que la folie !
Bonheur des malheureux, tendre mélancolie,
Trouverai-je pour toi d'assez douces couleurs ?
Que ton souris me plaît ! et que j'aime tes pleurs !
Que sous tes traits touchans la douleur a de charmes !
Dès que le désespoir peut retrouver des larmes,
A la mélancolie il vient les confier,
Pour adoucir sa peine, et non pour l'oublier.
C'est elle qui, bien mieux que la joie importune,
Au sortir des tourmens accueille l'infortune ;
Qui, d'un air triste et doux, vient sourire au malheur,
Assoupit les chagrins, emousse la douleur.
De la peine au bonheur délicate nuance,
Ce n'est point le plaisir, ce n'est plus la souffrance ;

8.   7

La joie est loin encor, le désespoir a fui ;
Mais, fille du malheur, elle a des traits de lui.
Quels sont les lieux, les temps, les images chéries,
Où se plaisent le mieux ses douces rêveries ?
Ah ! le cœur le devine : en son secret réduit
Elle évite la foule, et redoute le bruit ;
Sauvage, et se cachant à la foule indiscrète,
Le demi-jour suffit à sa douce retraite ;
De loin, avec plaisir, elle écoute les vents,
Le murmure des mers, la chute des torrens ;
La forêt, le désert, voilà les lieux qu'elle aime.
Son cœur, plus recueilli, jouit mieux de lui-même ;
La nature un peu triste est plus douce à son œil ;
Elle semble, en secret, compatir à son deuil.
Aussi l'astre du soir la voit souvent, rêveuse,
Regarder tendrement sa lumière amoureuse.
Ce n'est point du printemps la brillante gaîté,
Ce n'est point la richesse et l'éclat de l'été
Qui plaît à ses regards ; non, c'est la pâle automne,
D'une main languissante effeuillant sa couronne.
Que la foule, à grands frais, cherche un grossier bonheur,
D'un mot, d'un nom, d'un rêve elle nourrit son cœur.
Souvent, quand des cités les bruyantes orgies,
Au son des instrumens, aux clartés des bougies,
Étincellent partout de l'or, des vêtemens,
Des éclairs de l'esprit, du feu des diamans,
Pensive, et sur sa main laissant tomber sa tête,
Un tendre souvenir est sa plus douce fête.
Viens donc, viens, charme heureux des arts et des amours,
Je te chantai deux fois, inspire-moi toujours [12].

    La tristesse, à son tour, par de plus fortes ombres
Rembrunit ses couleurs et ses nuances sombres.

Ce sujet est moins doux ; mais dans sa profondeur
Je dois sur tous les tons interroger le cœur.
De la tristesse en nous quelle est donc l'origine ?
C'est l'aspect du malheur, celui de la ruine :
Soit qu'en se dégradant les monumens des arts
De leur décrépitude affligent nos regards ;
Soit que dans leur langueur l'animal et la plante
Présentent à nos yeux la nature souffrante ;
Soit que, plus triste encor, de ses restes flétris
Le séjour de la mort étale les débris.
Voyez ces monumens épars dans la poussière,
Et l'humble asile où dort une cendre vulgaire ;
Et le marbre où les grands, également mortels,
Étalent leur néant en face des autels ;
Tous sujets du trépas, qui tous les sacrifie,
Et ne fait qu'un monceau des débris de la vie :
L'Imagination, à mes yeux pleins d'effroi,
A rouvert leurs tombeaux ; tous passent devant moi :
Que de crimes cachés, que de vertus obscures,
S'élèvent, à sa voix, du fond des sépultures !
Regardez ce mortel, ami ferme et discret,
D'un ami dans la tombe il cacha le secret.
Quelle est cette ombre, pâle, égarée et farouche ?
Les cris sourds du remords s'échappent de sa bouche ;
Vénal exécuteur des vengeances des grands,
Il servit en secret la haine des tyrans.
Mais bientôt leur complice a suivi leur victime ;
Instrument d'un forfait, il périt par un crime.
Voyez-vous s'avancer cet homme aux cheveux blancs ?
La gloire et la vertu couronnaient ses vieux ans ;
Un avide héritier hâta sa dernière heure.
Quelle est, plus loin de moi, cette vierge qui pleure ?

Elle aima sans espoir, et mourut de douleur.
Et toi, toi, jeune enfant, moissonné dans ta fleur,
Qui t'enleva sitôt de ce triste théâtre?
Péris-tu par les mains d'une injuste marâtre?
Portais-tu dans ton sein le germe de la mort?
Quoi qu'il en soit, hélas! ne te plains pas du sort :
Tu n'as fait qu'effleurer la coupe de la vie;
Mais le ciel indulgent t'en épargna la lie :
Tant de maux à prévoir! tant de maux à souffrir!
Tout ce qui nous apprend, nous invite à mourir.
Dors donc, dors, cher enfant! dans cet asile sombre,
Demain de quelques fleurs j'apaiserai ton ombre.

Mais quels sons douloureux ont frappé mes esprits?
Ah! de sa mère en pleurs n'entends-je pas les cris?
Eh! quelle image, ô dieux! est plus triste et plus chère,
Que le tombeau d'un fils et les pleurs d'une mère?
Un portrait dans la main, elle demande aux cieux,
Elle demande encor ce fils si précieux,
D'un adorable époux ressemblance adorée
Telle, sur un rameau, Philomèle éplorée
Accuse son malheur, et le pâtre inhumain [13]
Qui, remarquant son nid, a, de sa dure main,
Ravi ses chers petits encor nus et sans aile,
Hélas! et vainement réfugiés sous elle.
Aux rochers, aux vallons, aux échos des déserts,
Sans cesse répétant ses lamentables airs,
Seule dans l'ombre obscure elle pleure, et l'aurore
Seule sur son rameau l'entend gémir encore.

A la tristesse en deuil, à la sombre terreur,
Oserai-je ajouter le tableau de l'horreur?
Leurs traits sont différens, et d'un objet terrible
L'aspect à nos regards n'est pas toujours horrible.

Pour les distinguer mieux, revenez avec moi
Dans ces lieux, vaste scène et de meurtre et d'effroi;
Au pied de ces volcans, où l'air, la terre et l'onde
De leur guerre intestine épouvantent le monde.
Dans le champ des combats, tant que de sa chaleur
Le brillant héroïsme échauffe la valeur,
Ces drapeaux, ces tambours, ces clairons, ce tonnerre,
Ces marches du talent, ce grand art de la guerre,
Et la gloire planant au-dessus du trépas,
Décorent à nos yeux ces grands assassinats;
Mais quand Mars a mis fin à ces joutes savantes,
Quelle horreur se répand sur ces plaines sanglantes !
Ses foudres sont éteints, ses clairons sont muets,
L'œil ne rencontre au loin que de hideux objets ;
Des cadavres souillés et de sang et de poudre,
Mutilés par le fer, déchirés par la foudre :
Par leur proie attirés sur ces vastes tombeaux,
Les ailes des vautours et les cris des corbeaux
Se font entendre seuls dans ce vaste silence.
Là finit la terreur, et là l'horreur commence.

Que du Vésuve éteint les feux soient rallumés,
En contemplant ce mont et les cieux enflammés,
Et ces torrens de feu qui sillonnent la terre,
L'homme admire et frémit. Mais, si l'affreux tonnerre,
En foule amoncelant, sous leurs toits embrasés,
Femmes, enfans, vieillards, l'un sur l'autre écrasés,
Ne montre, à la lueur des ruines brûlantes,
Que des corps expirans et des cendres fumantes,
Qu'un reste d'habitans, par l'effroi dispersé;
D'horreur alors, d'horreur l'homme se sent glacé,
Et croit voir célébrer, par la mort, la tempête,
De l'ange affreux du mal l'épouvantable fête.

Toutefois ces combats et ces gouffres de feux
N'offrent pas de l'horreur les traits les plus hideux ;
Non, c'est le cœur humain, plus effroyable abîme ;
C'est l'assassin, dans l'ombre épiant sa victime.
Que deux tendres amis, s'égorgeant par honneur,
Pour un mot, l'un de l'autre aillent percer le cœur :
Du crime de leur main l'excuse est dans leur âme.
Mais l'atroce brigand, mais l'assassin infâme,
Dans sa vile fureur et ses lâches exploits,
N'offre qu'un crime horrible à la hache des lois.
Déité de Shakspeare ! ô toi, qui des ténèbres [14]
Aimes l'effroi tragique et les scènes funèbres,
Viens, perçons ces forêts ; que j'assiste avec toi
Aux mystères sanglans de ces lieux pleins d'effroi.
C'est là qu'au pied d'un arbre, où d'une lampe sombre
La livide clarté luit et tremble dans l'ombre,
Tout bas, dans un sinistre et lugubre appareil,
Le meurtre vient tenir son horrible conseil.
Encor teinte de sang, cette horde cruelle
Vient de se partager sa conquête nouvelle.
Prêts à servir leur rage, autour d'eux sont épars
Les tubes meurtriers, les glaives, les poignards,
Et le levier robuste, et l'échelle perfide
Qui doit favoriser leur approche homicide.
Ils consultent ; leur cœur tressaille au moindre vent
Qui fait frémir près d'eux le feuillage mouvant.
J'écoute leurs projets de sang et de ruine :
Leur parole menace, et leur geste assassine.
Quel mortel proscrira le conseil redouté ?
La victime est choisie, et l'arrêt est porté.
Ils partent. Dieu ! sauvez le père de famille,
Ses enfans adorés, sa jeune et tendre fille !

Que mon ami surtout se dérobe à leurs yeux,
Et ne se trouve pas sur leur passage affreux !
    Mais que sont, au milieu des discordes civiles,
Les brigands des forêts près des brigands des villes ;
Eux qui, sous l'œil des lois, dans le sein de la paix,
Commandent le carnage et dictent les forfaits ?
Qu'ai-je entendu ? quels cris ! quels accens lamentables !
O malheureux Paris ! ô jours épouvantables !
Des pontifes sacrés, et des vieillards tremblans,
Sans respect pour leurs maux et pour leurs cheveux blancs,
Eux qui du ciel sur nous imploraient la clémence,
Tombent, dans le lieu saint, égorgés sans défense.
Quarante ans de travaux, quarante ans de vertus,
Ne sauraient les sauver. L'un sur l'autre abattus [15],
Cent ministres sanglans jonchent le sanctuaire.
Dulau tombe content dans les bras de son frère.
Tout ce qu'ont de cruel, tout ce qu'ont de touchant
La foi, l'impiété, le juste et le méchant,
La rage, la pitié, la douleur, la nature,
Forme de mille accens le lugubre murmure :
L'un s'attache à la croix, l'autre embrasse l'autel ;
De son dernier regard l'autre cherche le ciel ;
L'autre, attendant la mort dans ce vaste carnage,
De ses amis mourans exhorte le courage ;
Tous meurent en martyrs, tous meurent en héros ;
Le meurtre insatiable a lassé les bourreaux ;
Et, fuyant du lieu saint la scène ensanglantée,
L'Imagination recule épouvantée.
    Ah ! quittons les horreurs de ces sombres tableaux :
Que des objets rians délassent mes pinceaux !
Mon âme en a besoin. Eh ! qui, mieux que cette âme,
Que des morts, des bourreaux, du fer et de la flamme,

Que d'un si long malheur poursuit le souvenir,
Vers les objets rians a droit de revenir?
Mais, avant d'en tracer la poétique image,
De la philosophie empruntant le langage,
Des riantes beautés expliquons les attraits,
Et quel heureux mélange en compose les traits!
    Un objet est riant, quand l'art ou la nature
Aux charmes des couleurs joint ceux de la figure;
Quand l'œil trouve assemblés, pour mieux nous émouvoir,
Un air de liberté, d'abondance et d'espoir;
Surtout quand, de la vie essayant les prémices,
Des êtres innocens partagent ses délices.
Eh! voyez, au printemps peint de mille couleurs,
Lorsque les fruits déjà se cachent sous les fleurs,
Lorsqu'aux antres du nord a fui l'affreux Borée,
La nature féconde, et fraîche et colorée;
Tout vit, tout se ranime, et tout s'épanouit
Le sol donne et promet, l'œil espère et jouit.
Pour prêter plus de charme à ce brillant théâtre,
Chloé vient: elle vient, jeune, agile et folâtre;
Comptant treize ans à peine, et ne soupçonnant pas
Tout ce qu'elle nous cache ou découvre d'appas.
Libre enfin, oubliant son crayon qui repose,
Elle vole à la fleur, comme elle fraîche éclose;
Du jardin, en sautant, franchit chaque parquet,
Choisit, compose, effeuille, éparpille un bouquet.
Comme les arbrisseaux, enfans de ce bocage,
Tous différens d'instinct, et de figure et d'âge,
Ses frères ont pris part à ses jeux inconstans,
Et leur printemps ajoute aux grâces du printemps.
Tous, d'un air sérieux, suivent leur goût frivole;
L'un tend ses petits bras au papillon qui vole;

Pour atteindre un rameau l'autre se hausse en vain ;
Cet autre d'un fruit vert va cacher le larcin :
L'autre cherche à saisir son image dans l'onde ;
Et cependant, pareille à la rose féconde
Qui s'élève au milieu de ses boutons naissans,
Leur mère suit de l'œil leurs ébats innocens.
Les objets enchanteurs que ce jardin rassemble,
Ces plantes, ces enfans qui s'élèvent ensemble ;
Cette sérénité du vif azur des cieux,
Du monde rajeuni l'aspect délicieux,
Cet air suave et pur de la saison nouvelle,
Des riantes beautés voilà le vrai modèle,
Et pour ma déité quels tableaux plus flatteurs
Qu'un beau jour, un beau ciel, des enfans et des fleurs !

Des objets différens qui commandent à l'âme,
C'est la grandeur surtout qui l'élève et l'enflamme.
Elle plaît à nos cœurs, elle plaît à nos yeux,
Dans l'œuvre de nos mains, dans l'ouvrage des dieux ;
De ces grands monumens nos regards s'applaudissent ;
Notre âme, à leur aspect, nos pensers s'agrandissent.

O colosses du Nil, séjour pompeux du deuil,
Oh ! que l'œil des humains vous voit avec orgueil !
Devant vos fronts altiers s'abaissent les montagnes ;
Votre ombre immense, au loin, descend dans les campagnes ;
Mais l'homme vous fit naître, et sa fragilité
Vous a donné la vie et l'immortalité.
Que de fois à vos pieds m'asseyant en silence,
J'évoque autour de vous tout cet amas immense
De générations, de peuples, de héros,
Que le torrent de l'âge emporta dans ses flots :
Rois, califes, sultans, villes, tribus, royaumes,
Noms autrefois fameux, aujourd'hui vains fantômes !

Seuls, vous leur survivez. Vous êtes à la fois
Les archives du temps et le tombeau des rois,
Le dépôt du savoir, du culte, du langage,
La merveille, l'énigme et la leçon du sage.
Reçois donc mon tribut, ô toi, de qui la main [16],
Sur leur roc, plus solide et plus dur que l'airain,
Grava mes faibles vers ! Coulez, siècles sans nombre ;
Nations, potentats, passez tous comme une ombre ;
Ces murs sont mon trophée ; et, vainqueur du trépas,
Je puis dire à mon tour : « Mes vers ne mourront pas. »
    Combien plus fière encor, combien plus imposante,
Dans l'ouvrage des dieux, la grandeur nous enchante !
Par elle l'homme éprouve un air de liberté,
Tout ce qui le captive indigne sa fierté.
Loin des enclos bornés dont l'enceinte le gêne,
Il aime à s'égarer dans une vaste plaine,
Dans un large horizon ouvert de toutes parts,
Où l'œil indépendant promène ses regards ;
Il aime à s'enfoncer dans la profondeur sombre
De ces vieilles forêts, dont les tiges sans nombre
Touchent en même temps l'abîme des enfers,
Et le sein de la terre, et la voûte des airs,
Se courbent sur les eaux, flottent dans les campagnes,
D'un panache ondoyant couronnent les montagnes,
D'un vert amphithéâtre ornent les lieux penchans,
Et font une grande ombre au grand tableau des champs.
Sous la noire épaisseur de leurs voûtes antiques,
Sont nés les premiers dieux et les premiers cantiques ;
Aucun soin n'entretient tous ces colosses verts ;
Je crois voir les jardins du dieu de l'univers ;
Et mes pensers, nourris dans l'ombre solennelle,
Deviennent grands, profonds, majestueux comme elle.

Et toi, terrible mer, séjour tempêtueux [17],
Déjà j'ai célébré tes champs majestueux;
Mais qui de tes beautés, ô mer intarissable!
Peut jamais épuiser la source inépuisable?
J'ai chanté ta grandeur et ton immensité;
Ai-je dit ta richesse et ta fécondité,
Tous ces peuples nombreux, ces nations flottantes,
Comme tes vastes eaux, à jamais renaissantes?
Ton lit, riche moitié de l'immense univers,
Renferme dans ton sein mille empires divers.
Tous ont leurs lois, leurs mœurs, leurs chefs, leurs colonies,
Pour voyager ensemble en foule réunies.
La terre en vain nourrit cet innombrable essaim
De peuples, d'animaux, répandus sur son sein,
La terre porte envie à ton vaste domaine:
Ses bois ont l'éléphant, tes gouffres la baleine;
De tes ondes sur, nous s'élèvent d'autres mers;
Dieu, de ton océan, fit l'océan des airs.
Et quel autre entretient ces liquides nuages
En fertiles vapeurs versés par les orages,
Déposés sur les monts, dans les champs répandus,
Et sans cesse repris, et sans cesse rendus?
La terre enceint tes eaux, et tes eaux la fécondent;
Aux mouvemens des cieux tes mouvemens répondent [18]:
Phébé règle tes flots, tes flots suivent son cours,
Et, toujours menaçans, obéissent toujours.
Tu creuses les vallons, élèves les montagnes;
Tour à tour engloutis et nous rends les campagnes;
Et l'homme, à qui du temps les fastes sont ouverts,
Lit jusqu'au haut des monts le voyage des mers.
Dirai-je les trésors échangés sur tes ondes?
Dirai-je tes vaisseaux, messagers des deux mondes?

Sur ton sein orageux se mêlent quelquefois
La colère des flots et le courroux des rois,
Le tonnerre des cieux, les foudres de la guerre ;
Et l'orgueil, sur les eaux, vient disputer la terre.
Que de trésors cachés dans tes flots écumeux !
Que de fleuves obscurs, que de fleuves fameux !
Tu parles à nos yeux, tonnes à nos oreilles :
L'Imagination succombe à tes merveilles ;
Je m'éloigne en silence, et, plein d'un saint effroi,
J'abandonne un sujet immense comme toi.
Mais à peine mes yeux ont quitté tes domaines,
Les monts viennent m'offrir leurs pompeux phénomènes...

   Viens donc, ô ma déesse, exauce encor mes vœux,
Et redonne à ma voix quelques sons dignes d'eux.
Tu viens ! Sur leurs sommets avec toi je m'élance.
Ici, tout est grandeur, tout est magnificence ;
De saisons en saisons, de climats en climats,
J'y voyage, entouré de vergers, de frimas,
De gouffres, de volcans, dont les laves fumantes
Sillonnent quelquefois de leurs vagues brûlantes
Cette neige éternelle et ces glaçons affreux
Que jamais du soleil n'entamèrent les feux.
Ici je touche au ciel et commande à la terre ;
A mes pieds part l'éclair et gronde le tonnerre ;
D'ici l'onde aux vallons épanche son trésor ;
L'ouragan prend sa course, et l'aigle son essor.
J'interroge ces monts : je mesure en silence
Et leur vaste hauteur, et leur contour immense.
Leurs flancs jusqu'aux enfers vont cacher les métaux ;
Leurs faîtes jusqu'au ciel portent les végétaux.
Que j'aime à voir ces bois, ces touffes de verdure,
De leur tête superbe ondoyante parure,

Sur leurs fronts chevelus flotter au gré des vents,
Et balancer dans l'air leurs panaches mouvans !
Que de riches aspects, que de grandes images !
Tombez, torrens fougueux, de vos rochers sauvages ;
Parmi l'herbe et les fleurs, glissez, humbles ruisseaux ;
Parlez-moi des vieux temps, marbres rongés des eaux ;
Du monde affreux débris, contez-moi son naufrage ;
Et vous, de noirs rochers gigantesque assemblage,
Vers le ciel élancés, enfoncés dans les mers,
Courez de votre chaîne embrasser l'univers.
Monts augustes, c'est vous dont la cime idolâtre [19]
Du culte de Mithra fut le premier théâtre.
Favoris du Soleil, votre front radieux
Reçoit ses premiers traits, retient ses derniers feux,
Sous vos brillans sommets règnent les vapeurs sombres,
Vous buvez la lumière et répandez les ombres ;
Si pour le dieu du jour vous n'avez plus d'autel,
Sur vous le dieu des arts garde un culte éternel ;
Là, s'assemble sa cour ; là, de nos Zoroastres
Les yeux vont de plus près interroger les astres ;
Jussieu vient y chercher les mœurs des végétaux ;
Le poète, des chants ; le peintre, des tableaux ;
Le sage, des leçons ; et, parmi vos abîmes,
Moi-même, en vous chantant, je plane sur vos cimes.
Mais le jour disparaît ; et tandis que des monts
L'ombre déjà plus noire obscurcit les vallons,
De la nuit radieuse illuminant les voiles,
Tout brillant de clartés, tout parsemé d'étoiles,
Là-haut, l'Olympe entier rayonne de splendeur.
    Dans quels petits objets je plaçai la grandeur !
Oh ! comme en voyageant dans le vaste empyrée
L'Imagination parle à l'âme inspirée !

Les soleils aux soleils succèdent à mes yeux ,
Les cieux évanouis se perdent dans les cieux :
De la création je crois toucher la cime ,
Et soudain à mes pieds se montre un autre abîme.
O prodige ! le monde allait s'agrandissant :
Le monde tout-à-coup s'abaisse en décroissant ;
De degrés en degrés descend l'échelle immense ;
L'infini s'arrêtait , l'infini recommence.
De l'ouvrage des dieux insensibles tissus ,
Invisibles à l'œil , du verre inaperçus ,
Des univers sans noms , et des mondes d'atomes ,
Familles , nations , républiques , royaumes ,
Ayant leurs lois , leurs mœurs , leur haine , leur amour,
Abrégés de la vie , et chefs-d'œuvre d'un jour,
Des confins du néant où Dieu mit leur naissance ,
Jusqu'en leur petitesse attestant sa puissance ,
Le montrent aussi grand que dans l'immensité ,
Entouré de l'espace et de l'éternité.
Ainsi dans la nature , insensible ou vivante ,
Au bord d'un double abîme , éperdu d'épouvante ,
J'atteins par la pensée , ou le verre , ou mes yeux ,
Tout ce qui remplit l'air , ou la terre , ou les cieux ;
Ainsi , ne trouvant plus de borne qui m'arrête ,
Des mondes sous mes pieds , des mondes sur ma tête ,
Je ne vois qu'un grand cercle où se perd mon regard[20] ,
Dont le centre est partout , et les bords nulle part :
Planètes , terres , mers , en merveilles fécondes ,
Et par-delà ces mers , ces planètes , ces mondes ,
Dieu , le Dieu créateur , qui pour temple a le ciel ,
Les astres pour cortége , et pour nom l'Éternel ;
Qui donne un frein aux mers , et des lois aux comètes ,
Allume les soleils , fait tourner les planètes ,

Et vient, plus grand encore et plus majestueux,
Se peindre et s'admirer dans un cœur vertueux.
     Oui, quel que soit des cieux le superbe spectacle,
L'homme aux regards de l'homme est le premier miracle.
Le doux rayon parti des rives d'Orient
N'égale point l'attrait d'un visage riant.
Voyez, dans son courroux, cette âme impétueuse;
La mer en sa colère est moins tumultueuse;
Babylone en ruine afflige moins les yeux
Que les traits désolés de l'homme malheureux.
Tout ce que, pour frapper nos yeux et nos oreilles,
L'univers tout entier renferme de merveilles,
Les montagnes, les mers, le tonnerre, les vents,
Ébranlent moins nos cœurs et frappent moins les sens
Que de l'accent humain l'énergique éloquence,
Que ce geste qui donne une voix au silence.
Que dis-je? ces accens, tantôt fiers, tantôt doux,
C'est l'œil, oui, c'est l'œil seul qui les rassemble tous.
Dans sa noble structure, en prodiges féconde,
Le plus frappant n'est pas de retracer le monde,
De réfléchir les cieux, les forêts et les mers;
Mais de peindre cette âme où se peint l'univers.
Chef-d'œuvre où s'épuisa tout l'art de la nature,
L'œil marque le remords, la paix d'une âme pure,
Du noble enthousiasme il exprime le feu;
Il s'attendrit sur l'homme, il s'élève vers Dieu;
Il embellit les pleurs, anime le sourire;
Il caresse, il menace, il accorde, il désire;
Il brûle de fureur, s'enflamme d'amitié,
Se mouille doucement des pleurs de la pitié.
C'est là que rit l'espoir, qu'étincelle la joie;
En de molles langueurs la volupté s'y noie.

Ce n'est point la beauté qui fait son ornement ;
C'est mieux, c'est la raison, l'esprit, le sentiment ;
Et dans ce cadre étroit sont peints en traits de flamme
Tous les travaux des dieux, et tous les dons de l'âme.
Aussi quel cœur si dur n'obéit à ses lois ?
Il parle avant le geste, il parle avant la voix.
Voyez, quand Marius aux prisons de Minturne,
Assoupit un moment sa douleur taciturne,
Ce Cimbre l'approcher un poignard à la main :
Le héros se réveille, et se levant soudain,
Avec cet air terrible où brillent la victoire,
Et tant de consulats, et quarante ans de gloire,
Tout rayonnant encor des honneurs qu'il n'a plus,
« Oseras-tu, barbare, égorger Marius ? »
A ce regard, plus prompt, plus fort que le tonnerre,
L'esclave foudroyé tombe et baise la terre,
Et long-temps immobile, et les sens éperdus,
« Non, je ne puis, dit-il, égorger Marius. »
Tant brillaient à la fois dans les yeux d'un seul homme,
Et la grandeur de l'âme, et la grandeur de Rome !

FIN DU CHANT III

CHANT IV.

IMPRESSION DES LIEUX.

Oh! que l'homme sait bien embellir l'univers [1]!
Sans lui, du monde entier les spectacles divers
Languissent sans attraits, sans intérêt, sans âme;
Mais, doué par les dieux d'une céleste flamme,
L'homme passionné les passionne tous,
Donne aux fleurs la gaîté, donne aux mers leur courroux,
La mémoire aux rochers, aux myrtes la tendresse:
L'étonnement aux uns, aux autres la tristesse:
Et chaque être à son tour, par ce charme vainqueur,
Lui rend les sentimens que lui prête son cœur.
Eh! qui n'a pas connu ces rapports invisibles
Des corps inanimés et des êtres sensibles?
Les lieux même, les lieux savent nous émouvoir;
J'en sentis les effets: j'en peindrai le pouvoir.
 Ou déserts, ou peuplés, ou rians, ou sauvages,
Les lieux frappent nos sens par diverses images.
Un lieu sauvage plaît par sa mâle âpreté.
Loin des jardins rians, de leur molle beauté,
Je vole, je m'enfonce aux champs où la Norwége
Entasse jusqu'aux cieux ses colonnes de neige,
Aux champs de Sibérie, aux bords où de Thulé
La mer bat en grondant le rivage ébranlé.
Les aigles, les vautours, au-dessus de ma tête,
Mêlent leur cri terrible au cri de la tempête.

De ces monts, de ces rocs l'effroyable chaos,
Les flots avec fracas retombant sur les flots,
Tout m'effraie et me plaît. Mais lorsque ma pensée
Par des objets rians veut être délassée,
Dans un climat plus doux et sous un ciel plus pur
Je vole, avec Horace, aux vergers de Tibur.
Aux lieux où l'Anio, dans sa chute rapide,
Verse au loin la fraîcheur de sa poussière humide,
A travers les rochers, les bois retentissans,
Je suis sa course agile et ses flots bondissans.
Et toi, qui de Sénèque alarmais la sagesse,
Que Properce interdit à sa jeune maîtresse,
Lieu charmant, dont la mer, et la terre et les cieux
Formèrent à l'envi l'aspect délicieux,
Baie, enfin, je te vois; je vois tes frais bocages!
Voilà ta mer d'azur, voilà tes beaux rivages!
C'est ici qu'autrefois ces superbes Romains
Venaient se délasser du malheur des humains.
D'autres regretteront ces scènes fastueuses,
Où, parmi les concerts, les voix voluptueuses,
Les danses et les chants, les fêtes et les arts,
Chevaliers, magistrats, et consuls, et Césars,
Dans ces palais hardis, usurpateurs de l'onde,
Buvaient et le Falerne et les larmes du monde :
Moi, simple ami des arts, du haut de ces coteaux
Dont les ombres, le soir, descendent sur les eaux,
A l'heure où sont unis, sur l'eau resplendissante,
Le soleil expirant et la lune naissante,
Au murmure flatteur de l'onde qui s'endort,
De la vague qui vient expirer sur le bord,
Et des zéphyrs légers glissant sur la verdure,
De tous ces sons lointains, concert de la nature,

Sur les temples, les monts, les îles d'alentour,
J'égare en paix mes yeux : je passe tour à tour,
Du paysage aux mers, des mers au paysage,
Et conduis, en rêvant, les flots vers le rivage [2].

Toutefois, de nos mœurs, de leurs penchans secrets,
Dépend l'impression du site et des objets :
Si l'âme s'abandonne à la mélancolie,
Un sol moins gai plaît mieux à l'âme recueillie.
Un cœur content se plaît en d'agréables lieux ;
Conformes à notre âme, ils plaisent à nos yeux.
Mais si le noir chagrin, la douleur violente,
Porte au cœur malheureux sa fougue turbulente [3],
Le site le plus doux ne lui rend pas la paix.
En contemplant de loin ces paysages frais,
Il croit que leur repos, la douce solitude,
Va calmer de son cœur l'ardente inquiétude.
Vain espoir ! ces beaux lieux sont un tourment de plus.
Hélas ! il porte envie aux heureux qu'ils ont vus,
Au berger qui s'y plaît, au tendre objet qu'il aime,
A son troupeau paisible, aux oiseaux, aux lieux même ;
A ces lieux dont le calme est si loin de son cœur !
Ces gazons où respire une douce fraîcheur,
Ce tapis si riant de la jeune verdure,
Cette ombre si tranquille, et cette onde si pure,
Ces arbres amoureux entrelaçant leurs bras,
Tout l'afflige à l'envi d'un bonheur qu'il n'a pas.
Il veut des bords déserts, il veut des bois sauvages,
De noirs torrens, des troncs brisés par les orages,
Des rochers dont le deuil réponde à son ennui ;
Il veut des bords affreux tourmentés comme lui.
Mais ce qui fait des lieux la plus sûre puissance,
Ah ! nous l'éprouvons tous, c'est la reconnaissance ;

C'est le tendre regret, dont les charmes flatteurs
Font des lieux nos amis, en font nos bienfaiteurs :
Pareils à ces esprits, à ces légères ombres,
Qui, sitôt que la nuit étend ses voiles sombres,
Visitent, nous dit-on, leur antique séjour;
Ainsi les souvenirs, les regrets et l'amour,
Et la mélancolique et douce rêverie,
Reviennent vers les lieux chers à l'âme attendrie,
Où nous fûmes enfans, amans, aimés, heureux;
Après le sol natal, toujours chers à nos yeux,
S'ils n'ont pas tout l'attrait de la terre chérie
Où commença pour nous l'aurore de la vie,
Ils rappellent cet âge où notre âme et nos sens
Par degrés essayaient leurs organes naissans.
Je l'éprouvai moi-même. Après vingt ans d'absence,
De retour au hameau qu'habita mon enfance,
Dieux! avec quel transport je reconnus sa tour,
Son moulin, sa cascade, et les prés d'alentour [4]!
Ce ruisseau dont mes jeux tyrannisaient les ondes,
Rebelles comme moi, comme moi vagabondes;
Ce jardin, ce verger, dont ma furtive main
Cueillait les fruits amers, plus doux par le larcin,
Et l'humble presbytère, et l'église sans faste;
Et cet étroit réduit que j'avais cru si vaste [5],
Où, fuyant le bâton de l'aveugle au long bras,
Je me glissais sans bruit, et ne respirais pas;
Et jusqu'à cette niche, où ma frayeur secrète
A l'œil de l'ennemi dérobait ma retraite,
Où sur le sein d'Églé, qui partageait ma peur,
Un précoce plaisir faisait battre mon cœur [6]!

   O village charmant! ô riantes demeures,
Où, comme ton ruisseau, coulaient mes douces heures!

Dont les bois et les prés, et les aspects touchans,
Peut-être ont fait de moi le poète des champs !
Adieu, doux Chanonat, adieu, frais paysages !
Il semble qu'un autre air parfume vos rivages,
Il semble que leur vue ait ranimé mes sens,
M'ait redonné la joie, et rendu mon printemps.

Cette clôture même où l'enfance captive,
Prête aux tristes leçons une oreille craintive,
Qui de nous peut la voir sans quelque émotion ?
Ah ! c'est là que l'étude ébaucha ma raison ;
Là, je goûtai des arts les premières délices ;
Là, mon corps se formait par de doux exercices.
Ne vois-je point l'espace où, dans l'air s'élançant
S'élevait, retombait le ballon bondissant.
Ici, sans cesse allant, revenant sur ma trace,
Je murmurais les vers de Virgile et d'Horace.
Là, nos voix pour prier venaient se réunir ;
Plus loin... Ah ! mon cœur bat à ce seul souvenir !
Je remportai la palme, et la douce victoire
Pour la première fois me fit goûter la gloire ;
Beaux jours, qu'une autre gloire et de plus grands combats
Rappelaient à Villars, mais qu'ils n'effaçaient pas.
Enfin quel lieu ne cède au lieu de la naissance ?
Ah ! c'est là que l'amour et la reconnaissance,
Que d'un instinct puissant les secrètes douceurs,
Rappellent la pensée et ramènent les cœurs,
Surtout lorsque imposant, ou sublime, ou sévère,
Le sol frappe les yeux par un grand caractère.
L'habitant de la plaine et des rians vallons,
Insipidement gais, ou tristement féconds,
Rêve moins tendrement à ses dieux domestiques.
Mais voyez l'habitant des rochers helvétiques :

A-t-il quitté ces lieux, tourmentés par les vents,
Hérissés de frimas, sillonnés de torrens?
Dans les plus doux climats, dans leurs molles délices,
Il regrette ses lacs, ses rocs, ses précipices,
Et comme, en le frappant d'une sévère main,
La mère sent son fils se presser sur son sein,
Leurs horreurs même en lui gravent mieux leur image;
Et, lorsque la victoire appelle son courage,
Si le fifre imprudent fait entendre ces airs [7]
Si doux à son oreille, à son âme si chers,
C'en est fait, il répand d'involontaires larmes;
Ses cascades, ses rocs, ses sites pleins de charmes,
S'offrent à sa pensée : adieu gloire, drapeaux!
Il vole à ses chalets, il vole à ses troupeaux,
Et ne s'arrête pas, que son âme attendrie
De loin n'ait vu ses monts et senti sa patrie :
Tant le doux souvenir embellit le désert!
Même les tristes lieux où nous avons souffert
Ne sont pas sans attraits. Seul sur ces rocs arides,
Philoctète maudit le sort et les Atrides:
Mais faut-il s'arracher à ces horribles lieux?
Il regrette son antre et lui fait ses adieux.
Regardez ce vaisseau, cette prison flottante,
Que tourmentent les vents et la mer mugissante?
Eh bien! quel nautonier ne voit avec amour
Le navire où long-temps il a fait son séjour?
Je n'oublîrai jamais la tristesse profonde
D'un nocher que vingt ans avait porté sur l'onde
Un vaisseau renommé, long-temps heureux vainqueur
De la mer orageuse et des vents en fureur;
Compagnons de périls, de revers, de fortune,
Leurs maux étaient communs, et leur gloire commune.

Le tonnerre, les vents, et les flots, et les feux,
Que n'avaient-ils point vu, point affronté tous deux?
Mais enfin, succombant aux injures de l'âge,
Le vaisseau vétéran, couché sur le rivage,
Cédait à la cognée, et de robustes bras
De son corps déchiré dispersaient les éclats ;
Le vieux nocher pleurait, et son âme attendrie
Croyait dans ce vaisseau regretter sa patrie ;
Avec moins de douleur un monarque pieux
Voyait son Ilion s'écrouler dans les feux.
Que si l'on aime ainsi le lieu de ses souffrances,
Combien l'on doit chérir celui des jouissances !
Choisi par le plaisir, marqué par le bonheur,
C'est le témoin, l'ami, le confident du cœur.
Que j'aime ce mortel, qui, dans sa douce ivresse,
Plein d'amour pour les lieux où jouit sa tendresse,
De ses doigts, que paraient des anneaux précieux,
Détache un diamant, le jette, et dit : « Je veux
Qu'un autre aime après moi cet asile que j'aime,
Et soit heureux aux lieux où je le fus moi-même ! »
Cœur noble et délicat ! dis-moi quel diamant
Égale un trait si pur, et vaut ton sentiment !
    Vers tous les lieux enfin quel pouvoir nous ramène !
Vers les uns le plaisir, vers les autres la peine ;
Mais à ceux où d'amour on a connu les lois,
La peine et le plaisir ramènent à la fois.
O Dieu, de quels momens ils gardent la mémoire !
Là, l'amant de son sort revient lire l'histoire ;
Là, son cœur étonné sentit son premier feu ;
Là, sa bouche tremblante en hasarda l'aveu ;
Sa main sur ce rosier cueillit la fleur nouvelle
Qu'Églé mit sur son sein en rougissant comme elle.

L'écho de ces rochers était leur confident.
Malheur donc, ah! malheur au mortel imprudent
Qui, risquant son repos, ose revoir encore
Ces lieux pleins de l'objet que sa tendresse adore!
Combien je crains pour lui ce dangereux retour!
Hélas! son seul aspect peut réveiller l'amour.
Eh! sur ces monts glacés, où, loin de sa Julie[8],
Saint-Preux traînait ses maux et sa mélancolie,
Voyez ce malheureux conduire imprudemment
Celle qu'un autre hymen ravit à son amant!
De ces monts tout remplis de sa longue disgrâce,
Où de son triste exil tout conserve la trace,
Mille ressouvenirs sortent de toutes parts;
Il s'arrête, et sur elle attachant ses regards:
« O charme de mon cœur, le tien est-il paisible?
Ce lieu ne dit-il rien à ton âme sensible?
Vois! c'est ici la pierre où ma brûlante ardeur
Traça les premiers mots qui touchèrent ton cœur.
Là, tristement assis dans ma douleur muette,
Mes yeux des jours entiers contemplaient ta retraite.
Là, seul et n'entendant que l'aigle des déserts,
J'échauffais de mes feux la glace des hivers.
De ces cailloux tranchans, des éclats de ces marbres
Ici ma main traçait ton chiffre sur ces arbres;
Pour ressaisir l'écrit, gage de tes amours,
Ici du noir torrent je traversai le cours.
Là, de ces vieux rochers je gravissais les cimes,
Et mes sombres regards mesuraient les abîmes;
Plus loin... » Couple imprudent, fuyez, quittez ces lieux!
Hélas! on y respire un air contagieux;
Fuyez, et vous sauvant de leur funeste charme,
Hâtez-vous d'y répandre une dernière larme.

Ah ! le cœur de ces lieux conçoit trop bien l'attrait :
Mais quel triste penchant, mais quel besoin secret,
Au tertre où gît l'objet de toute sa tendresse,
Ramène un faible amant, l'y ramène sans cesse ?
Hélas ! plus d'une fois, en courant au plaisir,
Ceux qu'à cette ombre froide attachait le désir,
Ou l'insensible orgueil, ou l'avide espérance,
Passent près de sa tombe avec indifférence :
Pour lui ce coin de terre est l'univers entier.
Sitôt qu'au jour mourant il ose se fier,
Aux discrètes lueurs du crépuscule sombre,
Il part d'un pied timide, il se glisse dans l'ombre ;
Il observe de loin d'un regard inquiet
Si quelqu'un de ses pleurs vient troubler le secret ;
Il recommande aux cieux cette enceinte si chère ;
Que l'air y soit plus pur, la terre plus légère,
Les gazons plus touffus ! et ce lieu révéré,
Adoré par l'amour, en devient plus sacré :
Et même sans l'attrait d'un intérêt si tendre,
Combien d'autres encore ont, pour se faire entendre,
Leur nom, leur souvenir, leur noble vétusté !
Dans le sein ténébreux de ce bois écarté
Contemplez ces débris d'une abbaye antique,
Monument oublié du faste monastique [9].
Entrons. De ces vieux murs le deuil religieux,
Ce chœur où résonnaient les cantiques pieux,
Ces vitraux colorés, précieux à l'histoire,
Qui des faits du vieux temps ont gardé la mémoire ;
Ces combles entr'ouverts, ces lugubres caveaux ;
Dans cette vaste nef ce long rang de tombeaux
Où, des saints fondateurs trompant l'attente vaine,
Leurs noms presque effacés ne se lisent qu'à peine,

Ces dômes, ces degrés dans les airs suspendus,
Conduisant au sommet d'une tour qui n'est plus;
Et ces autels sans culte, et leurs saints sans oracles
Dont la vieille légende a vanté les miracles;
Et ce lieu de l'offrande où de pieux tributs
Rachetaient les forfaits, suppléaient les vertus;
Tout cet asile enfin, séjour de pénitence,
D'orgueil, de piété, de savoir, d'ignorance,
Dit plus dans ses débris que ce frais Panthéon,
Enfant sans souvenir, antique par son nom,
Où la voix du passé ne se fait point entendre,
Et qui, n'ayant rien vu, n'a rien à nous apprendre;
Ou m'instruit, à regret, qu'outrageant le tombeau,
Toute la France en pompe y cacha Mirabeau.

Tantôt d'un vieux château s'offre la masse énorme,
Pompeusement bizarre et noblement informe.
Combien de souvenirs ici sont retracés!
J'aime à voir ces glacis, ces angles, ces fossés,
Ces vestiges épars des siéges, des batailles,
Ces boulets qu'arrêta l'épaisseur des murailles;
J'aime à me rappeler ces fameux différends
Des peuples et des rois, des vassaux et des grands;
Des Nemours, des Coucis, les amours trop célèbres;
Ces spectres, ces lutins rôdant dans les ténèbres:
Vieux récits, dont le charme amusant les hameaux,
Abrège la veillée et suspend les fuseaux [10].
Non, tous les vieux romans de cette Grèce antique,
Sa fabuleuse histoire, et sa fable historique,
N'offraient rien de si grand, rien de si merveilleux,
Que tous les longs récits qu'on nous fait de ces lieux.
Ici, du haut des tours plus d'une tendre amante
Suivait son jeune amant dans la lice sanglante [11];

Là , nos gais troubadours et nos vieux romanciers
Célébraient la tendresse et les exploits guerriers ;
Là , nos fiers paladins, à la gloire fidèles ,
Combattaient pour leur Dieu, leur monarque et leurs belles.
Contemplez ces armets, ces casques, ces cuissards
Des Nemours, des Clissons, des Coucis, des Bayards ;
J'aime à les revêtir de ces armes antiques ;
J'y replace leurs corps, leurs âmes héroïques.
Mais sur son palefroi s'avance un chevalier
Beau, jeune, et précédé de son noble écuyer,
Le casque sur le front, surmonté d'un panache ,
Sur ses yeux la visière , à son bras la rondache ,
La lance au poing , portant brassard et gantelet,
Ferme sur l'étrier et le fer en arrêt ;
Déjà du pont-levis il franchit la barrière ;
Son œil est menaçant, sa contenance fière ;
Son cor a retenti, tout recule d'effroi ;
Un page se présente. « O page, écoute-moi,
Lui dit-il ; ce château retient mon Isabelle.
Va trouver son tyran, qu'il me rende ma belle ,
Qu'il la rende à l'instant, ou ce bras irrité
Va me faire raison de sa déloyauté. »
Le choc suit le défi : bientôt d'un coup horrible
Le tyran tombe mort, et sa chute terrible
De ses tristes donjons fait gémir les échos.
Aussitôt un long rang de dames, de héros,
Comtes, barons, tout sort, tout revoit la lumière.
La belle à son amant s'élance la première,
Fait un saut, monte en croupe, embrasse son vainqueur,
Et sous ses belles mains sent palpiter son cœur.
Ainsi des lois, des mœurs, des combats du vieil âge ,
Ma pensée en ces lieux se retrace l'image.

Je crois les voir encore, et rêve tour à tour
De joutes, de tournois, de férie et d'amour.
    Hélas ! des nouveautés l'orgueil follement sage
De cette antique gloire a flétri l'héritage.
Eh bien ! fiers descendans de nos fameux Bouillons,
Des fiers Montmorencis, des Rohans, des Crillons,
Montrez-vous dignes d'eux ! osez par la victoire,
Surtout par la vertu, reconquérir leur gloire ;.
Et, prêtant votre lustre à ces mortels fameux,
Rendez à ces grands noms ce que vous tenez d'eux.
Tel, aux derniers canaux arrivé dans sa course,
Le sang revient au cœur et remonte à sa source.
    Enfin, parmi ces lieux fiers de leur vétusté,
Il en est dont l'illustre et haute antiquité,
Bien plus frappante encor revient à la mémoire,
Riche de monumens, de grandeur et de gloire.
Là, chaque lieu célèbre est plein d'illusion ;
Tout ruisseau, tout rocher, tout bosquet a son nom.
Si mon œil aperçoit ces Alpes menaçantes
Qui portent jusqu'aux cieux leurs cimes imposantes,
Je veux voir avant tout ce passage fatal
Où le roc calciné s'ouvrit pour Annibal,
Et du vieux Latium lui livra les campagnes.
Autrefois du sommet de ces mêmes montagnes
Le terrible Annibal disait à ses soldats :
« Vous voyez ces beaux champs ! c'est le prix des combats ;
C'est le prix du vainqueur. » A l'aspect de sa proie,
Le soldat tressaillit d'une barbare joie.
Ces champs qu'à la fureur montrait l'ambition,
Je les montre aux talens. Quelle immense moisson,
Et de grands sentimens et de hautes pensées,
Vous offrent ce théâtre et ces grandeurs passées !

Sur les objets présens portant des yeux distraits,
L'Imagination n'y reposa jamais.
Elle aime à deviner, elle aime à reconnaître
Ce qui n'est pas encor, ce qui va cesser d'être :
Amante des vieux temps, de leurs restes chéris,
Elle vit de regrets, se plaît dans les débris.
S'il était des pays dont la scène féconde
De grands évènemens eût étonné le monde;
Telle que s'offre encore avec tous ses grands noms
La ville des Césars ou celle des Platons;
C'est là qu'elle se plaît, c'est là qu'elle s'élance :
Là, tel qu'un voyageur qui parcourt en silence
Les pompes d'un palais par les ans renversé,
Rassemble en son esprit leur reste dispersé,
Recompose ses murs, reconstruit son portique;
Ainsi dans mes pensers je refais Rome antique :
Je relève ses tours, je lui rends ses remparts,
Ses temples, ses palais, ses grands hommes, ses arts.
J'arme encor ses héros pour la cause commune;
J'assiste à son sénat, je monte à sa tribune;
Le Capitole attend ses fiers triomphateurs :
Marchons ! suivons les pas des sacrificateurs.
Entendez-vous, du bruit des jeux qu'elle idolâtre,
Mugir comme une mer son vaste amphithéâtre?
Mécène, reçois-moi dans ces soupers divins,
Assaisonnés de vers, de bons mots et de vins.
Hélas ! ce goût si pur, cette molle élégance,
Des empires mûris marquent la décadence !
Tardez, éloignez-vous, termes de sa grandeur;
Laissez-moi contempler Rome dans sa splendeur.
Il n'est plus temps. Je vois, j'entends déjà les chaînes,
Et le joug va peser sur des têtes romaines.

De ces murs où les arts vont trouver leur tombeau,
La Grèce me rappelle aux lieux de leur berceau :
C'est là que, s'entourant de tout ce qu'elle adore,
L'Imagination est plus active encore :
Là, tout parle ou de vers, ou de gloire, ou d'amour ;
Tout est dieux ou héros. Une barque, en un jour,
Parcourt sur cette mer, en merveilles féconde,
Cent lieux plus renommés que tous les lieux du monde.
Mène-moi, dieu des arts, vers ta chère Délos !
Ici Sapho charmait les rochers de Lesbos ;
C'est là qu'Anacréon, oubliant la vieillesse,
Chantait, tout jeune encore et d'amour et d'ivresse.
Rochers, l'écueil du Perse et de ses légions,
De vos trois cents héros redites-moi les noms.
Sparte, où sont tes débris? Montrez-moi cette Athènes
Où méditait Platon, où tonnait Démosthènes.
Que de charmes encor dans ces restes flétris !
Hélas! le temps allait consumer ses débris.
Parmi les voyageurs qui de ce beau rivage
Emportent en partant une stérile image,
Le génie éploré de ces fameux remparts [12]
Distingua dans la foule un jeune amant des arts,
Qui, pour ces murs sacrés rempli d'idolâtrie,
Triste, semblait pleurer sur sa propre patrie ;
Pour voir de ces beaux lieux l'auguste antiquité,
Plaisirs, amis, parens, il avait tout quitté.
« Tu vois, lui dit le dieu, ces merveilles divines :
Le temps va dévorer jusques à leurs ruines ;
Bientôt l'œil affligé ne reconnaîtra plus
L'asile des beaux-arts et celui des vertus :
Hâte-toi : rends la vie à leur gloire éclipsée !
Pour prix de tes travaux, dans un nouveau lycée,

Un jour je te promets la couronne des arts. »

  Il dit ; et dans le fond de leurs tombeaux épars,
Des Platons, des Solons les ombres l'entendirent ;
Du jeune voyageur tous les sens tressaillirent.
Aussitôt dans ces murs, berceau des arts naissans,
Accourent à sa voix les arts reconnaissans.
Le Dessin le premier prend son crayon fidèle ;
Et tel qu'un tendre fils, lorsque la mort cruelle
D'une mère adorée a terminé le sort,
A ses restes sacrés s'attache avec transport,
Demande à l'air, au temps, d'épargner sa poussière,
Et se plaît à tracer une image si chère :
Ainsi, par l'amour même instruit dans ces beaux lieux,
Le Dessin, de la Grèce enfant ingénieux,
Va chercher, va saisir, va tracer son image ;
Et belle encor, malgré les injures de l'âge,
Avec ses monumens, ses héros et ses dieux,
La Grèce reparaît tout entière à nos yeux.

  L'histoire ainsi l'apprend : sur ce globe où nous sommes,
Les lieux ont leur déclin aussi bien que les hommes !
Mais ces fameux revers et ces grands changemens,
Qu'ont fait naître autrefois le hasard et le temps,
Offrent à notre esprit une moins vive image,
Que lorsque sous nos yeux un violent orage
D'un séjour magnifique a détruit la splendeur,
Et montre sa ruine auprès de sa grandeur.
Voyez ces murs déserts ! là le pompeux Versailles
Étalait autrefois l'orgueil de ses murailles ;
Là, mille passions, mille vœux à la fois !
Les princes et les grands, les députés des rois,
Les intérêts rivaux, les vanités trompeuses ;
Sans cesse s'agitaient sur ces routes pompeuses ;

Là, venait en silence, attendant un coup d'œil,
Aux pieds de la faveur s'agenouiller l'orgueil;
De là, portée au loin sur la terre et sur l'onde,
La volonté d'un seul faisait le sort du monde.
Tant d'éclat irritait l'univers ébloui;
Un orage a grondé, tout s'est évanoui!
Où sont les attributs de la toute-puissance,
Cet appareil de gloire et de magnificence?
Le deuil et le silence habitent dans ces lieux;
A peine un vieux gardien, triste et silencieux,
Dans ces murs, qu'entouraient tant de fières cohortes,
A quelques voyageurs ouvre en pleurant les portes,
Et l'étranger cherchant ces palais d'autrefois,
Se dit : « C'était donc là la demeure des rois! »
Rêve à tant de malheurs après tant de puissance,
Jette encore une larme, et s'éloigne en silence.

   Après ces grands tableaux, pour nos yeux indiscrets
Les lieux mystérieux ont encor des attraits;
L'Imagination, ingénieuse à feindre,
Embellit les objets que l'œil ne peut atteindre.
Un auguste mystère entourait autrefois
Et les temples des dieux et les palais des rois.
Au fond du saint des saints, dans sa gloire invisible,
L'Éternel enfermait sa majesté terrible,
Et le grand-prêtre seul, une fois tous les ans,
Offrait, au nom du peuple, un solennel encens.
Les monarques d'Asie, adorés par la crainte,
Habitaient d'un palais l'inabordable enceinte.
Le mystère piquant et la difficulté
Parent encor les arts, l'amour et la beauté :
Eh! qui de ce ressort ne connaît la puissance?
Que de fois dans les murs de la fière Byzance,

Je m'en souviens encor, d'un œil présomptueux
Contemplant du sérail les murs voluptueux,
Ses murs, ses minarets, ses kiosques, ses portiques,
Et leurs globes dorés et leurs cyprès antiques,
D'un désir imprudent mon esprit excité,
Et par l'air du mystère en secret irrité,
Malgré ses fiers gardiens, ses portes redoutables,
Brûlait de pénétrer ces murs impénétrables
Où veille la terreur à côté du plaisir,
Où la variété réveille le désir :
Dans mon illusion, grilles, tours, janissaires,
Mon œil franchissait tout; mes regards téméraires
Osaient percer l'asile où l'indolent orgueil
Flotte entre mille appas et choisit d'un coup d'œil.
Autour de ces sofas où la langueur repose,
J'aspirai le moka, je respirai la rose;
J'osai plus : dans ces bains frais et mystérieux,
Que jamais ne profane un regard curieux,
Où cent jeunes beautés, plus belles sans parure,
Pour voile à la pudeur donnent leur chevelure,
Malgré l'affreux cordon, malgré le sabre nu [13],
J'entrai brûlant de voir et tremblant d'avoir vu.
L'amour même chérit les ombres du mystère [14];
L'amour désenchanté fuit un œil téméraire.
Belles, défiez-vous d'un regard curieux !
La beauté s'embellit d'un air mystérieux;
Les désirs ignorans sont vos premières armes;
La beauté dévoilée a perdu de ses charmes;
L'amour le plus aveugle est le plus éloquent;
L'ignorance aux objets prête un charme piquant :
Ce qui nous plaît le mieux dans toute la nature,
Ce n'est pas ce qu'on voit, c'est ce qu'on se figure.

L'ignorance nourrit la douce illusion.
Des Grecs ingénieux l'aimable fiction,
Qui donnait plus d'éclat à la vérité même,
Cacha cette leçon sous un heureux emblème.
L'imprudente Psyché veut voir de près l'Amour;
Elle le voit; le dieu disparaît sans retour :
Et Psyché, d'un regard téméraire victime,
Déplore, mais trop tard! son malheur et son crime.
Tant d'un dieu prévoyant l'attentive bonté
Exprès derrière un voile a mis la vérité;
Et cache, dans la nuit d'un nuage qu'il dore,
Et les biens qu'on espère et les maux qu'on ignore.
    Eh! pourrai-je oublier le site inspirateur,
Où l'on goûta des arts l'attrait consolateur;
Témoin de nos travaux, bienfaiteur du génie,
De quels heureux momens il charma notre vie!
Là, d'une longue extase on connut les transports;
Là, notre âme en silence amassant ses trésors,
D'un long recueillement tout-à-coup a fait naître
Ces traits à qui notre art doit sa gloire peut-être.
Ces lieux, dont tant de fois on sentit le pouvoir,
Quels cœurs reconnaissans n'aiment à les revoir?
Montbar charmait Buffon, et du bois des Charmettes
Jean-Jacques se plaisait à vanter les retraites;
Et toi, toi, que j'aimai dès mes plus jeunes ans,
Meudon, à qui je dois tout l'honneur de mes chants,
Que de fois, en hiver, dans tes donjons gothiques,
Près d'un foyer, nourri de tes chênes antiques,
Seul, écoutant de loin les vents, les flots, les bois,
A leur vaste concert j'associai ma voix!
Que de fois, aux beaux jours, de tes bocages sombres
Tu me vis traverser les vénérables ombres!

Hélas ! ces bois sacrés, ces bosquets ne sont plus ;
Par le fer destructeur je les vis abattus ;
Abattus au printemps ! quand tout gros de feuillage,
Déjà les verts boutons nous promettaient l'ombrage :
En vain de ces vieux troncs les jeunes successeurs
De leur nouvel abri m'ont offert les douceurs ;
Ils n'ont point inspiré, n'ont point vu mon délire :
Ne m'ayant rien appris, je n'ai rien à leur dire ;
Mais ton sol m'est sacré, mais j'y viendrai toujours
Demander d'heureux vers, et surtout d'heureux jours.

   Des divers lieux sur nous j'ai chanté l'influence ;
Presque tous de nos cœurs empruntent leur puissance :
Ceux où l'astre du jour et l'homme sont absens,
Seuls, par leur propre force, agissent sur nos sens.
A peine l'œil entr'ouvre une faible paupière,
Il veut voir son semblable, il veut voir la lumière :
La pensée, il est vrai, connaît peu de déserts.
Si l'on ne voit point l'homme et ses traits toujours chers,
On voit ses monumens ; les champs et la verdure
Nous parlent des bienfaits, des soins de la nature :
Tantôt d'une rivière on suit les longs détours ;
L'on voyage avec elle et l'on poursuit son cours.
Mais quand l'homme accablé, qu'un long ennui désole,
Ne voit ni les humains, ni rien qui le console,
Sa double solitude épouvante son cœur.

   Sous les cieux africains voyez le voyageur,
Des sables de Rosette, ou des landes du Caire [15],
Traverser lentement l'espace solitaire ;
Les torrens de poussière, et les vents enflammés,
Et la terre, et les eaux contre lui sont armés ;
Mais de ces champs poudreux la chaleur est moins rude
Que cette désolante et longue solitude.

L'ennui, le triste ennui qui mesure le temps,
Éternise ses jours, ses heures, ses instans.
Flétrie au seul aspect de ces lieux effroyables,
L'Imagination expire sur ces sables ;
Il se traîne, il épuise un reste de vigueur [16],
Lorsqu'au lever du jour, ô surprise ! ô bonheur !
D'un obélisque au loin il découvre le faîte,
Les kiosques des pachas, les temples du prophète,
De palmiers, d'orangers des bois délicieux,
Que le désert encore embellit à ses yeux.
C'est là qu'un doux repos, acheté par ses peines,
L'attend sous ces berceaux, au bord de ces fontaines,
Où, sur un mol amas de coussins fastueux,
Le superbe Ottoman, triste et voluptueux,
Enivré de ces sucs dont la vertu l'inspire,
De ses rêves charmans entretient le délire ;
Ou dans son beau harem achève en paix le jour,
Pressé par le désir, et jamais par l'amour.
Moi-même, que séduit cette riante scène,
A ces bords enchantés je m'arrache avec peine ;
Mais ma muse m'appelle en des déserts nouveaux.

Voyez-vous ce navire attendu sur les eaux [17];
Tout est prêt : l'air fraîchit, la voile s'enfle ; Éole
S'amuse en se jouant de chaque banderole ;
L'enfant pour la saisir vers elle étend les bras ;
Autour des voyageurs dont on retient les pas,
De parens et d'amis un groupe tout en larmes,
D'un adieu prolongé goûte les tristes charmes ;
Et, du sommet d'un roc élevé dans les airs,
Suit long-temps le vaisseau qui s'enfuit sur les mers.

Sur ce vaste élément, d'abord l'âme enhardie
Se croit indépendante et se sent agrandie ;

Il semble qu'étendant son vol illimité,
Dieu même l'associe à son immensité.
Mais, hélas! le bonheur demande peu d'espace :
De ce désert sans fin l'homme bientôt se lasse;
Solitaire, à l'aspect de l'immense horizon,
Bientôt dans son navire il croit voir sa prison.
Ses tristes compagnons qui languissent ensemble,
Ce n'est point le penchant, le choix qui les rassemble;
Leur ennui mutuel redouble son ennui;
Il habite auprès d'eux, et vit seul avec lui.
Ah! quand pourront ses yeux entrevoir le rivage!
Quelquefois l'abusant par une fausse image,
L'Imagination, dans un lointain confus,
Lui montre un port, des tours, qui bientôt ne sont plus :
Leur fantôme trompeur s'efface comme un songe,
Et l'immense océan devant lui se prolonge.
Il faut entendre encor le bruit des matelots,
Des cordages, des mâts, et des vents, et des flots;
Toujours les cieux, toujours les noirs gouffres de l'onde,
Et l'aquilon grondant sur la vague qui gronde.
Hélas! où sont ses champs, ses bois, ses prés fleuris,
Ses foyers paternels et ses enfans chéris?
Le regret, au départ, en forma ses supplices,
L'espérance, au retour, en fera ses délices.
Il part, il vogue, avance, espère, et voit le port.
Ah! son cœur pourra-t-il suffire à son transport!
Sa fille!... en le quittant son adieu fut si tendre!
Que fait-elle à présent? Lasse enfin de l'attendre,
Sur son portrait peut-être elle verse des pleurs;
Peut-être que sa main le couronne de fleurs;
Ces tissus, ces trésors que la Perse a vus naître,
Sa femme avec plaisir s'en parera peut-être;

Et ce fils, dernier fruit d'une longue union,
Vit-il? commence-t-il à bégayer son nom?
Son simple et vieux pasteur répandra tant de larmes !
A ses arbres grandis qu'il va trouver de charmes ! .
    Cependant les objets semblent se rapprocher ;
Il reconnaît ce mont, cet arbre, ce clocher ;
De moment en moment les tours lèvent leur faîte ;
Enfin la rive approche, et son bonheur s'apprête ;
Et sur la mer, qui fuit et roule à gros bouillons,
Son rapide vaisseau fend les derniers sillons.
On aborde : d'un saut il a touché la rive ;
Le cœur tout palpitant, il s'élance, il arrive,
Avec ce vif besoin que donne un long désir.
Mais ce n'est pas à moi d'exprimer son plaisir.
L'Imagination, dont je peins la puissance,
Aime à chanter l'espoir et non la jouissance.
    Des solitaires lieux j'ai tracé les effets :
O toi, de qui ma muse éprouva les bienfaits,
Quand ma voix va chanter le pouvoir des lieux sombres,
O nuit ! inspire-moi. Que de fois, dans tes ombres [18],
Recherchant ton silence et non pas ton repos,
Et des eaux d'Hippocrène humectant tes pavots,
Du délire des vers j'éprouvai les délices !
Du poëte, inspiré par tes veilles propices,
Il semble que les chants soient plus doux et plus fiers ;
Pour lui le dieu du jour n'est plus le dieu des vers.
Mais les amans heureux, mais les heureux poëtes
Ont seuls droit de se plaire à tes scènes muettes.
Tout être avec regret voit mourir la clarté ;
Alors mon chien me jette un regard attristé,
L'instinct des plantes même en chérit l'influence,
Et la fleur du soleil pleure encor son absence ;

Tout bénit ses faveurs ; mais l'homme, enfant des dieux,
L'homme, avant tout, chérit ce flambeau radieux ;
Il veut voir ses rayons, il veut sentir sa flamme,
Et ce besoin des sens est un besoin de l'âme :
Cet astre heureux console et charme nos ennuis.
Que je plains la douleur dans le calme des nuits !
Ah ! que la nuit alors, jointe à la solitude,
De l'homme délaissé nourrit l'inquiétude !
L'absence des objets rend ses maux plus présens ;
Rien n'en distrait son cœur, son esprit, ni ses sens.
Exhalant en soupirs sa tristesse farouche,
De sa longue insomnie il tourmente sa couche ;
Il se roule, il se lasse à chercher le repos ;
Tout son sang embrasé précipite ses flots,
Jusqu'à l'heure où l'Aurore, humide de rosée,
Apporte un peu de calme à son âme épuisée ;
Et, chassant de la nuit les funèbres vapeurs,
Rend et le jour au monde, et l'espérance aux cœurs.
Quels intrépides cœurs, quels courages célèbres,
N'ont été quelquefois émus par les ténèbres !
Quand du fer, de l'airain, le brillant appareil
Éclate et resplendit aux rayons du soleil,
Le soldat, avec joie, affronte les tempêtes :
Les dangers sont des jeux, les combats sont des fêtes ;
Mais quand la nuit répand sa ténébreuse horreur,
Quand l'œil ne peut juger l'objet de sa terreur,
Alors tout s'exagère à notre âme tremblante ;
Le danger moins connu cause plus d'épouvante,
Surtout lorsque, perdu dans un lieu ténébreux,
L'homme seul reste en proie à ses pensers affreux,
Ah ! que la nuit alors, jointe à la solitude,
De l'âme délaissée accroît l'inquiétude !

De ce comble d'effroi, de ces scènes d'horreur,
Un exemple terrible effraie encor mon cœur.

Sous les remparts de Rome et sous ses vastes plaines [19]
Sont des antres profonds, des voûtes souterraines
Qui, pendant deux mille ans, creusés par les humains,
Donnèrent leurs rochers aux palais des Romains ;
Avec ses rois, ses dieux et sa magnificence,
Rome entière sortit de cet abîme immense.
Depuis, loin des regards et du fer des tyrans,
L'église encor naissante y cacha ses enfans,
Jusqu'au jour où du sein de cette nuit profonde,
Triomphante, elle vint donner des lois au monde,
Et marqua de sa croix les drapeaux des Césars.
Jaloux de tout connaître, un jeune amant des arts,
L'amour de ses parens, l'espoir de la peinture,
Brûlait de visiter cette demeure obscure,
De notre antique foi vénérable berceau.
Un fil dans une main, et dans l'autre un flambeau,
Il entre ; il se confie à ces voûtes nombreuses
Qui croisent en tous sens leurs routes ténébreuses.
Il aime à voir ce lieu, sa triste majesté,
Ce palais de la nuit, cette sombre cité,
Ces temples où le Christ vit ses premiers fidèles,
Et de ces grands tombeaux les ombres éternelles.
Dans un coin écarté se présente un réduit,
Mystérieux asile où l'espoir le conduit.
Il voit des vases saints et des urnes pieuses,
Des vierges, des martyrs dépouilles précieuses ;
Il saisit ce trésor ; il veut poursuivre. Hélas !
Il a perdu le fil qui conduisait ses pas ;
Il cherche, mais en vain ; il s'égare, il se trouble ;
Il s'éloigne, il revient, et sa crainte redouble ;

Il prend tous les chemins que lui montre la peur ;
Enfin de route en route, et d'erreur en erreur,
Dans les enfoncemens de cette obscure enceinte,
Il trouve un vaste espace, effrayant labyrinthe,
D'où vingt chemins divers conduisent alentour.
Lequel choisir ? lequel doit le conduire au jour ?
Il les consulte tous, il les prend, il les quitte ;
L'effroi suspend ses pas, l'effroi les précipite :
Il appelle ; l'écho redouble sa frayeur :
De sinistres pensers viennent glacer son cœur.
L'astre heureux qu'il regrette a mesuré dix heures
Depuis qu'il est errant dans ces noires demeures ;
Ce lieu d'effroi, ce lieu d'un silence éternel,
En trois lustres entiers voit à peine un mortel ;
Et pour comble d'effroi, dans cette nuit funeste,
Du flambeau qui le guide il voit périr le reste.
Craignant que chaque pas, que chaque mouvement,
En agitant la flamme, en use l'aliment,
Quelquefois il s'arrête et demeure immobile.
Vaines précautions ! Tout soin est inutile ;
L'heure approche, et déjà son cœur épouvanté
Croit de l'affreuse nuit sentir l'obscurité.
Il marche, il erre encor sous cette voûte sombre ;
Et le flambeau mourant fume et s'éteint dans l'ombre.
Il gémit ; toutefois d'un souffle haletant,
Le flambeau ranimé se rallume à l'instant.
Vain espoir ! par le feu la cire consumée,
Par degrés s'abaissant sur la mèche enflammée,
Atteint sa main souffrante, et de ses doigts vaincus
Les nerfs découragés ne la soutiennent plus :
De son bras défaillant enfin la torche tombe,
Et ses derniers rayons ont éclairé sa tombe,

O toi, qui d'Ugolin traças l'affreux tableau,
Terrible Dante, viens, prête-moi ton pinceau !
Prête-moi tes couleurs; peins, dans ces noirs dédales,
Dans la profonde horreur des ombres sépulcrales,
Ce malheureux qui compte un siècle par instans,
Seul... ah ! les malheureux ne sont pas seuls long-temps;
L'Imagination, de fantômes funèbres
Peuple leur solitude et remplit leurs ténèbres.
L'infortuné déjà voit cent spectres hideux ;
Le délire brûlant, le désespoir affreux,
La mort... non cette mort qui plaît à la victoire,
Qui vole avec la foudre, et que pare la gloire,
Mais lente, mais horrible, et traînant par la main
La faim qui se déchire et se ronge le sein.
Son sang, à ses pensers, s'arrête dans ses veines.
Et quels regrets touchans viennent aigrir ses peines?
Ses parens, ses amis qu'il ne reverra plus !
Et ces nobles travaux qu'il laissa suspendus !
Ces travaux qui devaient illustrer sa mémoire,
Qui donnaient le bonheur et promettaient la gloire !
Et celle dont l'amour, celle dont le souris
Fut son plus doux éloge et son plus digne prix !
Quelques pleurs de ses yeux coulent à cette image,
Versés par le regret, et séchés par la rage.
Cependant il espère, il pense quelquefois
Entrevoir des clartés, distinguer une voix.
Il regarde, il écoute. Hélas ! dans l'ombre immense,
Il ne voit que la nuit, n'entend que le silence,
Et le silence encore ajoute à sa terreur.
Alors, de son destin sentant toute l'horreur,
Son cœur tumultueux roule de rêve en rêve :
Il se lève, il retombe, et soudain se relève ;

Se traîne quelquefois sur de vieux ossemens,
De la mort qu'il veut fuir horribles monumens !
Quand tout-à-coup son pied trouve un léger obstacle :
Il y porte la main... O surprise ! ô miracle !
Il sent, il reconnaît le fil qu'il a perdu,
Et de joie et d'espoir il tressaille éperdu.
Ce fil libérateur, il le baise, il l'adore,
Il s'en assure, il craint qu'il ne s'échappe encore ;
Il veut le suivre, il veut revoir l'éclat du jour :
Je ne sais quel instinct l'arrête en ce séjour.
A l'abri du danger, son âme encor tremblante
Veut jouir de ces lieux et de son épouvante.
A leur aspect lugubre il éprouve en son cœur
Un plaisir agité d'un reste de terreur ;
Enfin, tenant en main son conducteur fidèle,
Il part, il vole aux lieux où la clarté l'appelle.
Dieux ! quel ravissement, quand il revoit les cieux
Qu'il croyait pour jamais éclipsés à ses yeux !
Avec quel doux transport il promène sa vue
Sur leur majestueuse et brillante étendue !
La cité, le hameau, la verdure, les bois,
Semblent s'offrir à lui pour la première fois ;
Et rempli d'une joie inconnue et profonde,
Son cœur croit assister au premier jour du monde.

FIN DU CHANT IV.

CHANT V[1].

—

Toi, que l'antiquité fit éclore des ondes,
Qui descendis des cieux et règnes sur les mondes ;
Toi, qu'après la bonté l'homme chérit le mieux,
Toi, qui naquis un jour du sourire des dieux,
Beauté, je te salue ! Hélas ! d'épais nuages
A mes yeux presque éteints dérobent tes ouvrages !
Voilà que le printemps reverdit les coteaux,
Des chaînes de l'hiver dégage les ruisseaux,
Rend leur feuillage aux bois, ses rayons à l'aurore ;
Tout renaît : pour moi seul rien ne renaît encore ;
Et mes yeux, à travers de confuses vapeurs,
A peine ont entrevu tes tableaux enchanteurs.
Plus aveugle que moi, Milton fut moins à plaindre[2] ;
Ne pouvant plus te voir, il sut encor te peindre ;
Et, lorsque par leurs chants préparant ses transports,
Ses filles avaient fait entendre leurs accords,
Aussitôt des objets les images pressées
En foule s'éveillaient dans ses vastes pensées ;
Il chantait ; et tes dons, tes chefs-d'œuvre divers,
Éclipsés à ses yeux, revivaient dans ses vers.
Hélas ! je ne saurais égaler son hommage ;
Mais dans mes souvenirs j'aime encor ton image.
Source de volupté, de délices, d'attraits,
Sur trois règnes divers tu répands tes bienfaits !

Tantôt, loin de nos yeux, dans les flancs de la terre,
En rubis enflammés tu transformes la pierre ;
Tu donnes en secret leurs couleurs aux métaux,
Au diamant ses feux, et leur lustre aux cristaux ;
Au sein d'Antiparos tu filtres goutte à goutte
Tous ces glaçons d'albâtre, ornement de sa voûte ;
Édifice inconnu qui, dans ce noir séjour,
Attend que son éclat brille à l'éclat du jour.
Tantôt nous déployant ta pompe éblouissante
Pour colorer l'arbuste, et la fleur, et la plante,
D'or, de pourpre et d'azur tu trempes tes pinceaux ;
C'est toi qui dessinas ces jeunes arbrisseaux,
Ces élégans tilleuls et ces platanes sombres
Qu'habitent la fraîcheur, le silence et les ombres.
Dans le monde animé qui ne sent tes faveurs ?
L'insecte dans la fange est fier de ses couleurs ;
Ta main du paon superbe étoila le plumage ;
D'un souffle tu créas le papillon volage ;
Toi-même au tigre horrible, au lion indompté,
Donnas leur menaçante et sombre majesté ;
Tu départis au cerf la souplesse et la grâce ;
Tu te plus à former le coursier plein d'audace,
Qui, relevant sa tête et cadençant ses pas,
Vole et cherche les prés, l'amour ou les combats ;
A l'aigle, au moucheron tu donnas leur parure ;
Mais tu traitas en roi le roi de la nature ;
L'homme seul eut de toi ce front majestueux,
Ce regard noble et doux, fier et voluptueux,
Du sourire et des pleurs l'intéressant langage ;
Et sa compagne enfin fut ton plus bel ouvrage.
L'homme en naissant voyait les globes radieux ;
Sa compagne naquit, elle éclipsa les cieux ;

Toi-même t'applaudis en la voyant éclore ;
Dans le reste on t'admire, et dans elle on t'adore.
Que dis-je ? cet éclat des formes, des couleurs,
O Beauté ! ne sont pas tes plus nobles faveurs :
Non ; ton chef-d'œuvre auguste est une âme sublime [3] :
C'est l'Hôpital, si pur sous le règne du crime [4] ;
C'est Molé, du coup d'œil de l'homme vertueux
Calmant d'un peuple ému les flots tumultueux [5] ;
C'est Bayard, dans les bras d'une mère plaintive,
Sans tache et sans rançon remettant sa captive ;
C'est Crillon [6], c'est Sully, c'est l'austère Caton,
Tenant entre ses mains un poignard et Platon,
Parlant, et combattant, et mourant en grand homme,
Et seul resté debout sur les débris de Rome.
    Soit donc que vous teniez la plume ou le pinceau,
La lyre harmonieuse ou l'habile ciseau ;
Soit que du cœur humain vous traciez la peinture,
Soit que dans ses travaux vous peigniez la nature,
C'est le choix du vrai beau qu'il faut étudier.
N'allez pas imiter cet artiste grossier,
Qui va choisir sans goût ce qu'il peint sans adresse.
Veut-il représenter les traits de la vieillesse ?
Son crayon fera choix d'un pauvre à cheveux blancs,
Qu'a flétri le besoin, bien plutôt que les ans.
S'il peint les champs, ses fleurs, ses arbres sont vulgaires ;
Dans l'asile honteux des amours mercenaires
Il cherche une Vénus qu'il copie au hasard,
L'opprobre de son sexe et la honte de l'art.
O combien chez les Grecs, où l'art a pris naissance,
Des modèles plus purs assuraient sa puissance !
Là, dans les jours brillans de leurs solennités,
De superbes rivaux, l'élite des beautés,

Dans la première fleur de leur fraîche jeunesse,
Disputaient de vigueur, de grâce et de souplesse.
Toujours le ris moqueur ou l'applaudissement
Jugeait chaque attitude et chaque mouvement.
Qui tombait avec art, ne tombait point sans gloire,
Et souvent le vaincu remportait la victoire.
Ainsi de la beauté le modèle certain
Instruisait le regard et dirigeait la main.
Mais, pour en retracer la peinture fidèle,
Ne croyez pas que l'art fût content d'un modèle ;
La nature se plaît à diviser ses dons.
Dans le pompeux concours de trente nations,
Parmi l'essaim charmant des filles de Crotone [7],
Des vierges de Lesbos ou bien de Sicyone,
Tout ce qui, dans l'éclat des fêtes et des jeux,
Dans le cirque, au théâtre avait frappé les yeux,
Composait la beauté du choix de mille belles :
Ainsi Vénus naquit sous le pinceau d'Apelles.

C'est peu : l'art plus hardi, plus noble en son essor,
Dans ce monde borné se sent captif encor :
Dérobé dans les cieux, le beau feu qui l'anime
Se ressouvient toujours de sa source sublime.
Il est entre la terre et la voûte des cieux
Un sanctuaire auguste où le maître des dieux
A déposé les plans de ses vastes ouvrages,
Des mondes qu'il médite immortelles images.
L'Imagination, avec une clef d'or,
Seule a le droit d'ouvrir ce céleste trésor.
C'est là que, sur un trône éclatant de lumière,
Réside la beauté dans sa source première ;
Non point avec ces traits faibles, décolorés,
Que lui prêtent ici nos sens dégénérés,

Que le temps affaiblit, que l'ignorance altère,
Ou qu'enfin dénature un mélange adultère ;
Mais vierge, mais gardant toute sa pureté,
Et tout empreinte encor de la divinité :
C'est là qu'il faut la voir, c'est là qu'est son empire.
Sous les traits d'Apollon l'affreux Pithon expire :
Qui nous retracera ce dieu triomphateur ?
Celui qu'il embrasa de son feu créateur,
Celui qui, pour atteindre à sa forme épurée,
Dédaigneux de la terre, habita l'empyrée ;
Sans doute, en le formant, il avait sous les yeux,
Non les plus beaux mortels, mais les plus beaux des dieux.

O prodige ! long-temps dans sa masse grossière,
Un vil bloc enferma le dieu de la lumière [8].
L'art commande, et d'un marbre Apollon est sorti !
Son œil a vu le monstre, et le trait est parti ;
Son arc frémit encore entre ses mains divines ;
Un courroux dédaigneux a gonflé ses narines ;
Avec ces yeux perçans devant qui l'avenir,
Le passé, le présent, viennent se réunir ;
Du haut de sa victoire il regarde sa proie,
Et rayonne d'orgueil, de jeunesse et de joie.
Chez lui rien n'est mortel : avec la majesté
Son air aérien joint la légèreté ;
A peine sur la terre il imprime sa trace ;
Ses cheveux sur son front sont noués avec grâce.
D'un tout harmonieux j'admire les accords ;
L'œil avec volupté glisse sur ce beau corps.
A son premier aspect, je m'arrête, je rêve ;
Sans m'en apercevoir, ma tête se relève,
Mon maintien s'ennoblit. Sans temple, sans autels,
Son air commande encor l'hommage des mortels ;

Et, modèle des arts et leur première idole,
Seul il semble survivre au dieu du Capitole.

A ces brillans contours que dessina sa sœur,
La Peinture plus riche ajouta la couleur.
Son empire est plus vaste, et sa noble magie
Parle aux yeux, parle au cœur avec plus d'énergie ;
Mais leur but est le même : ainsi que du ciseau,
Le choix d'un beau modèle est l'objet du pinceau ;
Tant que l'art plus borné ne montre à notre vue
Que le monde visible et la beauté connue,
Le choix est plus facile, et l'art judicieux
Des traits qu'il faut choisir avertira les yeux.
Mais du monde réel franchissant la barrière,
Dans le monde idéal s'il étend sa carrière,
Comment montrer à l'homme un objet plus qu'humain,
Peindre un être immortel d'une mortelle main,
Lui composer des sens, une forme, un visage,
Et créer à la fois le modèle et l'image ?
C'est là que du génie épuisant les secrets,
L'imagination épure tous ses traits ;
Là, triomphe son art. C'est toi que j'en atteste,
O divin Raphaël, dont le pinceau céleste
Osa représenter, par un sublime essor,
Le Christ transfiguré sur le mont de Thabor.
Ah ! pour ce grand moment où, reprenant son être,
Le dieu va se montrer et l'homme disparaître,
Où prendre ton modèle, artiste audacieux ?
Il n'est point sur la terre, il n'est point dans les cieux ;
Il est dans sa pensée. Il dessine, il colore,
Il dit : « Que le dieu naisse, » et le dieu vient d'éclore !...
Ses vêtemens, ses traits, ses yeux éblouissans,
Des célestes clartés semblent resplendissans :

Tout l'Olympe attentif contemple sa victoire :
Ses disciples tremblans se courbent sous sa gloire :
L'ouvrage était parfait, si la cruelle mort...
Ah ! jeune infortuné, digne d'un meilleur sort,
Hâte-toi : le temps fuit, achève ton ouvrage !
Si le destin sévère épargne ton jeune âge,
Tu seras Raphaël [91] Vain espoir ! il n'est plus,
Et ses nobles travaux restent interrompus :
En vain se soulevant, à son heure dernière,
Il tourne encor vers eux sa mourante paupière ;
En vain, pour achever son ouvrage naissant,
Il reprend en ses mains son pinceau languissant ;
Il meurt... Courez, portez à son ombre chérie
Ces fleurs, ces frêles dons, emblèmes de sa vie.
Mais, non... son ombre attend un hommage plus beau ;
Muses, talens, beaux-arts, placez sur son tombeau
Ce chef-d'œuvre échappé de sa main défaillante ;
Joignez-y ses pinceaux, sa palette brillante ;
Et, changeant en triomphe une pompe de deuil,
Conduisez un trophée et non pas un cercueil :
Rome n'aura jamais vu de fête plus belle.
Et moi, moi, qui jadis, d'une voix solennelle,
Jurai de visiter ces beaux champs, ce beau ciel,
Où Virgile chantait, comme a peint Raphaël ;
J'irai, j'en jure encor, j'irai voir cet asile
Où Raphaël peignait, comme a chanté Virgile.
Virgile ! Raphaël ! ô douleur ! ô destin !
Tous deux sitôt ravis par le sort inhumain :
Tous deux ils ont pleuré sur leur gloire imparfaite ;
Mais le temps ne peut rien sur les vers du poète,
Et dans le Vatican, par le temps outragés,
Les traits de Raphaël périssent négligés !

Rome, au nom de la gloire, arrête ce ravage :
Chaque trait effacé te dérobe un hommage ;
Et, quand ton culte saint renaît de toutes parts,
Garde encor dans tes murs le culte des beaux-arts.

Ah ! quand mon œil à peine entrevoit la nature,
Malheureux ! de quel droit vanté-je la Peinture ?
O divine Harmonie ! au moins tes doux accens
Pour mon oreille encore ont des charmes puissans.
Eh ! qui ne connaît pas ton pouvoir ineffable ?
L'histoire, en te louant, le dispute à la fable.
Combien ma déité fut prodigue pour toi !
Elle ordonne : et tu peins l'allégresse et l'effroi,
Animes les festins, échauffes les batailles,
Mêles des pleurs touchans au deuil des funérailles ;
Et du pied des autels, en sons mélodieux,
Vas porter la prière aux oreilles des dieux.
Ainsi Mars s'enflammait aux accords de Tyrthée ;
Ainsi sur mille tons le fameux Timothée
Touchait son luth divin, parcourait tour à tour
Le mode de la gloire et celui de l'amour ;
D'un regard de Thaïs enivrait Alexandre ;
Roulait son char vainqueur sur Babylone en cendre ;
Ou peignant Darius et sa famille en deuil,
Des pleurs de l'infortune attendrissait l'orgueil.
Dans ses noirs ateliers, sous son toit solitaire,
Tu charmes le travail, tu distrais la misère.
Que fait le laboureur conduisant ses taureaux ?
Que fait le vigneron sur ses brûlans coteaux,
Le mineur, enfoncé sous ses voûtes profondes,
Le berger dans les champs, le nocher sur les ondes,
Le forgeron domptant les métaux enflammés ?
Ils chantent : l'heure vole, et leurs maux sont charmés.

Mais si je veux trouver tes plus brillans prodiges,
Je cours à ce théâtre où règnent les prestiges :
Là, tu peins les amours, la haine, la fureur,
Les tempêtes de l'air, les orages du cœur ;
Ici gémit Atys, là frémit Hermione.
Honneur de la nature, adorable Antigone,
D'un père infortuné viens dissiper l'effroi !
Dans l'univers entier OEdipe n'a que toi.
Qui ne s'attendrirait aux sons touchans d'Alceste?
Courez, affreux remords, courez saisir Oreste ;
Il a tué sa mère ! Ah ! quels cris de douleur
En accens étouffés s'échappent de son cœur !
Clytemnestre, est-ce toi? Mère désespérée !
Entendez-vous les cris de sa fille éplorée?
Agamemnon superbe, Achille furieux,
Les prêtres, les soldats, et la foudre, et les dieux?
Dans ces bosquets fleuris, près de cette eau limpide,
N'entends-je pas Renaud soupirer pour Armide?
Jamais des sons si doux, des accens si flatteurs,
N'amollirent les sens et n'émurent les cœurs.

   Toutefois, de cet art quelle que soit la gloire,
Où sont ces grands effets que nous vante l'histoire,
Quand de cet art divin les sons toujours vainqueurs
Gouvernaient les esprits et commandaient aux cœurs?
Quand, d'une seule corde ajoutée à la lyre,
Le grand évènement troublait tout un empire?
Ah ! sur l'âme des grands, des peuples et des rois,
Si l'honneur conservait encor ses premiers droits,
Je lui dirais : Hélas ! vois ma triste patrie,
De revers accablée et d'opprobres flétrie ;
D'affreux spoliateurs se faisant avec art
Du malheur une proie, et des lois un poignard ;

Les rois chargés d'outrage, et les dieux de blasphèmes ;
Un monde d'intrigans, un chaos de systèmes ;
Le droit des assassins, le devoir des forfaits.....
Déesse, prends ta lyre et ramène la paix !
   Tandis que les amours, les plaisirs, la tendresse,
Accourent à ta voix, quelle autre enchanteresse
Marche au son de la lyre, et, mesurant ses pas,
Aux lois de la cadence asservit ses appas ?
C'est ta sœur, c'est l'aimable et jeune Terpsichore ;
C'est ma divinité qui la conduit encore :
C'est elle dont la douce et vive émotion
A tous ses mouvemens donne l'expression.
Sans elle, à nos regards vainement elle étale
De ses pas sans dessein l'insipide dédale :
Tel jadis l'acrostiche, admiré par les sots,
Tourmentait le langage et se jouait des mots.
Que la danse toujours, ou gaie ou sérieuse,
Soit de nos sentimens l'image ingénieuse ;
Que tous ses mouvemens du cœur soient les échos,
Ses gestes un langage, et ses pas des tableaux !
Tantôt échevelée, impétueuse, ardente,
Le thyrse dans sa main, s'élance une bacchante ;
Ses longs cheveux aux vents flottent abandonnés ;
Son regard est brûlant, ses pas désordonnés ;
De l'amour et du vin sentant la double ivresse,
Elle tourne en fureur sous le dieu qui la presse ;
L'œil qui la suit la perd dans ses sauts vagabonds.
Tandis qu'elle s'élance et s'échappe par bonds,
Voyez-vous s'avancer cette nymphe timide ?
La décence en secret à tous ses pas préside ;
Ses regards sont baissés ; ses deux bras demi-nus
Semblent nager dans l'air, mollement soutenus ;

A peine de ses pas elle laisse la trace ;
L'innocence est son charme, et la pudeur sa grâce.
Les yeux avec respect semblent suivre ses pas,
Et le faune qui l'aime en palpite tout bas.
    Pourrai-je t'oublier, auguste Architecture,
Qui domptes des rochers la rebelle nature ?
Le marbre sous tes mains se découpe en festons,
Se taille en chapiteaux, se déploie en frontons,
S'arrondit en volute, en frise se façonne,
S'alonge en architrave ou s'élance en colonne ;
Et des proportions la savante beauté
A joint la symétrie à la variété.
Cependant, qui l'eût cru ? pour des formes si belles,
La nature à notre art n'offrait point de modèles ;
L'Imagination seule en fit tous les frais.
Je sais que nos aïeux, au sortir des forêts,
Des arbres imitant les voûtes végétales,
Courbèrent en arceaux leurs vastes cathédrales :
Mais ces formes sans goût, le goût les rejeta ;
Image de leurs troncs, la colonne resta.
Alors des temples grecs et des palais antiques
L'art plus majestueux releva les portiques,
Et le ciseau qui fit les dieux et les héros,
Tailla pour leur séjour les marbres de Paros.
Enfin vient Michel-Ange, et son audace extrême
Prétend surpasser Rome et la Grèce elle-même.
Il n'imitera point ces masses de rochers,
Ces aiguilles, ces tours, ces énormes clochers,
Qui, menaçant les cieux de leur cime tudesque,
Allaient perdre dans l'air leur hauteur gigantesque.
Il commande : à sa voix accourent tous les arts ;
Il veut que son chef-d'œuvre, attachant les regards,

Avec l'immensité joigne encor l'élégance ;
Soit simple , mais hardi , grand sans extravagance.
Il s'élève , et jamais les arts audacieux
D'aspects plus imposans n'étonnèrent les yeux.
L'œil admire en tremblant ces voûtes colossales ,
Des voûtes de l'Olympe orgueilleuses rivales ,
Dont la proportion trompant le spectateur ,
Même en la déguisant , ajoute à la grandeur.
Le ciel semble appuyé sur sa vaste rotonde ,
De sa hauteur sacrée elle commande au monde [10].
Que dis-je ? l'Éternel , en descendant des cieux ,
Habite avec plaisir ce dôme spacieux ;
Sublime effort de l'art , miracle d'un grand homme !
Digne séjour d'un dieu , digne ornement de Rome !
Rome , Athènes , les rois , les Césars sont vaincus ,
Et l'univers admire un prodige de plus.

Et pourrai-je oublier tes talens et ton zèle [11] ,
O toi , de l'amitié le plus parfait modèle ,
Respectable Ledoux ! artiste citoyen ,
Partout le nom français s'enorgueillit du tien.
C'était peu d'élever ces portes magnifiques ,
De la ville des rois majestueux portiques :
A l'honneur des Français que n'eût point ajouté
Le généreux projet de ta vaste cité !
Là , serait le bonheur ; là , de la race humaine
Le monde eût admiré le plus beau phénomène ;
Les modestes réduits , les superbes palais ,
Les fontaines coulant en limpides filets ,
Les comptoirs de Plutus , père de la fortune ,
Les forges de Vulcain , les chantiers de Neptune ,
Les temples de Thémis , les arsenaux de Mars ,
Les dépôts du savoir , les ateliers des arts ,

Le cirque des combats, les pompes de la scène,
Où vient rire Thalie et pleurer Melpomène ;
Tout ce que dans le sein d'une vaste cité
Commande le plaisir ou la nécessité ;
Tout ce qui, des humains fécondant l'industrie,
Pare, enrichit, éclaire et défend la patrie.
Qu'Amphion, aux accords d'un luth miraculeux,
Bâtisse des Thébains les remparts fabuleux ;
Sur de plus grands bienfaits notre hommage se fonde :
Il fit naître une ville, et tu bâtis un monde ;
Puisses-tu l'habiter, et voir en cheveux blancs
Ta jeune colonie honorer tes vieux ans !

La Poésie, enfin, plus féconde en merveilles,
Charme à la fois l'esprit, le cœur et les oreilles.
Tout est de son empire : elle plane à la fois
Sur le chaume du pâtre et les palais des rois.
Tel, du haut de son char, le dieu de la lumière
S'empare, en se montrant, de la nature entière ;
Et, sur tous les objets répandant ses couleurs,
Peint les monts et les champs, et l'insecte et les fleurs.
Art sublime ! art divin, que j'aimai dès l'enfance,
Accepte le tribut de ma reconnaissance !.....
Par toi tout est sacré, par toi l'homme ennobli
Brave la nuit des temps et le fleuve d'oubli.
Tu protèges son nom, son tombeau, sa retraite ;
Le rameau d'or le cède au laurier du poète ;
Le mûrier de Milton, debout jusque aujourd'hui,
Vieux comme son poète, est sacré comme lui.
Du feu des passions tu sauves la jeunesse ;
Tes doux accens encore amusent la vieillesse ;
Dans nos jours orageux, que ne te dois-je pas ?
Retiré, tu le sais, loin des fougueux débats,

Seul je touchais ma lyre ; et, plus heureux qu'Orphée,
Quand ses chants attiraient les monstres du Riphée,
L'ambition, l'orgueil, et la haine et l'effroi,
Tous ces monstres affreux s'enfuyaient loin de moi.

   Qu'en vers pleins de bon sens, et quelquefois de grâce,
Boileau dicte en détail les règles du Parnasse ;
Le sublime idéal seul m'occupe aujourd'hui.
Deux genres avant tout semblent formés pour lui :
L'un fait naître les ris, l'autre couler les larmes.
Qui d'eux veut le plus d'art, lequel a plus de charmes ?
A d'oisifs discoureurs je laisse ce débat.
Je sais que, parcourant les mœurs de chaque état,
Le comique ne peint que la vie ordinaire ;
Le sujet est commun, mais l'art n'est pas vulgaire :
Il a sa vérité, ses modèles à part ;
Il ne prend point des sots, des méchans au hasard ;
Le cœur n'est pas toujours plaisant dans sa bêtise.
Il faut des passions bien choisir la sottise :
Il faut dans le tissu d'un plan ingénieux,
La faire vivre, agir, et mouvoir à nos yeux ;
Il faut nous attacher, nous égayer, nous plaire,
Il faut suivre, en un mot, la nature ou Molière.....

   Molière ! à ce nom seul se rassemblent les ris ;
Les fronts sont déridés, les cœurs épanouis.
Qui dans les plis du cœur surprend mieux la nature ?
Qui sait mieux lui donner cette adroite torture,
Qui rend le ridicule ou le vice indiscret,
Et fait, avec le rire, éclater leur secret ?
Quel naïf, et souvent quel sublime langage !
O Molière ! ô grand homme ! ô véritable sage !
Avec un vain amas de sots admirateurs,
Je ne te loûrai pas, dans mes portraits flatteurs,

D'avoir du cœur humain corrigé le caprice,
Détruit le ridicule et réformé le vice :
Tous deux sont immortels, et ne font que changer ;
Tu peux charmer le monde et non le corriger.
Comme par une vague une vague est poussée,
La sottise du jour est bientôt remplacée.
Sans cesse variant nos volages humeurs,
Le temps conduit la mode, et la mode les mœurs ;
Ainsi pour un travers il s'en reproduit mille.
Mais, puisqu'il nous distrait, ton art nous est utile :
Tous ces fous, tous ces sots, par toi si bien décrits,
Incommodes ailleurs, charment dans tes écrits.
Que dis-je? chacun d'eux, grâce à ton art suprême,
Chez toi, sans le savoir, vient rire de lui-même :
Ainsi l'oiseau léger, crédule et curieux,
Vient se prendre au miroir qui le montre à ses yeux.
    Bien plus puissante encor sur la scène tragique,
L'Imagination, de son sceptre magique,
Maîtrise en souveraine et l'esprit et le cœur.
C'est là que le poète, ou plutôt l'enchanteur,
De mille illusions peuple à son gré la scène,
Me transporte à son choix, à Rome, dans Athène,
Dans le palais des rois, au sérail des sultans,
Rapproche les climats, les peuples et les temps ;
Réalise la fable, et reproduit l'histoire ;
Peint les crimes d'amour, les forfaits de la gloire ;
Verse la peur, l'espoir, la joie et les erreurs,
Et des feux de son âme embrase tous les cœurs.
Tel, au fond d'un volcan, dont les fournaises grondent,
Brûle un vaste foyer, où cent foyers répondent.
C'est dans cet art profond, que, d'un adroit pinceau,
Il faut savoir chercher et saisir le vrai beau.

Voyez l'adorateur de la belle nature,
Racine, des forfaits adoucir la peinture :
Dans cette grande lutte où d'un jeune empereur
Le vice et la vertu se disputent le cœur,
Néron, monstre naissant, s'essaie encore au crime ;
Narcisse, à force d'art, est devenu sublime ;
Mais le cœur déchiré ne les soutiendrait plus,
Si Burrhus n'y versait le baume des vertus.

    Avec plus d'art encore, aux tragiques alarmes,
Les Grecs religieux ont su prêter des charmes.
Là, la fatalité sur ses sanglans autels,
Tyran même des dieux, enchaînait les mortels,
Et souillait un cœur pur d'un crime involontaire.
Tels Sophocle, Euripide, ont peint Phèdre adultère,
OEdipe malgré lui cruel, incestueux,
Oreste parricide, et pourtant vertueux.
Par ces forfaits du sort la scène ensanglantée,
Émeut profondément mon âme épouvantée :
J'admire, en frémissant, le pouvoir souverain,
Qui fait fléchir les cœurs sous son sceptre d'airain ;
Et dans le même instant, dans la même victime,
Je pleure la vertu, le malheur et le crime.

    Dignes du même hommage et des mêmes autels,
Deux modernes rivaux, deux chantres immortels,
L'orgueil de notre scène, et Voltaire et Racine,
Ont tenté d'égaler cette hauteur divine.
Joas peut me toucher : cependant je n'y voi
Qu'un enfant malheureux, menacé d'être roi ;
Mais qu'un pontife saint, plein du Dieu qui l'inspire,
Attache à cet enfant les destins de l'empire,
De l'antique Sion déplore la grandeur,
De la Sion nouvelle annonce la splendeur,

Ce n'est plus une fable, une action humaine :
C'est un Dieu qui me parle, un Dieu remplit la scène ;
Et cet enfant divin s'agrandit à mes yeux,
A la voix du pontife, interprète des cieux.
Voyez-vous Ninias, que le destin sévère
Appelle pour venger le meurtre de son père ?
La tombe s'ouvre ! il entre, et le sang a coulé ;
Le voyez-vous sortir, farouche, échevelé ?
Il demande quel sang rougit sa main fumante,
Et sa mère à ses pieds s'en vient tomber mourante !
Ce temple, ce tombeau, ces mânes gémissans,
Tout d'un sublime horrible épouvante mes sens.

L'homme seul, sans prodige, attache dans Corneille ;
Son génie est divin, c'est sa seule merveille.
Ainsi que ses héros, ses vers sont plus qu'humains.
Il peint presque des dieux, en peignant des Romains ;
Mais à leur renommée il manquait ce grand homme,
Le ciel devait Corneille aux grands destins de Rome.

Quels que soient les excès de leurs divisions,
Le talent réunit toutes les nations ;
En vain Londre et Paris, orgueilleuses rivales,
Prolongent sur les mers leurs discordes fatales :
Je ne t'oublirai point, toi, dont le noir pinceau [12]
Traça des grands malheurs le terrible tableau,
Qui de sombres couleurs rembrunissant la scène,
D'une robe sanglante habillas Melpomène.
Poète des enfers, de la terre et des cieux,
Dès que la nuit reprend son cours silencieux,
A la pâle lueur des lampes sépulcrales,
Aux gémissemens sourds des ombres infernales,
A travers des débris, des urnes, des tombeaux,
De la pourpre des rois promenant les lambeaux,

De spectres, d'assassins, ta muse s'environne :
Ton sceptre est un poignard, un cyprès ta couronne ;
La nature pour toi n'est qu'un vaste cercueil,
Que parcourent l'effroi, la douleur et le deuil.
Non, dans ses plus beaux jours, jamais la scène antique
N'imprima plus avant la tristesse tragique :
Soit que le grand César, entouré d'ennemis,
Parmi ses meurtriers reconnaisse son fils ;
Soit qu'Hamlet éperdu, dans sa coupable mère
Retrouve avec horreur le bourreau de son père ;
Soit qu'un Maure jaloux, d'un bras désespéré,
Immole, en le pleurant, un objet adoré ;
Soit que d'un conjuré la femme criminelle
Dans le sang de son roi trempe sa main cruelle,
Et, du bras qui trancha ses vénérables jours,
Efface en vain ce sang qui reparaît toujours ;
Soit que, de ses états chassé par sa famille,
Le vieux Léar s'exile, appuyé sur sa fille,
Et mêle dans la nuit ses lugubres accens
Au fracas de la foudre, au murmure des vents.

   L'Anglais, de son Eschyle amateur idolâtre,
Se presse, en sanglotant, autour de son théâtre ;
De Sophocle lui-même égalant la terreur,
Il tend plus fortement tous les ressorts du cœur ;
A la mort étonnée arrache ses victimes ;
Aux tombeaux leurs secrets, et leurs voiles aux crimes ;
Fait rugir la fureur, fait pleurer les remords,
Et marche dans le sang sur la cendre des morts.
Les spectateurs troublés frissonnent ou gémissent ;
L'épouvante l'écoute, et les pleurs l'applaudissent,
Et les héros qu'il chante en sont encor plus fiers.

   Après ces grands travaux de l'art brillant des vers,

Des genres plus bornés savent encor nous plaire.
Du Parnasse français législateur sévère,
Boileau les peignit tous ; épigramme, sonnet,
Madrigal, vaudeville, et jusqu'au triolet.
Sa muse cependant, je l'avoue avec peine,
Oublia l'apologue, oublia La Fontaine !
La mienne, en le blâmant, contrainte à l'admirer,
Peut venger son oubli, mais non le réparer.
L'Imagination, dans cet auteur qu'elle aime,
Du modeste apologue a fait un vrai poème :
Il a son action, son nœud, son dénoûment.
Chez lui, l'utilité s'unit à l'agrément ;
Le vrai nous blesse moins en passant par sa bouche :
Il ménage l'orgueil qu'un reproche effarouche ;
Sous l'attrait du plaisir il cache la leçon,
Et par d'heureux détours nous mène à la raison.
Cet art ingénieux, que la crainte a fait naître,
Qu'inventa le sujet pour conseiller son maître,
Par Ésope l'esclave, et Phèdre l'affranchi,
A Rome et chez les Grecs fut sans faste enrichi.
Il reçut le bon sens, l'élégante justesse ;
Mais né dans l'esclavage, il en eut la tristesse.
La Fontaine y jeta sa naïve gaieté.
Quel instinct enchanteur ! quelle simplicité !
Il ignore son art, et c'est son art suprême ;
Il séduit d'autant plus, qu'il est séduit lui-même.
Le chien, le bœuf, le cerf, sont vraiment ses amis ;
A leur grave conseil par lui je suis admis.
Louis qui n'écoutait, du sein de la victoire,
Que des chants de triomphe et des hymnes de gloire,
Dont, peut-être, l'orgueil goûtait peu la leçon
Que reçoit dans ses vers l'orgueil du roi lion,

Dédaigna La Fontaine , et crut son art frivole.
Chantre aimable ! ta muse aisément s'en console.
Louis ne te fit point un luxe de sa cour ;
Mais le sage t'accueille en son humble séjour ;
Mais il te fait son maître, en tous lieux , à tout âge :
Son compagnon des champs , de ville , de voyage ;
Mais le cœur te choisit , mais tu reçus de nous ,
Au lieu du nom de grand , un nom cent fois plus doux ;
Et , qui voit ton portrait, le quittant avec peine,
Se dit avec plaisir, « C'est le bon La Fontaine. »
Et dans sa bonhomie et sa simplicité ,
Que de grâce ! et souvent, combien de majesté !
S'il peint les animaux , leurs mœurs , leur république,
Pline est moins éloquent , Buffon moins magnifique ;
L'épopée elle-même a des accens moins fiers.
    De la divinité que célèbrent mes vers,
La sublime épopée est le plus beau domaine.
C'est là qu'elle commande et qu'elle habite en reine.
Salut ! toi, le plus cher de tous ses favoris [13],
Vieil Homère, salut! De tes divins écrits
Tous les talens divers empruntent leur puissance.
C'est toi que l'on peignait ainsi qu'un fleuve immense ,
Où , la coupe à la main , venaient puiser les arts.
Virgile sur toi seul attachait ses regards :
Bouchardon des héros t'empruntait les modèles ;
Ta muse à Bossuet prêta souvent ses ailes [14] ;
Phidias sur le tien tailla son Jupiter,
Tel que tu peins ce dieu sur le trône de l'air,
Bien loin des autres dieux qui devant lui s'abaissent,
Ainsi tous tes rivaux devant toi disparaissent :
Ou, tel que tu peignais ce souverain des cieux ,
De sa puissante main enlevant tous les dieux ;

Les maîtres du pinceau, les rois de l'harmonie,
Tu les suspendis tous à ton puissant génie.
Partout cher à la Grèce, et partout citoyen,
Sept langages divers enrichissent le tien.
Que n'as-tu point tracé dans ta vaste peinture?
Les champs et les cités, les arts et la nature,
Ton ouvrage peint tout ; tel brille dans tes vers
Le bouclier céleste où se meut l'univers.
Que tu m'offres du cœur des peintures savantes !
Les mains du sang d'Hector encor toutes fumantes,
Achille au nom de père adoucit sa fierté ;
Par la voix des vieillards tu louas la beauté.
Qui peint mieux les héros que ta muse guerrière ?
Alexandre pleura de n'avoir point d'Homère.
Ton berceau fut caché ! qu'importe aux nations :
Le Nil nous tait sa source et nous verse ses dons ;
Le monde est ta patrie : enseigne tous les âges,
Plais à tous les esprits, vis dans tous les langages ;
Tes vers, que la nature a marqués de son sceau,
Comme elle en vieillissant ont un charme nouveau.
L'antiquité crédule a perdu ses miracles ;
Tous ces dieux que tu fis, leur culte, leurs oracles ;
Tout est anéanti ; tes autels sont debout ;
Tu n'eus point de tombeau, mais ton temple est partout.
Accepte donc mon hymne, ô dieu de l'harmonie !
    Mais quel mortel guidé par un plus doux génie,
Avec un air si simple et de si nobles traits,
S'avance d'un front calme ? Ah ! je le reconnais,
C'est Virgile accordant sa lyre harmonieuse ;
La flûte qui soupire est moins mélodieuse.
Le génie, il est vrai, moins prodigue pour lui,
Le laisse quelquefois sur les traces d'autrui ;

Pour former son nectar il imite l'abeille,
Peuple heureux, dont sa muse a chanté la merveille,
Qui compose son miel de mille sucs divers ;
Et quel miel, ô Virgile ! est plus doux que tes vers ?
Si d'un accent moins fier ta voix chanta les armes,
Ah ! combien ta Didon m'a fait verser de larmes !
Son charme le plus doux, son art le plus flatteur,
L'Imagination le puisa dans ton cœur.
Homère, déployant sa force poétique,
Dans sa mâle beauté m'offre l'Hercule antique ;
Ta muse me rappelle, en ses traits moins hardis,
De la belle Vénus les charmes arrondis.
Ta vigueur sans effort, c'est la grâce elle-même ;
Avant de t'admirer, le lecteur sent qu'il t'aime.
Des trésors du génie économe prudent,
Brillant mais naturel, et pur quoique abondant,
Chez toi toujours le goût employa la richesse :
Le goût fut ton génie, et ma fière déesse,
Dont les coursiers fougueux erraient encor sans frein,
A mis, pour les guider, les rênes dans ta main :
Règle, sans l'arrêter, sa marche impétueuse.
    Cette divinité vive et tumultueuse
Se plaît aux temps de trouble ; ils animent ses jeux ;
Et, comme un feu brûlant part d'un ciel orageux,
C'est du choc des partis qu'elle sort plus ardente :
Ainsi naquit Milton, ainsi parut le Dante ;
Le Dante, qui mêla dans sa vie et ses vers,
Les beautés, les défauts, les succès, les revers ;
Qui monte, qui descend, inégal, mais sublime,
Du noir abîme aux cieux, des cieux au noir abîme.
D'une affreuse beauté son style étincelant
Est, comme son enfer, profond, sombre et brûlant :

Soit qu'aux portes du gouffre où règne la vengeance,
Il écrive ces mots : ICI, PLUS D'ESPÉRANCE ;
Soit que du noir cachot où rugit Ugolin,
Au milieu de ses fils qui demandent du pain,
Et dont un feu cruel dévore les entrailles,
Il ferme sans retour les fatales murailles
Où l'affreux désespoir se renferme avec eux ;
Ah ! de quels traits il peint ce père malheureux,
Ses soupirs étouffés, son horrible constance,
Cette douleur sans larme et ce morne silence ;
Tandis que l'un sur l'autre il voit tomber ses fils !
O murs ! écroulez-vous à ces affreux récits !
Non, Oreste fuyant les déesses sévères,
Ces scènes qui hâtaient l'enfantement des mères,
N'effrayaient point autant l'oreille ni les yeux.
    Comme lui parcourant et l'enfer et les cieux,
Milton a pris son vol : zéphyrs, faites silence !
Il va chanter Éden, va chanter l'innocence,
Et le jeune univers commençant ses beaux jours,
Et le premier hymen, et les premiers amours.
Loin d'ici le poète et le peintre profane,
Loin la lyre d'Homère et les pinceaux d'Albane !
Cet amour innocent, pur et délicieux,
Veut des pinceaux trempés dans les couleurs des cieux :
Milton prend sa palette ; et la fleur près d'éclore,
L'eau pure, qu'un berger n'a point troublée encore,
Les doux rayons du jour sont moins purs, sont moins doux,
Que les chastes couleurs dont il peint ces époux.
Est-ce donc là celui qui, du séjour du crime,
Creusait au fier Satan l'épouvantable abîme ;
Qui s'ensevelissait dans des gouffres de feu,
Sous la masse du monde et sous le poids d'un Dieu ?

C'est lui : ce Dieu qu'il chante échauffe son délire ;
Sa main des séraphins semble toucher la lyre ;
Il semble qu'introduit dans les chœurs éternels,
Il répète aux humains les chants des immortels.
Allumez donc vos feux au feu de son génie.

    De tableaux sérieux quelquefois rembrunie,
L'Imagination, pour égayer sa cour,
Permet aux Ris légers d'y paraître à leur tour.
Un jour que de l'ennui les vapeurs léthargiques
S'exhalaient d'un amas d'écrits soporifiques,
D'insipides sonnets, d'odes sans majesté,
De poèmes sans art, de chansons sans gaieté,
Pour chasser les vapeurs de la mélancolie,
Ma déesse appela le Goût et la Folie,
Et leur dit d'enfanter un prodige nouveau.
L'Arioste naquit : autour de son berceau
Tous ces légers esprits, sujets brillans des fées,
Sur un char de saphirs, des plumes pour trophées,
Leurs cercles, leurs anneaux et leur baguette en main,
Au son de la guitare, au bruit du tambourin,
Accoururent en foule ; et, fêtant sa naissance,
De combats et d'amour bercèrent son enfance :
Un prisme pour hochet, sous mille aspects divers,
Et sous mille couleurs lui montra l'univers.
Raison, gaieté, folie, en lui tout est extrême ;
Il se rit de son art, du lecteur, de lui-même ;
Fait naître un sentiment qu'il étouffe soudain ;
D'un récit commencé rompt le fil dans sa main,
Le renoue aussitôt ; part, s'élève, s'abaisse :
Ainsi, d'un vol agile essayant la souplesse,
Cent fois l'oiseau volage interrompt son essor ;
S'élève, redescend, et se relève encor,

S'abat sur une fleur, se pose sur un chêne.
L'heureux lecteur se livre au charme qui l'entraîne :
Ce n'est plus qu'un enfant qui se plaît aux récits
De géans, de combats, de fantômes, d'esprits ;
Qui, dans le même instant, désire, espère, tremble,
S'irrite ou s'attendrit, pleure et rit tout ensemble :
Trop heureux, si sa muse ornait la vérité !
    Non qu'ici je prétende avec sévérité
Proscrire la fèrie, aimable enchanteresse,
Héritière aujourd'hui des fables de la Grèce ;
Mais, fille de l'aimable et sage fiction,
Que sa mère l'instruise à suivre la raison ;
L'art en a plus de force, et n'a pas moins de grâce.
Voyez cet arbre aux cieux monter avec audace :
Son feuillage est peuplé d'harmonieux oiseaux,
Ses fleurs parfument l'air ; ses ondoyans rameaux
Amusent les zéphyrs ; mais sa base profonde
Attache sa racine aux fondemens du monde.
Telle est la Poésie ; ainsi cet art flatteur
Fonde sur la raison son prestige enchanteur.
Voyez, dans ses récits, le fabuleux Ovide,
Qui d'erreurs en erreurs conduit l'esprit avide,
De prodiges sans nombre embellir l'univers !
La raison en secret présidait à ses vers :
C'étaient des fictions, mais non pas des chimères ;
Chaque être, en dépouillant ses traits imaginaires,
Reste dans la nature et dans la vérité.
Les bois offrent encore à l'œil désenchanté
L'arbre de Philémon, celui de sa compagne :
Narcisse est une fleur, Atlas une montagne ;
Hyacinthe expirant ne meurt pas tout entier ;
Que Daphné disparaisse, il nous reste un laurier ;

Du palais du Soleil les brillantes demeures,
Ses coursiers enflammés, attelés par les Heures,
En s'évanouissant laisseront sous nos yeux
Et l'ordre des saisons, et la marche des cieux.
Dans Ixion enfin, dans la vapeur qu'il aime.
L'Imagination se peignit elle-même :
Ainsi la vérité sort de la fiction ;
Ainsi la vigilante et sévère raison
Ne se laisse bercer que par d'heureux mensonges,
Et veut à son réveil aimer encor ses songes.
L'Arioste lui seul l'oublie impunément.
Quelques sages, fâchés de leur amusement,
S'efforcent de blâmer sa fiction frivole,
Sa morale un peu libre et sa muse un peu folle ;
Mais qui peut gravement censurer ses écrits ?
La plainte commencée expire dans les ris.

    Avec plus de grandeur, avec non moins de charmes,
Le Tasse sur l'autel va consacrer les armes
Qui du tombeau d'un Dieu doivent venger l'affront.
Des palmes dans les mains, le casque sur le front,
Sous les drapeaux du ciel et l'œil sacré des anges,
Du Christ aux fiers combats il conduit les phalanges ;
Et la religion, et la gloire et l'amour,
De lauriers et de fleurs le parent tour à tour.
Que ces pinceaux sont vrais ! qu'il trace avec génie
Et la fière Clorinde, et la tendre Herminie !
Ami de la féerie, en ses vers séducteurs
Lui-même est le premier de tous les enchanteurs ;
Et, noble, intéressante, et brillante, et rapide,
Sa muse a, pour charmer, la baguette d'Armide.

    O Voltaire ! combien ton sort fut moins heureux !
Ton sujet, un peu triste, est trop près de nos yeux,

Trop voisin de nos temps. L'histoire rigoureuse
Sans doute effaroucha la fable ingénieuse,
Qui de loin nous montrant la riche fiction,
Se plaît dans les vieux temps et vit d'illusion :
Aussi tu préféras, dans ton style sévère,
La plume de Tacite à la lyre d'Homère.
Mais quel Français peut voir, sans en être attendri,
Les douleurs de d'Estrée et l'âme de Henri ?
Je ne citerai pas ta trop fameuse Jeanne ;
Si l'esprit lui sourit, la vertu la condamne ;
Et la chaste Pudeur, alarmée en secret,
Du coin de l'œil à peine en effleure un feuillet.
Mais combien de lauriers réunis sur ta tête !
Conteur, historien, philosophe, poète,
Comment, fier, gracieux, fort et doux à la fois,
De tant de sentimens peux-tu porter le poids?
Si l'on peut au géant comparer le grand homme,
Je crois voir cet Atlas que la fable renomme,
Qui, seul, réunissant les diverses saisons,
Embelli de vergers, hérissé de glaçons,
Entendait tour à tour les zéphyrs, les orages,
La chute des torrens, les combats des nuages,
Les hymnes des mortels, les doux concerts des dieux,
S'appuyait sur la terre et supportait les cieux.
    L'Éloquence elle-même, ou sublime, ou touchante,
Que ne doit-elle pas à ce don que je chante !
L'Imagination redouble son pouvoir :
C'est trop peu d'éclairer, elle sait émouvoir ;
Sans elle la raison glisserait sur notre âme.
Avant qu'un Gènevois gravât en traits de flamme
Ce que Locke autrefois avait dit avant lui,
La clarté sans chaleur vainement avait lui.

Heureux si quelquefois sa voix enchanteresse
N'eût dans de faux sentiers égaré la jeunesse !
Par lui du faux honneur tomba le préjugé ;
Des liens du maillot l'enfant fut dégagé ;
La baleine cessa d'emprisonner les belles ;
On vit au cri du sang les mères moins rebelles ;
Et, la nature enfin reprenant tous ses droits,
Leur fils leur dut la vie une seconde fois.

Mais ces beaux-arts si doux, si brillans, si sublimes,
Ont-ils seuls notre amour ? Non, le Pinde a deux cimes :
Sur l'une, les neuf sœurs animent le ciseau,
La lyre harmonieuse et le savant pinceau,
Inspirent le poète et conduisent la danse ;
Les trois Grâces en chœur y sautent en cadence.
Sur l'autre, est dans leurs mains le tube observateur,
Le prisme des rayons heureux distributeur,
Le cercle, le cadran, le compas et l'équerre,
Qui divisent le ciel et mesurent la terre.
Croyez-vous qu'à ces arts, moins gais, plus sérieux,
L'Imagination ne prête point ses yeux ?
Non : elle a fait Newton comme elle a fait Voltaire.
Pénétrez de Newton le secret sanctuaire :
Loin d'un monde frivole et de son vain fracas,
Et de ces vils pensers qui rampent ici-bas,
Dans cette vaste mer de feux étincelante,
Devant qui notre esprit recule d'épouvante,
Newton plonge ; il poursuit, il atteint ces grands corps
Qui jusqu'à lui sans loi, sans règles, sans accords,
Roulaient désordonnés sous ces voûtes profondes :
De ces brillans chaos Newton a fait des mondes.
Atlas de tous ces cieux qui reposent sur lui,
Il les fait l'un de l'autre et la règle et l'appui ;

Il calcule leur cours, leur grandeur, leurs distances.
C'est en vain qu'égarée en ces déserts immenses
La comète espérait échapper à ses yeux ;
Fixes ou vagabonds, il saisit tous ses feux,
Qui, suivant de leur cours l'incroyable vitesse,
Sans cesse s'attirant, se repoussent sans cesse ;
Et par deux mouvemens, mais par la même loi,
Roulent tous l'un sur l'autre, et chacun d'eux sur soi.
O pouvoir d'un grand homme et d'une âme divine !
Ce que Dieu seul a fait, Newton seul l'imagine ;
Et chaque astre répète en proclamant leur nom :
« Gloire au Dieu qui créa les mondes et Newton ! »
     Quelle science enfin, à cette enchanteresse,
Ne doit point son éclat, sa force et sa richesse ?
Ce géomètre même, armé de son compas,
Qui semble mesurer et compter tous ses pas,
Que ma divinité lui prête son audace,
De la vieille routine il va quitter la trace ;
Et tandis qu'à pas lents quelque chiffreur obscur
Suit le chemin tracé, lui, d'un vol prompt et sûr,
Laissant loin le troupeau des têtes calculantes
Par ses signes fictifs, ses formules savantes,
Des hauteurs, où la foule à peine arrive encor,
Vers des mondes nouveaux a déjà pris l'essor ;
Des termes inconnus perce les routes sombres ;
Parcourt tous les degrés de l'échelle des nombres ;
Des vitesses, des chocs, de l'espace et du temps,
Révèle la mesure ; et, comme ces Titans,
Sur leurs monts entassés menaçant les cieux même,
Met calcul sur calcul, problème sur problème :
Tels à pas de géans, au sein des infinis,
S'avançaient les Newton, les Euler, les Leibnitz ;

Tel Lagrange sous lui voit ramper le vulgaire ;
Ainsi, semblable aux dieux que fait marcher Homère,
Dans son sublime essor, des règles affranchi,
Il part, forme trois pas, et le monde est franchi.

De la philosophie et des hautes sciences,
Descendrai-je à ces arts que tant d'expériences
Ont polis lentement, et qui, par tant de soins,
Nourrissent notre luxe ou servent nos besoins?
D'abord, avec ses mains l'homme creusait la terre,
Aux monstres des forêts ses mains livraient la guerre [15] ;
Au lieu des vins pourprés, de la jaune moisson,
Les glands étaient ses mets, un torrent sa boisson ;
Le carnage ses jeux, sa couche le feuillage,
Les forêts son séjour, son abri leur ombrage ;
Mais l'esprit inventeur enfin fut excité
Par l'aiguillon pressant de la nécessité ;
Les arts prirent naissance, et l'heureuse industrie
Vint cultiver la terre et défricher la vie.
Le blé sort du sillon ; et, de son jus brillant,
La vigne fait jaillir le nectar petillant.
Au sortir de la chasse ou des travaux rustiques,
Sa maison le rappelle à ses dieux domestiques ;
Sa maison, doux séjour de la paternité,
Est le premier berceau de la société.
Mais avant de semer, de planter, de construire,
Combien de jours perdus ! En vain dans son empire
Le ciel avait pour lui jeté de toutes parts,
Avec profusion, la matière des arts :
En vain, dans son esprit, la nature, en silence,
Avait de leurs secrets déposé la semence ;
Leurs germes inféconds reposaient dans son sein ;
Nul instrument n'aidait son ignorante main,

Et ses bras désarmés languissaient sans adresse.
Mais enfin le fer vint seconder leur faiblesse ;
Il abat les forêts ; il dompte les torrens ;
De l'outre mugissante il déchaîne les vents ;
Par leur souffle irrité l'ardent fourneau s'allume ;
J'entends le lourd marteau retentir sur l'enclume ;
L'urne aux flancs arrondis se durcit dans le feu ;
Il fait crier la lime , il fait siffler l'essieu ;
Ou sur le frêle esquif hasarde un pied timide.
Tournez , fuseaux légers ; cours, navette rapide,
Et venant, revenant, par le même chemin,
Dans le lin , en glissant, entrelace le lin.
Les jours sont loin encore, où la riche peinture ,
Sur des tissus plus beaux tracera la nature :
Où figurant le ciel, l'homme et les animaux ,
Le peintre, sans les voir, formera ses tableaux.
Ils viendront, ces beaux jours ! Cependant l'industrie
Allège à chaque instant le fardeau de la vie :
L'équilibre puissant nous révèle ses lois ,
Et par des poids rivaux on balance les poids.
A l'aide d'un levier l'homme ébranle la pierre ;
Par la grue enlevée elle a quitté la terre.
L'art s'avance à grands pas ; mais c'est peu que ses soins
Satisfassent au cri de nos premiers besoins ;
Bientôt accourt le luxe et sa pompe élégante ;
Du lion terrassé la dépouille sanglante ,
Dès long-temps a fait place aux toisons des brebis ;
Un jour un noble ver filera ses habits.
La beauté se mirait au cristal d'un eau pure ;
La glace avec orgueil réfléchit sa figure.
L'ombre , le sable et l'eau lui mesuraient les jours ,
Un balancier mobile en divise le cours ;

Des rouages savans ont animé l'horloge ;
Et la montre répond au doigt qui l'interroge.
Quel Dieu sut mettre une âme en ces fragiles corps ?
Comment, sur le cadran qui cache leurs ressorts,
Autour des douze sœurs, qui forment sa famille,
Le temps, d'un pas égal, fait-il marcher l'aiguille ?
Art sublime ! par lui la durée a ses lois ;
Les heures ont un corps, et le temps une voix.
A tous ces grands secrets un seul manquait encore ;
Ma divinité parle, et cet art vient d'éclore.
Avant lui, d'un seul lieu, d'un seul âge entendus,
Pour le monde et les temps les arts étaient perdus ;
Cet art conservateur en prévient la ruine.
Quand le bienfait est pur, qu'importe l'origine ?
Des vils débris du lin que le temps a détruit,
Empâtés avec art, et foulés à grand bruit,
Vont sortir ces feuillets où le métal imprime
Ce que l'esprit humain conçut de plus sublime.
Un amas de lambeaux et de sales chiffons
Éternise l'esprit des Plines, des Buffons ;
Par eux le goût circule, et, plus prompte qu'Éole,
L'instruction voyage et le sentiment vole.
Trop heureux, si l'abus n'en corrompt pas le fruit !
    Mais veux-tu voir en grand ce que l'art a produit ?
Regarde ce vaisseau, destiné pour Neptune,
Favori de la gloire, ou cher à la fortune,
Qui doit braver un jour, navigateur hardi,
Ou les glaces du nord, ou les feux du midi.
Quelle majestueuse et fière architecture !
Le calcul prévoyant dessina sa structure :
Dans sa coupe légère, avec solidité,
Il réunit la force à la rapidité.

Emporté par la voile, et dédaignant la rame,
Le chêne en est le corps, et le vent en est l'âme.
L'aimant, fidèle au pôle, et le timon prudent,
Dirigent ses sillons sur l'abîme grondant.
L'équilibre des poids le balance sur l'onde ;
Son vaste sein reçoit tous les trésors du monde ;
La foudre arme ses flancs ; géant audacieux,
Sa carène est dans l'onde, et ses mâts dans les cieux.
Long-temps de son berceau l'enceinte l'emprisonne ;
Signal de son départ, tout-à-coup l'airain tonne :
Soudain, lassé du port, de l'ancre et du repos,
Aux éclats du tonnerre, aux cris des matelots,
Au bruit des longs adieux mourans sur les rivages,
Superbe, avec ses mâts, ses voiles, ses cordages,
Il part, et devant lui chassant les flots amers,
S'empare fièrement de l'empire des mers.

FIN DU CHANT V.

CHANT VI[1].

Voyez cet élément, âme de l'univers,
Source de mille maux, de mille biens divers;
Il ramène le jour au sein de l'ombre obscure;
De nos foyers brûlans écarte la froidure,
Forme le diamant, mûrit les végétaux,
Dans la forge embrasée amollit les métaux:
Célèbre avec éclat l'hymen et les conquêtes,
Et, comme de nos arts, est l'âme de nos fêtes.
Mais ce même élément, utile bienfaiteur,
Se change quelquefois en fléau destructeur;
S'échappe des volcans, éclate avec la foudre,
Met les palais en cendre et les temples en poudre:
Imagination, ce sont là tes effets.
Source de mille maux et de mille bienfaits,
Suivant qu'on abandonne ou règle ton empire,
Tu peux nuire ou servir, ou créer ou détruire.
C'est donc à la sagesse à diriger ton cours;
Et comme Raphaël nous a peint les amours,
Caressant tour à tour ou battant leur chimère,
Ce que font ces enfans, la raison doit le faire.

Mais je veux, avant tout, de chaque illusion,
Dans les âges divers, suivre l'impression.

Sans soins du lendemain, sans regret de la veille,
L'enfant joue et s'endort, pour jouer se réveille;

Trop faible encor, son cœur ne saurait soutenir
Le passé, le présent, et l'immense avenir.
A peine au présent seul son âme peut suffire ;
Le présent seul est tout : un coin est son empire,
Un hochet son trésor, un point l'immensité,
Le soir son avenir, un jour l'éternité.
Mais l'homme tout entier est caché dans l'enfance ;
Ainsi le faible gland renferme un chêne immense.

    Par l'ardeur de ses sens le jeune homme emporté,
Dévore le présent avec avidité,
Mais il ne peut fixer sa fougue vagabonde :
Plein des brûlans transports dont son cœur surabonde,
Il déborde, pareil à l'élément fumeux,
Qui croît, monte, et répand ses bouillons écumeux ;
Devance l'avenir, entend de loin la gloire,
Appelle à lui les arts, les plaisirs, la victoire,
Rêve de longs succès, rêve de longs amours,
Et d'une trame d'or file en riant ses jours.
Age aimable ! âge heureux ! ton plus bel apanage
Ce n'est donc point l'amour, la beauté, le courage,
Et la gloire si belle, et les plaisirs si doux :
Non, tu sais espérer ; ce trésor les vaut tous.

    L'âge mûr, à son tour, solstice de la vie,
S'arrête, et sur lui-même un instant se replie ;
Et tantôt en arrière, et tantôt devant soi,
Se tourne sans regret, ou marche sans effroi.
Ce n'est plus l'homme en fleurs, nous faisant des promesses ;
C'est l'homme en plein rapport, déployant ses richesses ;
Ses esprits ont calmé leurs bouillons trop ardens ;
Sa prudence est active, et ses transports prudens ;
Ses conseils sont nos biens, sa sagesse est la nôtre ;
La moitié de sa vie est la leçon de l'autre ;

. Et sur le temps passé mesurant l'avenir,
Prévoir, pour sa raison, n'est que se souvenir.

Hélas! telle n'est point la vieillesse cruelle;
Elle n'attend plus rien, on n'attend plus rien d'elle.
Si la raison encor lui permet de prévoir,
C'est des yeux de la crainte, et non plus de l'espoir.
Voyez ce chêne antique! en son âge encor tendre,
Dans les champs paternels il aimait à s'étendre;
Chaque jour, plus robuste et plus audacieux,
Il plongeait dans la terre, il s'élançait aux cieux;
Mais quand l'âge a durci sa racine débile,
Dans la terre marâtre il languit immobile;
Et voilà la vieillesse! adieu les grands desseins,
Adieu l'amour, les vœux, l'hommage des humains!
Pour le soleil couchant il n'est point d'idolâtre:
Déplacé sur la scène, il descend du théâtre;
Alors, n'attendant rien ni du temps ni d'autrui,
Il revient au présent, se ramène sur lui.
Que dis-je? le présent est un tourment lui-même.
Il se rejette donc vers le passé qu'il aime;
Il cherche à consoler, par un doux souvenir,
Et la douleur présente, et les maux à venir;
Et même, lorsqu'il touche à l'extrême vieillesse,
Quelque ombre de bonheur charme encor sa faiblesse.
Du festin de la vie, où l'admirent les dieux [2],
Ayant goûté long-temps les mets délicieux,
Convive satisfait, sans regret, sans envie,
S'il ne vit pas, du moins il assiste à la vie.
Ce qu'il fit autrefois, il le voit aujourd'hui,
Et le présent lui-même est le passé pour lui.

Ne vîtes-vous jamais, au bord de la Tamise,
Cette noble retraite aux vieux guerriers promise?

8.   12

La jeunesse, à ses yeux, part, navigue et revient ;
Que fait le vieux nocher ? il voit, il se souvient,
Se rappelle les mers, les nations lointaines,
Ses dangers, ses combats, ses plaisirs et ses peines.
Il recommande aux vents les jeunes matelots ;
Se rembarque en idée, et les suit sur les flots.
Ainsi l'homme repose, assis sur le rivage,
Et de la vie encore embrasse au moins l'image.
Tant le ciel entretient la douce illusion !

Tout âge a ses faveurs ; mais c'est à la Raison
A diriger son cours. Elle dit à l'enfance :
« Je ne viens point troubler ta douce insouciance ;
Vis, jouis, sois heureux, quand tu le peux encor,
Mais laisse mes conseils diriger ton essor ;
La vie, en commençant, t'a fait d'heureux mensonges ;
Je ne veux point t'ôter, mais te choisir tes songes. »
Au jeune homme, emporté par ses désirs fougueux,
Elle dit : « Sois plus sage, et modère tes vœux.
Veux-tu, dans ta fureur, d'un vain regret suivie,
De ses plaisirs futurs déshériter la vie ?
User fait le bonheur, abuser le détruit. »
Lorsque dans ses forêts il veut cueillir un fruit,
Du sauvage, dit-on, l'avide imprévoyance
Quelquefois coupe l'arbre, avec lui l'espérance.
« Voilà le despotisme, » a dit un grand auteur.
Je dis : « Voilà le vice ; il use le bonheur,
Il tarit l'avenir. » La vie est un passage ;
Ménageons prudemment les vivres du voyage.
Le fou vers les plaisirs s'élance avec ardeur :
Le sage en prend le miel, mais sans blesser la fleur.
Cueille encor, si tu veux, cette fleur fraîche éclose ;
Mais laisse le bouton à côté de la rose.

L'âge viril, plus calme, a pourtant son écueil.
Alors le doux plaisir fait place au noble orgueil;
Il vient, montrant des croix, des cordons et des mitres.
« Reçois, dit la Raison, mais ennoblis ces titres;
Souvent au plus haut rang est le cœur le plus bas;
Tout honneur avilit qui ne l'honore pas. »
Mais quand l'homme vieillit : « Hâte-toi! lui dit-elle.
Qui sait si tu verras la vendange nouvelle?
Le doux présent échappe; avant qu'il soit détruit,
Goûte bien son bonheur, savoure bien son fruit. »
Lorsqu'aux hôtes des bois le chasseur fait la guerre,
De moment en moment l'enceinte se resserre :
Ainsi l'âge nous presse; et, chassant les désirs,
Resserre chaque jour le cercle des plaisirs.
Ne sens-je point déjà la vieillesse ennemie
Déchirer mes liens et dénouer ma vie?
Raffermi sous ces nœuds, au défaut des plaisirs,
N'a-t-on pas l'amitié pour charmer ses loisirs?
N'a-t-on pas des enfans? Dirigeons leur jeune âge,
Laissons-leur nos vertus, nos projets en partage;
Les travaux que pour eux commença notre amour,
Nos enfans, dirons-nous, les finiront un jour.
Ainsi, prêt à mourir, l'homme apprend à renaître,
Et dans l'être qu'il aime il prolonge son être.
Tant le monde est lié! tant Dieu voulut unir
Au père les enfans, au présent l'avenir!
    De la saine raison tel est le doux langage.
Suivons ses lois : la vie est un terrain sauvage;
Le germe du bonheur n'y croît point au hasard :
Enfant de la nature, il demande un peu d'art.
    La liberté d'abord nourrit sa jeune plante [3] :
Non cette liberté farouche, menaçante,

Qui, d'un peuple superbe, ardent, impétueux,
Soulève tout-à-coup les flots tumultueux,
Se plaît dans la tempête, et s'ennuie au rivage ;
Mais cette liberté douce, discrète et sage,
Qui, cheminant sans bruit, d'un pas tranquille et sûr,
Va jouir à l'écart de son bonheur obscur,
Les potentats du Nord, du Midi, de l'Aurore,
L'écharpe aux trois couleurs, les noirs drapeaux du Maure,
Ne l'épouvantent pas. Sous le casque, en turban,
Sous les lois d'un sénat, sous les lois d'un divan,
Elle ne reçoit point, ne donne point d'entraves :
Il n'est que les tyrans qui soient vraiment esclaves.
Qui craint de commander, risque peu de servir.
Voilà la liberté qu'on ne peut asservir,
Qui ne vient point des lois, d'un code, d'un système,
Qu'on doit à sa raison, qu'on se fait à soi-même.
Je la chéris pour moi, je la conseille à tous.
Heureux ! cent fois heureux, qui, maître de ses goûts,
Règle en paix de ses jours la course volontaire !
Le plaisir le plus doux est celui qu'on préfère.
L'Imagination à son gré veut choisir
Ses études, ses plans, ses travaux, son loisir ;
La raison et l'instinct ont le même langage.
Observez cet oiseau dont vous dorez la cage !
Seul, captif, à l'aspect de l'immense horizon,
De son bec, de son aile, il heurte sa prison ;
Il regrette les champs, l'air, le ruisseau limpide :
Que sa cage s'entr'ouvre ! il part d'un vol rapide ;
Et les monts, et la plaine, et les prés, et les bois,
Il veut tout, choisit tout, est partout à la fois.
Ma muse n'en a point l'harmonieux ramage ;
Mais elle en a gardé l'humeur libre et sauvage.

Eh ! quel pouvoir eût pu ravir ma liberté ?
Des champs américains, le coursier indompté,
Le cerf qui, dans ses bois, dans ses libres campagnes,
Choisit ses eaux, ses prés, son gîte, ses compagnes,
Redoutent moins le frein, craignent moins les tyrans.
Si quelquefois je fus accueilli par les grands,
Je chéris leurs liens, mais sans porter leurs chaînes ;
Et, lorsque les partis allumaient tant de haines,
Quand, suivant l'intérêt, le ton, l'ordre du jour [1],
Courageux, circonspect, emporté tour à tour,
Plus d'un adroit Protée, avec tant de prudence,
Pliait à tous les tons sa souple indépendance,
Rien ne put arracher un mot à ma candeur,
Une ligne à ma plume, un détour à mon cœur.
Eh ! quel bien, dites-moi, vaut le charme suprême
D'obéir à son âme, et de plaire à soi-même ?
    C'est trop peu d'être libre, il faut, d'un soin prudent,
Fixer par le travail un cœur indépendant :
Sans lui, la liberté nous tourmente et nous pèse ;
Par lui des passions le tumulte s'apaise,
Les chagrins sont calmés, le vice combattu,
Il ajoute au plaisir, il nourrit la vertu.
Si j'entre dans la chambre où la modeste fille
Tient en main le fuseau, la navette ou l'aiguille,
D'un parfum de vertu je crois sentir l'odeur :
Les réduits du travail sont ceux de la pudeur.
De Buffon, de Rousseau l'asile solitaire,
Était du vrai bonheur l'auguste sanctuaire.
Mais loin tout effort vague, indécis, sans objet !
On poursuit sans courage un travail sans projet.
Voyez cet amateur, dont la main incertaine,
Sur vingt arts différens au hasard se promène ;

Moins ami du travail qu'amoureux du tracas,
Tour à tour il essaie une lyre, un compas,
Prend, quitte le crayon, quitte et reprend la plume,
Effleure une brochure, affronte un gros volume ;
Et consumant sa force en stériles essais,
Toujours se met en route et n'arrive jamais.
C'est ce fleuve sans lit, qui, couvrant son rivage,
Se déborde sans force et se perd sans usage ;
Redonnez un cours libre à tous ces flots épars,
Ils vont nourrir les champs, vont animer les arts.
Le travail veut un but : au bout de la carrière
On s'anime à sa vue, et surtout on espère ;
Les travaux sans espoir nous sont toujours moins chers.
Enfin, soit qu'on cultive ou les champs, ou les vers,
Qu'on habite la cour, la ville ou la campagne,
Quelle est du vrai plaisir la fidèle compagne ?
Tout dit : c'est la vertu ; c'est là qu'est le bonheur.
    Qu'il est beau, qu'il est grand, ce mot d'un vieil auteur
Qui s'écriait : « Grand Dieu, veux-tu punir le vice ?
Montre-lui la vertu : qu'il la voie, et frémisse ! »
Quoique amante du vrai, fille de la raison,
Qui, mieux qu'elle, connaît la douce illusion ?
De l'espoir précédée, et du plaisir suivie,
Elle seule embellit tout le cours de la vie.
Vers l'avenir obscur jette-t-elle les yeux,
Au-delà de la vie elle aperçoit les cieux.
Revient-elle au présent : déjà pour récompense
Elle a de ses bienfaits la douce conscience ;
Et, si le souvenir n'en est pas effacé,
Avec quel doux transport elle voit le passé !
Cicéron nous l'a dit : les jours de la vieillesse
Empruntent leur bonheur d'une sage jeunesse.

Malheureux le mortel qui, de ses premiers jours,
Interrogeant la trace, et, remontant leur cours,
N'y voit qu'un vide affreux et qu'un désert immense !
Semblable au voyageur conduit par l'espérance,
Qui foulait, en partant, des gazons et des fleurs,
S'ils ont du noir volcan éprouvé les fureurs,
Ne retrouve, au retour, que le deuil, le ravage,
Et d'un lieu désolé l'épouvantable image :
Ainsi, dans ses beaux jours, jadis si pleins d'attraits,
Il ne retrouve plus que douleurs, que regrets ;
Dans ses réduits charmans, dans ses bosquets de rose,
Où sur un lit de fleurs la volupté repose,
Tel qu'un affreux serpent, le repentir vengeur
Lève sa tête horrible, et s'attache à son cœur.
Cependant le temps fuit : le temps irréparable
Ajoute, chaque jour, au fardeau qui l'accable.
Sans force pour le mal, sans attrait pour le bien,
N'osant voir dans les cœurs, ni lire dans le sien,
Par les maux à venir, par la honte passée,
Vers un présent affreux son âme est repoussée,
Et passe sans retour du plaisir au remord,
Du remords aux douleurs, des douleurs à la mort.

   Mais heureux ! trop heureux dans sa noble carrière,
Celui qui, rejetant ses regards en arrière,
Y retrouve partout les vices combattus,
La trace du travail et celle des vertus !
Je crois voir dans ses champs cet agricole utile
Dont j'ai peint le bonheur. Dans son terrain fertile
Partout il reconnaît le fruit de ses travaux :
Il sécha ces marais, il creusa ces canaux ;
Il défricha ces bois et ce coteau sauvage ;
On lui doit cette source, il planta ce bocage ;

A chaque pas qu'il fait, un souvenir flatteur
Rafraîchit sa pensée et rajeunit son cœur
Ainsi jouit le sage; et si, dans sa carrière,
Il n'a pas fait toujours tout le bien qu'il put faire,
Sa touchante douleur est celle de Titus,
Et ses nobles regrets sont encor des vertus.

Dans mes leçons encor je voudrais vous apprendre
Quels dangers doivent fuir, et quels soins doivent prendre
Les hommes rassemblés dans ce monde trompeur,
Où chacun fait son rêve et poursuit sa vapeur;
Où tant de faux amis, d'une apparence vaine,
Masquent l'indifférence et quelquefois la haine.
Là, dans un double excès vient tomber la Raison.
D'un côté, sur ses pas conduisant le Soupçon,
Qui, de son inquiète et timide paupière,
Semble fuir à la fois et chercher la lumière;
Voyant partout un piége, et partout un danger,
Tel qu'un lâche espion sur un sol étranger,
Marche, d'un pas craintif, la triste Défiance:
De l'autre, la crédule et folle Imprévoyance
Erre dans ce dédale et sans guide et sans fil,
S'endort tranquillement à côté du péril;
Et, d'un sommeil trompeur, indolente victime,
Tombe, et va, mais trop tard! s'éveiller dans l'abîme.
Entre les deux excès quel guide est le plus sûr?
Ah! c'est l'heureux instinct d'un sens droit, d'un cœur pur,
Qui, dans ce grand chaos des passions humaines,
Des vices, des vertus, des plaisirs et des peines,
Pour les aimer toujours, choisissant ses liens,
Sait écarter les maux, sait distinguer les biens;
Qui, sans se faire craindre, et sans craindre lui-même,
Évite ce qu'il hait, s'attache à ce qu'il aime;

Qui, tendre et réservé, confiant et discret,
Sait donner à propos, et garder son secret.
Ainsi la fleur timide, et lente à se produire,
Se ferme au noir Borée, et s'ouvre au doux Zéphire.
Il ne veut ni fouiller dans le secret des cœurs,
Ni se laisser surprendre à des dehors trompeurs ;
Connaît les passions, les plaint, et leur pardonne,
Au doux besoin d'aimer sagement s'abandonne,
Fuit le tourment affreux de haïr ses amis,
Et dans les méchans seuls veut voir ses ennemis.
Ah ! qui ne sait combien, dans ses sombres caprices,
L'extrême défiance est féconde en supplices ?
C'est elle qui, régnant dans les cœurs soupçonneux,
Corrompt tous les plaisirs, relâche tous les nœuds ;
Fait de la vie entière une route épineuse,
Rend le bonheur craintif et l'amitié douteuse.
A la cour d'un tyran regardez Damoclès [5] :
En vain de chants flatteurs résonne le palais ;
En vain sur une table, en délices féconde,
Tous les tributs de l'air, de la terre et de l'onde,
Se montrent réunis ; pâle, et tout effrayé
De cette menaçante et sinistre amitié,
Il effleure, en tremblant, de ses lèvres livides,
De ces mets affadis les douceurs insipides ;
Vers les lambris dorés lève un œil éperdu,
Et voit le fer mortel sur son front suspendu.
Telle est la Défiance au banquet de la vie.
Que dis-je ? son poison en corrompt l'ambroisie :
Elle-même contre elle aiguise le poignard,
Donne aux ombres un corps, un projet au hasard,
Charge un mot innocent d'un crime imaginaire,
Et s'effraie à plaisir de sa propre chimère :

Ainsi dans leurs forêts les crédules humains
Craignaient ces dieux affreux qu'avaient formés leurs mains.
　Quel besoin plus pressant nous donna la nature,
Que de communiquer les chagrins qu'on endure,
De faire partager sa joie et sa douleur,
Et dans un cœur ami de répandre son cœur?
Toi seul, triste martyr de ta sombre prudence,
Toi seul ne connais pas la douce confidence!
En vain de ton secret tu te sens oppresser,
Au sein de quels amis l'oseras-tu verser?
Des amis! Crains d'aimer; les plus pures délices
Dans ton cœur soupçonneux se changent en supplices!
Des plus mortels poisons l'abeille fait son miel:
Toi, des plus doux objets tu composes ton fiel;
Ton cœur dans l'amitié prévoit déjà la haine:
De soupçons en soupçons l'amour jaloux se traîne.
Un génie ennemi brise tous tes liens;
Tu n'as plus de parens ni de concitoyens:
Te voilà seul, va, fuis loin des races vivantes;
Habite avec les rocs, les arbres et les plantes,
Dans quelque coin désert, dans quelque horrible lieu,
Où tu ne pourras plus calomnier que Dieu.
Mais à voir les humains tu ne dois plus prétendre,
Tu ne dois plus les voir, ne dois plus les entendre.
Ton âme morte à tout ne vit que par l'effroi:
Les morts sont aux vivans moins étrangers que toi:
Le regret les unit; et toi, tout t'en sépare.
　Hélas! il le connut ce tourment si bizarre,
L'écrivain qui nous fit entendre tour à tour
La voix de la raison et celle de l'amour.
Quel sublime talent! quelle haute sagesse!
Mais combien d'injustice! et combien de faiblesse!

La Crainte le reçut au sortir du berceau :
La Crainte le suivra jusqu'aux bords du tombeau.
Vous, qui de ses écrits savez goûter les charmes,
Vous tous, qui lui devez des leçons et des larmes,
Pour prix de ces leçons et de ces pleurs si doux,
Cœurs sensibles, venez, je le confie à vous.
Il n'est pas importun : plein de sa défiance,
Rarement des mortels il souffre la présence ;
Ami des champs, ami des asiles secrets,
Sa triste indépendance habite les forêts.
Là-haut sur la colline il est assis peut-être [6]
Pour saisir, le premier, le rayon qui va naître :
Peut-être au bord des eaux, par ses rêves conduit,
De leur chute écumante il écoute le bruit ;
Ou, fier d'être ignoré, d'échapper à sa gloire,
Du pâtre qui raconte il écoute l'histoire :
Il écoute et s'enfuit ; et, sans soins, sans désirs,
Cache aux hommes, qu'il craint, ses sauvages plaisirs.
Mais, s'il se montre à vous, au nom de la nature,
Dont sa plume éloquente a tracé la peinture,
Ne l'effarouchez pas, respectez son malheur !
Par des soins caressans apprivoisez son cœur :
Hélas ! ce cœur brûlant, fougueux dans ses caprices,
S'il a fait son tourment, il a fait vos délices.
Soignez donc son bonheur, et charmez son ennui :
Consolez-le du sort, des hommes et de lui.
Vains discours ! rien ne peut adoucir sa blessure ;
Contre lui ses soupçons ont armé la nature.
L'étranger, dont les yeux ne l'avaient vu jamais,
Qui chérit ses écrits, sans connaître ses traits,
Le vieillard qui s'éteint, l'enfant simple et timide,
Qui ne sait pas encor ce que c'est qu'un perfide,

Son hôte, son parent, son ami, lui font peur :
Tout son cœur s'épouvante, au nom de bienfaiteur.
Est-il quelque mortel, à son heure suprême,
Qui n'expire appuyé sur le mortel qu'il aime?
Qui ne trouve des pleurs dans les yeux attendris
D'un frère ou d'une sœur, d'une épouse ou d'un fils?
L'infortuné qu'il est, à son heure dernière,
Souffre à peine une main qui ferme sa paupière!
Pas un ancien ami qu'il cherche encor des yeux !
Et le soleil lui seul a reçu ses adieux.
Malheureux ! le trépas est donc ton seul asile [7] :
Ah ! dans la tombe au moins repose enfin tranquille ;
Ce beau lac, ces flots purs, ces fleurs, ces gazons frais,
Ces pâles peupliers, tout invite à la paix.
Respire donc enfin de tes tristes chimères :
Vois accourir vers toi les épouses, les mères ;
Regarde ces amans qui viennent, chaque jour,
Verser sur ton cercueil les larmes de l'amour ;
Vois ces groupes d'enfans se jouant sous l'ombrage,
Qui de leur liberté viennent te rendre hommage ;
Et dis, en contemplant ces doux titres d'honneur :
« Je ne fus point heureux, mais j'ai fait leur bonheur. »
    Moi, cependant, au pied de cette tombe agreste,
D'un nom si glorieux monument si modeste,
Par toi-même inspiré, je reprends mes pinceaux :
Je peindrai de la vie et les biens et les maux.
L'Imagination, dont je vante les charmes,
Aux tristes préjugés prête souvent des armes ;
De ce que nous craignons elle augmente l'effroi ;
Contre elle la raison va combattre avec moi.
La mort, la pauvreté, l'obscurité que j'aime,
Pour les ambitieux, pire que la mort même,

Ces maux exagérés par une lâche erreur,
De leur masque effrayant vont perdre la terreur ;
Le sage, qui de loin redoute leur menace,
Apprend à les braver, s'il les regarde en face.

Voyez ce fier coursier qui, farouche, indompté,
Au moindre objet nouveau se cabre épouvanté !
Que son guide prudent doucement l'y ramène,
Il avance avec crainte, il approche avec peine ;
Mais bientôt, mieux instruit, il calme sa terreur,
Et reprend son courage en perdant son erreur.
Ainsi fait la raison ; et ce fidèle guide,
Aguerrissant notre âme ombrageuse et timide,
Rend moins affreux les maux observés de plus près.

Mais la sagesse même a souvent ses excès.
Pourquoi veux-tu, dis-moi, sage et profond Montagne,
Que l'aspect de la mort en tout temps m'accompagne?
Je ne me sens point fait pour un si triste effort :
C'est mourir trop long-temps, que voir toujours la mort !
Je sais qu'au bord du Nil un solennel usage [8]
De la mort aux festins associait l'image ;
Mais ce récit m'étonne, et ne me séduit pas.
Que le galant Horace, au milieu d'un repas,
En nous montrant de loin les funèbres demeures,
Nous invite à saisir le vol léger des heures,
Je suis son doux conseil ; et, quand la mort m'attend,
Par quelques vers encor je lui vole un instant.
Mais pourquoi, m'entourant de fantômes et d'ombres,
Me plonges-tu vivant dans les royaumes sombres?
Quel bien ne corromprait un si sombre avenir ?
Quel cœur ne flétrirait un si noir souvenir !
Regardez ce mortel qu'envoya la justice
Du lieu de son arrêt au lieu de son supplice :

Sur sa route offrez-lui des festins, des palais!
Les palais, les festins, sont pour lui sans attraits,
Croyant toucher déjà le terme qu'il redoute,
Il compte les instans, il mesure la route,
Subit déjà sa peine; et, certain de son sort,
Entend dans chaque pas sa sentence de mort.
Tels seraient nos destins; cher Montagne, pardonne [9] :
Ah! quels tristes conseils ta sagesse nous donne!
Que la mort, disais-tu, sur un ton moins chagrin,
Me trouve oublieux d'elle et bêchant mon jardin!
Pourquoi donc aujourd'hui, dans ta sombre manie,
Pour apprendre à mourir, veux-tu perdre la vie?
Oh! combien la nature est plus sage que toi!
En nous voilant la mort, elle en bannit l'effroi;
Sa marche est invisible, et notre heure dernière
Ne vient pas tout d'un coup, ne vient pas tout entière.
La nature vers nous l'amène pas à pas :
Elle rend par degrés tes sens moins délicats;
Elle assourdit des sons les routes sinueuses,
Endurcit du palais les houppes chatouilleuses;
Chaque jour tu sens moins la beauté des couleurs,
Les charmes du toucher, le doux esprit des fleurs.
Ainsi sa lente main, sans choc et sans secousse,
Nous roulant mollement par une pente douce,
Dérobe de la mort l'insensible progrès;
Les dégoûts ont d'avance affaibli les regrets :
La mort ainsi se glisse; et, quand le ciel l'ordonne,
L'homme, comme un fruit mûr, au trépas s'abandonne.
Eh! comptes-tu pour rien ce profond sentiment
Qui nous fait espérer jusqu'au dernier moment?
En vain de ce mourant les membres s'engourdissent,
Le pouls meurt, l'œil s'éteint, les muscles se raidissent :

Son flatteur même en vain dit que le terme est prêt ;
L'espoir opiniâtre appelle de l'arrêt.
Suis donc son doux instinct, et bénis la nature.
  Bien plus cruel encor, le chantre d'Épicure
Qui, fidèle à ses vers, et mécontent du sort,
Calomnia la vie en se donnant la mort [10] ;
Quand du monde et du jour nous regrettons les charmes,
Nous promet le néant pour calmer nos alarmes !
En vain l'homme s'écrie : O regrets superflus !
C'en est donc fait ! je meurs : je ne reverrai plus
Mes folâtres enfans, objet de mes tendresses,
Accourus dans mes bras, disputer mes caresses ;
Je ne cueillerai plus, moissonné par le temps,
Ni les fruits de l'été, ni les fleurs du printemps.
Cesse tes pleurs, dit-il, et termine ta plainte ;
Le regret ne vit plus quand la vie est éteinte...
Cruel ! quand le trépas vient tout anéantir,
Le beau soulagement que de ne rien sentir !
Ainsi donc au trépas un long trépas succède :
Ah ! je souffrais mes maux, mais non pas leur remède.
Non, non, si quelque espoir peut calmer mon effroi,
Ce n'est pas de mourir, c'est de vivre après moi,
De vivre dans ces vers épanchés de mon âme,
Dans l'être que j'aimai, qu'un même attrait enflamme.
Ah ! sans doute le cœur, dont le stupide ennui,
Mort aux sentimens doux, n'a vécu que pour lui,
Devrait craindre la mort, qu'un long oubli va suivre :
Au cœur de ses amis il ne peut se survivre ;
Mais celui qui connut, qui sentit l'amitié,
Laisse encore de lui la plus chère moitié :
Aussi de cette mort, dont tout est tributaire,
Je ne me forme pas l'image volontaire ;

Mais, s'offre-t-elle à moi, je ne l'écarte pas ;
De mes illusions j'environne ses pas ;
Je la pare pour moi ; j'éloigne ses ténèbres,
Ses lugubres lambeaux, ses fantômes funèbres.
Loin de mon lit de mort ces sinistres apprêts,
De crêpes, de flambeaux, d'héritiers, de valets,
De cœurs intéressés, dont l'hypocrite joie,
Se lamentant tout haut, saisit tout bas sa proie ;
Et laisse au cœur flétri ce sentiment affreux
D'être à charge aux humains et d'être oublié d'eux.
Deux déesses viendront m'assister en silence :
L'une, c'est l'Amitié, l'autre, c'est l'Espérance :
Mais ce cortége heureux n'appartient pas à tous.
Oh ! que n'ai-je un langage assez tendre, assez doux !
Je conterais comment un véritable sage
De la mort autrefois sut adoucir l'image.
Poète philosophe, il avait dans ses vers
Célébré la nature et chanté l'univers.
L'épouse qu'il aimait, secondant son délire,
Joignait ses sons touchans aux doux sons de sa lyre.
Mais, pour durer toujours, leur bonheur fut trop grand !
Elle et quelques amis l'entouraient expirant :
Trop heureux que sa main lui fermât la paupière !
Sa voix lui confiait, à son heure dernière,
Non ces vœux des mourans, reçus par des ingrats,
Ces dons trop attendus, ces vains legs du trépas,
Écrits à la lueur des flambeaux funéraires,
De la nécessité tributs involontaires ;
Mais les vœux de son cœur. Dieu ! par quel doux transport
Il prolongeait la vie et reculait la mort !
Ce n'était point l'effroi de ce moment terrible ;
Du départ d'un ami c'était l'adieu paisible :

« Viens là, viens, disait-il, ô toi que j'aimai tant !
Né pauvre, je meurs pauvre, et j'ai vécu content.
Ah ! c'en est fait ; reçois de ma reconnaissance
Ce peu que notre amour changeait en opulence,
Tout ce luxe indigent qui, sous nos humbles toits,
Égalait à nos yeux l'opulence des rois.
Vois ces vases sans art ; leurs formes sont vulgaires,
Mais nos chiffres unis te les rendront plus chères ;
Mais ils faisaient l'honneur de ce léger festin
Qui charmait près de toi les heures du matin.
Hélas ! le ciel pour moi ne marquera plus d'heures !
Reçois encor de moi, de l'ami que tu pleures,
Cette image du temps dont tu trompais le cours :
Puisse-t-elle, après moi, te marquer d'heureux jours !
Cette boîte, en mon sein si doucement cachée,
Qui par le trépas seul pouvait m'être arrachée,
Et qui, de ton absence adoucissant l'ennui,
Sentait battre ce cœur et reposait sur lui,
Détache-la : je souffre à me séparer d'elle ;
Mais j'emporte en mon âme un portrait plus fidèle.
Le mien sera-t-il cher à tes tendres douleurs ?
Sera-t-il en secret mouillé de quelques pleurs ?
Ce fidèle animal, témoin de nos tendresses,
Qui long-temps entre nous partagea ses caresses,
Que j'ai vu si souvent, fier de me devancer,
Reconnaître ton seuil, bondir et m'annoncer,
Et qui, dans ce moment, les yeux gonflés de larmes,
Semble prévoir ma fin et sentir tes alarmes,
Je le lègue à tes soins : puisse de nos amours
Le doux ressouvenir protéger ses vieux jours !
Vois-tu cette tablette, où sans faste s'assemble
Ce peu d'auteurs choisis que nous lisions ensemble ?

8.   13

Mon crayon y marqua les traits goûtés par toi ;
Tu ne les liras pas sans t'attendrir sur moi.
Tiens, reçois cet écrit ; c'est mon plus cher ouvrage ;
Tous ces portraits, de moi trop infidèle image,
Ne peignaient que mes traits ; celui-ci peint mon cœur ;
J'y déposai mes vœux, mes plaisirs, ma douleur ;
Ma défaillante main le fie à ta tendresse :
Dans cet écrit si cher, c'est moi que je te laisse ;
C'est moi qui me survis ; un sévère destin,
Hélas ! avant le temps l'arrache de ma main ;
Mais il devra le jour à des mains que j'adore. »
    Ainsi son cœur pensait, sentait, vivait encore ;
Ainsi, loin de promettre à son cœur isolé
De l'horrible néant l'empire désolé,
Lui laissant son silence et son repos funeste,
Du bonheur social il savourait le reste ;
Ainsi, s'environnant de la tendre amitié,
Du fidèle regret, de la douce pitié,
De la reconnaissance à ses pieds éplorée,
D'un choix de vieux amis, d'une épouse adorée,
Les regards attachés sur leurs yeux attendris,
Il recueillait un mot, un soupir, un souris ;
Et, jusqu'au dernier souffle, heureux de leur présence,
Reculait de la mort l'irréparable absence ;
Se rattachant encore à ceux qui l'entouraient,
Rendait encor des pleurs à ceux qui le pleuraient ;
Et, dans ce grand festin où le ciel nous convie,
Ramassait en mourant les miettes de la vie ;
Tantôt dans le passé cherchait un souvenir,
Tantôt anticipait le bonheur à venir ;
Et, plaignant sa compagne, et consolé par elle,
Lui donnait rendez-vous dans la paix éternelle.

Ah ! dans la volupté de ces touchans adieux ,
Quel homme a le loisir de se plaindre des dieux ?
Oui, sûr, en la pleurant, des pleurs de son amie ,
Bien avant dans la mort on peut sentir la vie ;
Tandis que les cœurs durs , les cœurs qui n'aiment pas ,
Long-temps avant la mort ont senti le trépas.

De loin la pauvreté semble encor plus cruelle ;
J'ai doublement le droit de réclamer pour elle :
Je fus pauvre long-temps, sans me plaindre des dieux ;
Je fus riche un moment, sans être plus heureux.
Un vain accroissement de jouissances vaines
Ne fit que varier mes plaisirs et mes peines.
A mon premier état le destin m'a rendu :
J'avais bien peu gagné, j'ai donc bien peu perdu !
Mais l'homme soutient mal tout ce qu'il exagère ,
J'aime la pauvreté qui n'est pas la misère.
Horace la nommait la médiocrité :
Il faut un peu d'aisance à la félicité ;
La fortune a son prix ; l'imprudent en abuse ,
L'hypocrite en médit, et l'honnête homme en use.

Toi qui, dans ton tonneau, mal nourri, mal vêtu,
Y logeas la folie auprès de la vertu,
Tu peux jeter ta coupe, orgueilleux Diogène ,
Et boire dans tes mains ; moi, je garde la mienne ;
Et, si la mode encor voulait que les Houdon [11],
Les Moreau, les Pajou, rivaux d'Alcimédon ,
Gravassent sur ses bords le lierre qui serpente ,
Ou les bras tortueux de la vigne rampante ,
Malgré toi je saurais en connaître le prix.
Mais combien tu me plais, lorsque, d'une souris
Les miettes de ton pain t'attirant la visite,
Tu t'écriais gaiment : « J'ai donc un parasite !

J'ai donc le superflu ! » Voltaire, avec raison,
Le jugeait nécessaire, et je le crois fort bon.
Mais, dès que le travail a vaincu la misère,
Le superflu n'est pas bien loin du nécessaire :
L'heureuse pauvreté le trouve à peu de frais.

    Vois donc que de travail, que de soins, que d'apprêts,
Dans ses pompeux besoins exige l'opulence !
A toute la nature elle fait violence ;
Le printemps sur l'hiver usurpe ses jardins,
Les glaces en été rafraîchissent ses vins.
Du fougueux aquilon craint-elle la furie,
Des piéges sont dressés aux rats de Sibérie :
Pour elle il faut braver les saisons, les climats ;
Il faut des matelots, du canon, des soldats ;
Il faut, pour ses habits, que le Mexique enfante,
La pourpre d'un insecte, et l'azur d'une plante ;
Il faut, pour ses festins, tirer d'un sol nouveau,
La fève d'un arbuste, et le miel d'un roseau.
Où courent ces vaisseaux voguant à pleine voile ?
Dans le fond de l'Asie ils vont chercher la toile
Qui, gonflée en cravate, ou pliée en turban,
Pare le cou d'un fat ou le front d'un sultan ;
Ou ces cailloux brillans que Golconde nous donne,
Ou ce globe argenté que la nacre emprisonne,
Ou l'émail du Japon, ou le thé des Chinois.
L'or commande : partez, tourmentez à la fois
Les hommes et les vents, et la terre et les ondes :
Le déjeûner du riche occupe les deux mondes.

    La pauvreté ne trouble et ne tourmente rien :
Pour son goût, pour ses yeux, tout est beau, tout est bien :
Et, sans chercher au loin la douce Malvoisie,
Le vin de ces coteaux pour elle est l'ambroisie.

Approchez; pénétrez sous ces rustiques toits;
Deux déesses que j'aime y règnent à la fois:
Du pauvre vertueux l'une et l'autre est l'amie;
L'une est la propreté; l'autre, l'économie:
L'une embellit sa table, assaisonne ses mets,
Fait reluire l'étain de ses humbles buffets;
Et, du doux avenir préparant les délices,
L'autre impose au présent de légers sacrifices.
    Oh! que l'homme est trompé! combien il connaît peu
Et les secrets du monde et les desseins de Dieu!
La fortune à ses yeux d'abord paraît bizarre:
Libérale pour l'un, pour l'autre elle est avare;
Elle crée au hasard des petits et des grands,
Forme l'ordre inégal et des biens et des rangs;
D'une main dédaigneuse, au hasard elle jette
Le sceptre d'un côté, de l'autre la houlette:
Mais bientôt, compensant ses rigueurs, ses bienfaits,
Elle-même se rit des présens qu'elle a faits.
En peines, en plaisirs, l'illusion féconde
Rétablit en secret l'équilibre du monde;
Et la crainte et l'espoir, balançant nos destins,
Ont, bien avant vos lois, nivelé les humains.
Oui, tout paie un tribut à la misère humaine;
Le riche par l'ennui, le pauvre par la peine;
A l'un le travail pèse, à l'autre le loisir.
Combien vont, l'or en main, mendier le plaisir!
Le ciel partage à tous les biens et la misère;
Le riche s'inquiète, et l'indigent espère.
J'entends crier partout: « Où donc est le bonheur? »
Il est chez l'ouvrier que nourrit son labeur;
Chez le simple bourgeois qui, cher à sa famille,
Du produit de ses soins fait la dot de sa fille;

Chez l'honnête marchand qui chiffre, à son retour,
Les achats de la veille et les produits du jour.
Déserteur des palais, dans son humble retraite,
Il vient à petit bruit visiter un poète.
Je l'éprouvai moi-même; et sous mes humbles toits
Loge plus de bonheur qu'il n'en tient chez les rois.
Il ne va point chercher les biens d'un autre monde;
Avec l'or du Pérou, les pierres de Golconde,
Les pelisses du Nord, les tissus de Madras,
L'avide commerçant ne le déballe pas.
    Hélas! passant le but, dans l'ardeur qui l'agite,
Nul mortel ici-bas n'est content de son gîte.
Heureux! si, reposant sur leurs biens entassés,
Les hommes quelquefois se disaient : c'est assez !
Orgon étend, alonge, élargit son domaine;
Mais il a des voisins, et l'horizon le gêne :
Appauvri par ses vœux, ruiné par l'espoir,
Il voit moins ce qu'il a, que ce qu'il veut avoir.
Ce poète, l'honneur de la lyre romaine,
Le favori d'Auguste et l'ami de Mécène,
Horace, dans Tibur, heureux d'un petit bien,
D'un bois, d'un filet d'eau, ne souhaita plus rien.
Qu'on me donne un arpent de son petit empire;
Que l'écho me renvoie un des sons de sa lyre,
Tous mes vœux sont remplis. Pour vivre ici contens,
Il faut si peu de chose, et pour si peu de temps !
Alexandre demande un monde pour domaine;
Une tonne suffit au pauvre Diogène.
Je ris, lorsque je vois son orgueil sans pareil
Au fils de Jupiter disputer le soleil;
Mais du luxe et de l'or sa noble négligence
Nous apprit à chérir l'honorable indigence.

Pourquoi donc formons-nous, mortels ambitieux,
Dans nos jours si bornés, de gigantesques vœux?
A quoi bon tant d'apprêts pour un si court voyage [12]?
Ce qu'il faut au besoin, suffit aux vœux du sage.
En vain par l'opulence on se laisse éblouir,
Pour savoir posséder, il faut savoir jouir.
Ma déesse elle-même, en prestiges féconde,
Pèse bien plus que l'or sur les destins du monde,
Fait les maux et les biens, un jour sombre, un beau ciel;
Et ses rêves souvent sont le seul bien réel.

    Pauvres riches! ces biens, que vous croyez les vôtres,
Combien l'illusion souvent les donne à d'autres!
A qui sont ce grand parc et ce pompeux jardin?
Sur la foi d'un vain titre ou d'un vieux parchemin,
Tu les crois bonnement au seigneur de la terre;
Mais, non, ce n'est point là le vrai propriétaire :
Veux-tu le voir? regarde; il est dans ce bosquet,
Un Virgile à la main, comparant, en secret,
Le poète et les champs, l'art avec la nature,
Et, devant le modèle, admirant la peinture :
Pareil à ces oiseaux dont il entend la voix,
Comme eux, sans soin, sans gêne, il jouit de ces bois;
C'est pour lui qu'on traça ces belles promenades,
Que s'étendent ces lacs, que tombent ces cascades :
Leurs seigneurs rarement en supportent l'ennui;
Les droits en sont pour eux, les délices pour lui :
Tel, chez son noble ami, dans sa belle vallée,
S'emparant d'un bosquet, d'un berceau, d'une allée,
Sans soin, sans gens d'affaire, et partant sans souci,
Jean-Jacques fut souvent le vrai Montmorenci.

    La crainte d'être obscur nous touche plus encore;
L'homme craint d'ignorer, mais surtout qu'on l'ignore.

Écrivain ou guerrier, artiste ou magistrat,
Chacun cherche bien moins le bonheur que l'éclat.
Mais connais-tu, réponds, un plus triste servage
Que le joug de la gloire et son dur esclavage,
Qui condamne un mortel à vivre hors de lui,
Et le fait respirer par le souffle d'autrui ?...
L'amour-propre inquiet souffre de peu de chose :
C'est un voluptueux que blesse un pli de rose.
De nos prétentions le chatouilleux orgueil
S'offense d'un oubli, d'un geste, d'un coup d'œil ;
D'un seul mot de Louis, le grand Racine pleure [13] ;
La censure déchire, et la louange effleure.
Sont-ce les grands emplois et les titres d'honneur
Qui séduisent tes vœux ? Leur éclat suborneur
Ne couvre point ta honte : un illustre coupable,
Dans un rang élevé, paraît plus méprisable [14] ;
Le ciel en fait justice en le plaçant si haut,
Et le trône du vice en devient l'échafaud.
Voilà quel sort affreux l'ambitieux s'apprête.
   Dis-nous à quel degré l'ambition s'arrête.
Vois ce mortel avide accumuler son or :
Sans accroître ses biens, il accroît son trésor.
Ainsi que l'intérêt, la gloire a ses avares ;
Ajoutez les honneurs aux honneurs les plus rares,
Rien ne le satisfait ; le désir amorti
Revient au même point dont il était parti.
   Combien durent d'ailleurs leurs grandeurs fugitives ?
Météores d'un jour, leurs splendeurs les plus vives
Nous présagent la fin de leur éclat trompeur :
Telle de l'arc d'Iris la fluide vapeur
S'embellit dans sa chute, et, sur un beau nuage,
Du soleil qui s'éteint nous réfléchit l'image,

De sa pompe empruntée orne un moment les cieux,
Puis se rend à la terre, et disparaît aux yeux.
Mirabeau nous l'a dit, croyons-en sa parole [15] :
La roche Tarpéïenne est près du Capitole.
Lui-même, secondé par un heureux hasard,
Mourut fort à propos ; peut-être, un jour plus tard,
Du haut du tribunat nous l'aurions vu descendre.
Eh ! qui sait quel destin le sort garde à sa cendre !
Tout ce peuple, qu'il vit suivre son char en deuil,
Peut-être va demain outrager son cercueil [16].
     Ah ! si l'orgueil encor refuse de me croire,
Qu'il contemple Necker, et connaisse la gloire.
Jeune, il avait déjà, dans ses emplois obscurs,
Pressenti la grandeur de ses destins futurs :
Élevé par degrés auprès du rang suprême,
Son roi le consultait, il était roi lui-même ;
Paris l'idolâtrait ! Adoré des hameaux,
On leur nommait Necker, ils oubliaient leurs maux.
Aux Français, rassemblés sous ses fameux auspices,
Son astre promettait des destins plus propices ;
Un exil triomphant ajoute à tant d'éclat :
En pleurant un seul homme, on croit pleurer l'État.
Partout le deuil est pris, la douleur ordonnée,
Les tribunaux déserts, la scène abandonnée.
Peuple heureux, calmez-vous ; on le rend à vos vœux :
Préparez son triomphe, et rendez grâce aux dieux.
Il revient ! près de lui, siégeant en souveraine,
Sa fille, ivre d'honneur, se croit bien plus que reine :
Les hommes, les chevaux, de sa gloire lassés,
Tardent trop de le rendre à nos vœux empressés.
Le rebelle désir de le voir reparaître
A brisé le pouvoir et détrôné son maître.

Parmi les cris, les vœux, les flots d'adorateurs,
Il vient ! son char rapide échappe aux orateurs.
Infortuné ! jouis quand tu le peux encore ;
Le peuple peut demain haïr ce qu'il adore.
Il entre enfin ! il entre ! ô douleur ! ô regret !
L'idole s'est montrée, et le dieu disparaît !
Ainsi le peuple ingrat trahit le grand Pompée ;
Tel, plutôt, un enfant rejette sa poupée.
Que dis-je ? le dédain fait place à la fureur.
Poursuivi dans les bois, promenant sa terreur,
Des murs qu'enorgueillit sa triomphale entrée,
Précipitant dans l'ombre une fuite ignorée,
Il part ; il va revoir ces lieux pleins de son nom,
Et témoins aujourd'hui de son triste abandon.
Mais un billet fatal a trahi son passage ;
Au lieu de cris d'amour, j'entends des cris de rage.
Tout ce peuple qu'il vit, dételant ses coursiers,
S'atteler à son char couronné de lauriers,
Qui l'avait proclamé père de la patrie,
Tout honteux maintenant de son idolâtrie,
L'insulte, l'emprisonne. Aux mains de ses bourreaux
Il échappe avec peine ; et, pour comble de maux,
Présentant en spectacle, à la haine vengée,
Sa popularité par le peuple outragée,
A travers les débris du trône des Capet,
Il fuit, il se relègue au donjon de Copet,
Malheureux, et prêtant une oreille alarmée
Aux mourantes rumeurs de tant de renommée !

 Ainsi, méconnaissant les biens, les maux réels,
L'Imagination égare les mortels.
Le sage emploi du temps, l'active solitude,
Le doux charme des champs, la consolante étude,

Préviennent ces écarts : joignez-y ces auteurs
Qui forment la raison et dirigent les mœurs.
Tel l'ami du bon sens, l'ingénieux Horace,
Se joue autour du cœur, nous instruit avec grâce,
Fait aimer le repos, la médiocrité,
Et donne à la morale un air de volupté.
Rousseau, plus inflexible en sa mâle droiture,
Prend l'homme dans les bois, tout près de la nature ;
Chez lui la vérité parle avec passion,
Et c'est avec fureur qu'il prêche la raison.
Fontenelle, craignant toujours quelque surprise,
Aux passions sur lui ne donne point de prise,
Soigne attentivement son timide bonheur,
Même dans l'amitié met en garde son cœur ;
Ami des vérités , par crainte les enchaîne,
Et s'abstient du plaisir, pour éviter la peine.
Écoutant moins son cœur, et bien plus son esprit,
Voltaire orne avec art la raison qu'il chérit ;
Mais sa philosophie, avec plus de souplesse,
Sur les mœurs de son temps compose sa sagesse ;
Et l'auteur du *Mondain*, à nous plaire occupé,
Immole la morale au succès d'un soupé :
Abandonne la vie à la fougue des vices,
Néglige ses devoirs, recherche ses délices :
Jamais son cœur n'admit de sentimens profonds.
Riche du fonds d'autrui, mais riche par son fonds,
Montagne les vaut tous : dans ses brillans chapitres,
Fidèle à son caprice , infidèle à ses titres,
Il laisse errer sans art sa plume et son esprit,
Sait peu ce qu'il va dire, et peint tout ce qu'il dit :
Sa raison, un peu libre et souvent négligée,
N'attaque point le vice en bataille rangée ;

Il combat, en courant, sans dissimuler rien;
Il fait notre portrait en nous faisant le sien :
Aimant et haïssant ce qu'il hait, ce qu'il aime,
Je dis ce que d'un autre il dit si bien lui-même :
« C'est lui, c'est moi. » Naïf, d'un vain faste ennemi,
Il sait parler en sage et causer en ami.
Heureux ou malheureux, à la ville, en campagne,
Que son livre charmant toujours vous accompagne.

Ne peut-on pas aussi, dans le choix des auteurs,
Consulter ses besoins, et son âge, et ses mœurs :
Graves, ils calmeront le feu de la jeunesse;
Gais, ils feront encor sourire la vieillesse.
Tel Voltaire naissant étudiait Newton;
Vieux, lisait Arioste, et composait *Memnon;*
Et, près du froid Jura, dans l'hiver de sa vie,
A tous nos jeunes fous faisait encore envie.
Telles, filles de l'art, des fleurs parfument l'air,
Font régner le printemps et douter de l'hiver.
Ainsi, de la raison empruntant le langage,
Contre les passions de tout rang, de tout âge,
Je dictai des leçons; mais, contre ces ennuis,
Le malheur à son tour implore des appuis.

Eh! peux-tu dédaigner, muse compatissante,
Du malheur éploré la voix attendrissante?
Souvent des cœurs ingrats la noire trahison,
La mort de ce qu'on aime, accable la raison.
Tantôt, c'est de l'exil la langueur importune,
Tantôt, l'écroulement d'une haute fortune.
Dirai-je les horreurs de la captivité?
Combien de l'âme alors je crains l'activité!
C'est alors que le cœur, loin de tout ce qu'il aime,
Se repliant sur lui, se dévore lui-même :

Alors tout s'exagère ; alors de la raison
Les songes douloureux sont pour elle un poison ;
Et l'homme, de ces maux instrument et victime,
Du malheur, en rêvant, approfondit l'abîme.
Quels que soient vos chagrins, gardez que la douleur
D'une seule pensée occupe votre cœur !
Par des distractions, dont s'amuse votre âme,
De ses feux dévorans amortissez la flamme :
Les flèches de Diane, ainsi que ses filets,
Souvent de Cythérée affaiblirent les traits.
Des beaux-arts, à leur tour, le doux apprentissage
S'empare de l'esprit, le distrait, le soulage ;
Et, d'un joug trop pesant notre esprit échappé,
Par leurs jeux innocens est doucement trompé.
Ainsi, lorsqu'à grands flots un noir torrent bouillonne,
Notre art ouvre une issue à la vague qui tonne ;
Alors le fier torrent court moins impétueux,
Et vient baiser son frein d'un flot respectueux.
Ainsi l'âme, élancée en sa vaste carrière,
Veut des amusemens plutôt qu'une barrière ;
Ainsi, trente tyrans, dans Athène autrefois,
Régnaient moins durement en régnant à la fois :
Comme dans la nature, ainsi notre âme libre
Par d'heureux contrepoids conserve l'équilibre.
De la distraction tel est l'effet puissant !
Au pouvoir qui la dompte elle en oppose cent.
  Des prisonniers français contemplez l'industrie :
Retenus dans les fers, privés de leur patrie,
Leurs épouses, leurs fils, leurs amis sont absens ;
Mais d'un travail heureux les soins divertissans
Consolent leurs regrets ; là, la paille docile
Prend mille aspects nouveaux sous une main agile,

De mille riens charmans amuse leur ennui,
Se dessine en navette, ou se roule en étui ;
Ou, d'un chapeau léger composant la parure,
Va des beautés d'Ecosse orner la chevelure.
Leurs ongles pour canifs, leur rasoir pour ciseau,
Ils travaillent le lin, l'écorce, le roseau :
L'un tresse son panier, et l'autre sa corbeille ;
A la journée active ils ajoutent leur veille.
Ailleurs, les vils débris de leurs sobres banquets,
Des os taillés, sculptés, et façonnés sans frais,
Chefs-d'œuvre ingénieux de la constance adroite,
Sont changés en coffrets, sont transformés en boîte,
Et sous un doigt léger présentent, chaque jour,
Des dons pour l'amitié, des présens pour l'amour ;
Et d'un art inventif l'élégante merveille
S'en va rendre plus pure ou la bouche ou l'oreille :
Le chef-d'œuvre imprévu charme les yeux surpris,
Et l'art de la matière a surpassé le prix.
Chaque heure a son emploi ; ces simples bagatelles
Vont charmer les amis, les amans et les belles ;
Et le bonheur oisif, en dépit des verrous,
De l'adresse captive est lui-même jaloux.
Ainsi souvent les arts, de l'ennui sont l'ouvrage,
Et l'esprit inventeur est né de l'esclavage ;
Le captif solitaire est soulagé par lui ;
Il trompe la douleur, et le temps et l'ennui.
Tout prêt à s'échapper par des routes nouvelles,
Dédale en sa prison se fabriqua des ailes,
En arma son enfant ; et, libre de ses fers,
Nocher audacieux, navigua dans les airs ;
Mais, avant de quitter ses lugubres demeures,
Combien sur lui du temps pesaient les lentes heures !

Le travail l'abrégeait, et son cœur désolé,
Avant que d'être heureux, fut du moins consolé.

Ah! sous le poids des fers si l'esprit peut s'éteindre,
Combien l'égarement est encor plus à craindre,
Pour un ami des arts, de qui l'esprit ardent
Veut dans le monde entier errer indépendant;
Et de qui l'âme fière, ombrageuse et sauvage,
S'effarouche et s'irrite au seul nom d'esclavage!

Tel fut ce Pélisson, dont la constante foi
Brava, pour un ami, le courroux d'un grand roi.
Digne élève des arts, sa généreuse audace
De l'illustre Fouquet embrassa la disgrâce;
Et, tandis que dans Vaux, aux Naïades en pleurs,
La Fontaine faisait répéter ses douleurs,
Pélisson dans les fers suivit cette victime :
Aimer un malheureux, ce fut là tout son crime.
Trop souvent du pouvoir les agens détestés
Joignent à ses rigueurs leurs propres cruautés.
Du triste Pélisson pour combler la misère,
On avait retranché de son toit solitaire
Ses livres, ses travaux, et l'art consolateur
Qui confie au papier les sentimens du cœur.
Déjà dans les langueurs de sa mélancolie,
Il sentait par degrés s'approcher la folie.
Pour tromper ces chagrins il invente un secret
Frivole en apparence, et puissant en effet :
Des milliers de ces dards, dont les pointes légères
Fixent le lin flottant sur le sein des bergères,
Jetés sur ses lambris, ramassés tour à tour,
Trompaient dans sa prison les longs ennuis du jour;
Mais bientôt ce vain jeu ne fut qu'un soin pénible :
L'être qui sent, lui seul, console un cœur sensible.

Au défaut des humains, souvent les animaux
De l'homme abandonné soulagèrent les maux ;
Et l'oiseau qui fredonne, et le chien qui caresse,
Quelquefois ont suffi pour charmer sa tristesse.
L'infortune n'est pas difficile en amis :
Pélisson l'éprouva. Dans ces lieux ennemis,
Un insecte aux longs bras, de qui les doigts agiles [17]
Tapissaient ces vieux murs de leurs toiles fragiles,
Frappe ses yeux : soudain, que ne peut le malheur !
Voilà son compagnon et son consolateur !
Il l'aime : il suit de l'œil les réseaux qu'il déploie ;
Lui-même il va chercher, va lui porter sa proie.
Il l'appelle, il accourt, et jusque dans sa main
L'animal familier vient chercher son festin.
Pour prix de ces secours, il charme sa souffrance ;
Il ne s'informe pas, dans sa reconnaissance,
Si de ce malheureux, caché dans sa prison,
Le soin intéressé naît de son abandon.
Trop de raisonnement mène à l'ingratitude :
Son instinct fut plus juste; et, dans leur solitude,
Défiant et barreaux, et grilles, et verrous,
Nos deux reclus entre eux rendaient leur sort plus doux ;
Lorsque, de la vengeance implacable ministre,
Un geôlier au cœur dur, au visage sinistre,
Indigné du plaisir que goûte un malheureux,
Foule aux pieds son amie, et l'écrase à ses yeux :
L'insecte était sensible, et l'homme fut barbare !
Ah ! tigre impitoyable et digne du Tartare,
Digne de présider au tourment des pervers,
Va, Mégère t'attend au cachot des enfers !
Et toi, de qui Pallas punit la hardiesse,
Et qui par ton bienfait reconquis ta noblesse,

Dont peut-être l'instinct, dans ce mortel chéri,
Devinait des beaux-arts l'illustre favori,
Arachné, si mes vers vivent dans la mémoire,
Ton nom de Pélisson partagera la gloire ;
On dira ton bienfait, ses vertus, ses malheurs,
Et ton sort avec lui partagera nos pleurs.

FIN DU CHANT VI.

CHANT VII.

Lorsque de l'univers l'aimable enchanteresse,
L'Imagination, me porta dans la Grèce,
Je ne m'attendais pas qu'un jour mes propres yeux
Verraient ces belles mers, ces beaux champs, ces beaux cieux :
Je les ai vus ! mon cœur a tressailli de joie :
Homère m'a guidé dans les champs où fut Troie.
Pour moi, ses vers divins peuplaient ces lieux déserts,
Et ces lieux, à leur tour, m'embellissaient ses vers.
Un délire charmant, qu'il m'inspirait sans doute,
D'enchantemens sans nombre avait semé ma route ;
Je ne demandais plus, pour traverser les flots,
Ni le secours des vents, ni l'art des matelots ;
Je disais aux tritons, aux jeunes néréides,
De pousser mon vaisseau sur les plaines humides.
Tout-à-coup sur ces mers, à mes yeux s'est montré [1]
Un stupide pacha, d'esclaves entouré ;
Tout s'est désenchanté ; j'ai vu dans le silence
S'asseoir sur des débris la servile ignorance ;
Et j'ai dit, en pleurant sur ces illustres lieux :
« Séjour de la beauté, des héros et des dieux,
Qu'as-tu fait de ta gloire ? O malheureuse Grèce !
As-tu donc oublié tes titres de noblesse ?
Partout sont des témoins de tes antiques arts ;
Partout de tes palais, de tes temples épars,

Quelque reste imposant, dans sa décrépitude,
Semble encore à lui seul peupler ta solitude.
Vois gravés sur tes murs Platée et Marathon [2] !
Tant qu'il reste une pierre où se lise leur nom,
Elle accuse ta honte et pleure ta mémoire.
Eh ! pourquoi dépouiller tous tes droits à la gloire ?
De ta grandeur antique une ombre reste encor ;
Voilà l'habit, l'écharpe et d'Hélène et d'Hector.
Dans la jeune beauté qui bondit en cadence,
Des vierges de tes chœurs j'ai reconnu la danse ;
Sa voix m'a rappelé leurs sons mélodieux,
Cette langue sacrée et d'Homère et des dieux.
Reine de la tribune, au lycée, au théâtre,
Dans les chants du rameur, dans les accens du pâtre,
J'ai reconnu son rhythme et son charme flatteur.
N'as-tu plus ton beau ciel, ton climat enchanteur ?
Derrière les rochers de Sparte et de l'Épire,
De tes anciens héros la liberté respire.
De tes pompeux débris sors donc et lève-toi !
Reprends ton noble orgueil, reprends ton sceptre ; et moi,
Sous ton ciel poétique, à l'aspect du Bosphore,
Pour ma divinité je vais chanter encore. »
    Et comment en ces lieux oublier ses bienfaits ?
N'est-ce point chez ce peuple, épris de ses attraits,
Qu'elle dictait les lois, inspirait les oracles,
Et marchait au bonheur au milieu des miracles ?
Muse, qui l'instruisis au grand art d'émouvoir,
Aux modernes états viens montrer son pouvoir ;
Dis-nous comment sa voix, douce législatrice,
Commandait sans licteurs, gouvernait sans supplice ;
Viens, parle ; et que ces bords, qui te furent connus,
Te rappellent Orphée, Amphion et Linus.

Quand Orphée, Amphion, Linus, prenaient la lyre,
Leurs voix des vains plaisirs ne chantaient pas l'empire ;
Ils chantaient les héros, les arts et les autels,
Et les augustes lois consolant les mortels.
Art des vers, souviens-toi de tes premiers miracles ;
Souviens-toi qu'en ces lieux tu dictais les oracles,
Et fais entendre encor des sons dignes de toi.

   Quand des hommes, unis sous une même loi,
D'une cité commune habitèrent l'enceinte,
En vain, pour inspirer le respect et la crainte,
Leur chef eût déployé l'appareil des faisceaux,
Rassemblé des soldats, dressé des échafauds ;
L'Imagination étalant tous ses charmes,
Bien mieux que la coutume, et les lois, et les armes,
Par les solennités, les fêtes et les jeux,
Le costume imposant, les spectacles pompeux,
Nourrit du bien public la noble idolâtrie,
Et fit par les plaisirs adorer la patrie.
Mais avant que des jeux, des fêtes et des arts,
La pompe politique enchantât les regards,
Il fallait sous des chefs, armés de la puissance [3],
Des mortels nés égaux forcer l'obéissance,
Et du respect du sang nourrir l'illusion.
Sans elle, tout est trouble, erreur, confusion ;
Sans elle, tout-à-coup plus terrible et plus fière,
S'élève en rugissant l'égalité première,
Qui, fondant l'anarchie, et féconde en tyrans,
Par le commun désastre égale tous les rangs.
Ce respect seul est tout ; et, dans l'Olympe même,
L'ingénieux Ovide en a trouvé l'emblème.

   Voyez-le, nous ouvrant les annales des cieux,
Raconter aux mortels l'étiquette des dieux !

« Lorsque les dieux, dit-il, au ciel prirent séance,
Nul ordre n'y régnait, et nulle préséance
Ne distinguait entre eux les états différens,
Les grands et les petits étaient aux mêmes rangs.
Souvent des immortels de l'ordre le plus mince,
Des dieux nouveau-venus, et des dieux de province,
Auprès de Jupiter s'asseyaient sans façon ;
Neptune prenait place à côté d'un triton ;
Près de Cybèle était la nymphe du bocage ;
On vit près d'Apollon un satyre sauvage,
Un monstre qui n'était homme et dieu qu'à moitié ;
Et, pour tout dire enfin, les cieux faisaient pitié.
Pour comble de malheur, vils enfans de la terre,
Des hommes aux cent bras aux dieux firent la guerre.
L'Olympe était perdu, quand le grand Jupiter
Lança ses traits brûlans de l'empire de l'air,
Et contre l'insolence, armé par la justice,
Foudroya de leurs monts l'orgueilleux édifice.
Sur son trône vengé le vainqueur vint s'asseoir.
   « Alors, pour affermir à jamais son pouvoir,
Une divinité dans le ciel prit naissance :
Son nom est Dignité ; les Égards, la Décence,
Baissent à côté d'elle un œil respectueux ;
Elle eut, même en naissant, des traits majestueux.
Elle-même des dieux distingua chaque classe ;
Elle régla leurs rangs, leur assigna leur place ;
Au-dessous des grands dieux mit les dieux plébéiens,
Des cieux mieux ordonnés paisibles citoyens.
Tous de leur souverain respectaient la présence ;
A son banquet royal tous siégeaient en silence ;
Apollon seul, touchant son luth mélodieux,
Avait droit de troubler l'auguste paix des cieux.

Ainsi chacun, soumis à cet ordre suprême,
En honorant son chef, fut honoré lui-même ;
Et le Respect, enfin, fils de la Dignité,
Dispensa le Pouvoir de la Sévérité. »

Je connais un empire où l'auguste déesse,
D'une brillante cour souveraine maîtresse,
Soutint long-temps le sceptre ; elle réglait les rangs,
Subordonnait le peuple, en imposait aux grands.
Louis, qui quarante ans lui confia sa gloire,
Louis lui dut peut-être autant qu'à la victoire.
Au bal, à l'audience, aux festins, aux combats,
Toujours en grand costume elle suivait ses pas,
Et plaçait les sujets à leur juste distance.
Long-temps son successeur régna par elle en France.
Un nouveau règne enfin s'ouvrit comme un beau jour ;
Un couple auguste en fit l'ornement et l'amour.
Mais, moins fiers en secret de régner que de plaire,
Leur bonté détruisit l'Étiquette sévère ;
La foule de plus près put voir son souverain ;
La royauté perdit son magique lointain [4] ;
Le costume oublia sa noblesse imposante :
Alors tout fut perdu : l'Illusion puissante,
Aux regards composés, à l'air mystérieux,
L'Illusion, qui sert et les rois et les dieux,
Aux Français familiers que le Respect fatigue,
Dans ses libres humeurs n'opposa plus de digue.
De l'antique Respect tout fut désenchanté :
Le Pouvoir disparut avec la Dignité ;
Et, rappelant en vain cette auguste déesse,
La Force, mais trop tard, reconnut sa faiblesse.

Quand des êtres divers subordonnés entre eux,
Un utile respect eut affermi les nœuds,

Par des fêtes, des jeux et des cérémonies,
Il fallut captiver leurs tribus réunies :
Ainsi, dans tous les lieux, l'art des législateurs
Sur l'empire des jeux fonda celui des mœurs ;
Et de l'esprit public entretenant les flammes,
Par l'oreille et les yeux assujettit les âmes.

    De ces solennités, par qui sut autrefois
L'Imagination suppléer à nos lois,
Aucune n'est égale à ces pompes funèbres
Qu'elle-même embellit chez cent peuples célèbres ;
Plein de ces grands pensers et de ces grands tableaux,
J'ai médité long-temps, assis sur les tombeaux,
Non pas pour y chercher, dans ma mélancolie,
Le secret de la mort, mais celui de la vie.

    Regardez ces débris dispersés par les vents :
Croyez-vous tous ces morts étrangers aux vivans ?
Non : d'un tendre intérêt sources toujours fécondes,
Les tombeaux sont placés aux confins des deux mondes [5] ;
Rendez-vous triste et cher, où, confondant leurs vœux,
La vie et le trépas correspondent entre eux.
Ceux que vous croyez morts, vivent dans vos hommages ;
Vous conservez leurs noms, vous gardez leurs images.
Et qui n'a pas connu ces dogmes révérés ?
Voyez comme, assemblant ces restes adorés,
Le sauvage avec joie en remplit sa cabane,
Et change en lieu sacré sa retraite profane !
L'amour de son pays, c'est l'amour des aïeux.
Allez lui commander d'abandonner ces lieux :
« Dis donc, vous répond-il, dis aux os de nos pères :
Levez-vous, et marchez aux terres étrangères. »
Dans ses marques de deuil quel sentiment profond !
Tandis que sur sa main posant son triste front,

L'époux morne et pensif pleure un fils qu'il adore,
La mère en gémissant vient le nourrir encore ;
Et sur la tombe, où gît l'objet de ses douleurs,
Elle verse en silence et son lait et ses pleurs.

Dirai-je des Natchés la tristesse touchante?
Combien de leur douleur l'heureux instinct m'enchante !
Là, d'un fils qui n'est plus la tendre mère en deuil
A des rameaux voisins vient pendre le cercueil.
Eh ! quel soin pouvait mieux consoler sa jeune ombre ?
Au lieu d'être enfermé dans la demeure sombre,
Suspendu sur la terre et regardant les cieux,
Quoique mort, des vivans il attire les yeux.
Là, souvent sous le fils vient reposer le père :
Là, ses sœurs en pleurant accompagnent leur mère ;
L'oiseau vient y chanter, l'arbre y verse des fleurs,
Lui prête son abri, l'embaume de ses pleurs :
Des premiers feux du jour sa tombe se colore ;
Les doux zéphyrs du soir, le doux vent de l'aurore [6],
Balancent mollement ce précieux fardeau,
Et sa tombe riante est encore un berceau :
De l'amour maternel illusion touchante !

Des peuples policés la morale savante
Aux plus sauvages mœurs ressemble quelquefois,
Et souvent de l'instinct la raison suit les lois.
Ainsi la vertueuse et tyrannique Rome [7],
Qui fut souvent l'opprobre et la gloire de l'homme,
Pour s'honorer soi-même, honora le cercueil.
Non que j'approuve ici le faste de son deuil.
Ses pleureuses à gage et leurs cris mercenaires :
Tous ces pompeux regrets, ces larmes mensongères,
Valent-ils un des pleurs dérobés à demi,
Qui roulent tendrement dans les yeux d'un ami?

Mais qui ne chérirait la tristesse pieuse,
Qui, perçant des tombeaux la nuit religieuse,
Par d'innocens tributs répétés tous les ans,
Des flots de vin, de lait, des fruits et de l'encens,
Venait charmer les morts dans leur asile sombre,
Et de la vie au moins leur retraçait quelque ombre!
Les morts étaient muets à leurs cris douloureux;
Mais le cœur leur parlait et répondait pour eux.
Si j'entre en ces dépôts des monumens antiques,
Ces urnes, ces trépieds, ces bronzes magnifiques,
N'égalent pas pour moi ces vases de douleurs
Où l'amitié versait et recueillait ses pleurs.
Enfin, j'honore en eux jusques à la folie
Qui place près des morts les besoins de la vie.
    Je sais que plus d'un peuple, en sa stupide erreur,
Mêle la barbarie à ces doux soins du cœur :
Ainsi sont inhumés, chez des peuples barbares,
Leurs plus chers serviteurs, leurs chevaux les plus rares,
Leur chien le plus fidèle; innocens animaux,
Consumés par la faim dans la nuit des tombeaux.
Étrange aveuglement, stupide frénésie,
Qui joint dans le cercueil la mort avec la vie!
Mais quel cœur ne pardonne aux consolans abus
Qui des vivans aux morts apportent les tributs,
Le miel, le vin, l'encens, l'obole du voyage?
La raison dédaigneuse insulte à cet usage;
Mais quand le cœur honore un objet adoré,
L'erreur est respectable et l'abus est sacré.
Que dis-je? ces devoirs, ces cultes domestiques
Sont-ils donc étrangers aux fortunes publiques?
L'État n'est-il pour rien dans ces touchans regrets?
Non, non : de notre deuil vénérables objets,

Ces morts à haute voix sont nommés dans vos temples,
Vivent dans leurs bienfaits, dans leurs nobles exemples;
Dans leurs brillans écrits leur souveraine voix,
Du bord de leurs tombeaux vous ont dicté ces lois
Qui disposent encor de vos fils, de vos filles,
Sont l'âme de l'État, le code des familles;
Leurs vœux règnent sur vous, et prolongeant leurs jours,
A vos enfans soumis ils commandent toujours.
L'héritage éternel qui, dans la race humaine,
Des générations forme la grande chaîne,
Remonte, redescend, et par d'utiles nœuds,
Joint le père aux enfans, les fils à leurs aïeux.
      Ce n'est donc pas en vain que l'humanité sainte [8]
Des tombeaux en tous lieux a consacré l'enceinte.
Protéger les tombeaux, c'est honorer les morts;
Et ce culte sublime, en consacrant leurs corps,
Maintient leurs volontés, impose au sacrilége
Qui, bravant du trépas l'auguste privilége,
Outrageant et la tombe, et la terre, et les cieux,
De la mort libérale ose tromper les vœux :
Homicide attentat, dont l'avide imprudence,
Détruisant le bienfait, détruit la bienfaisance,
Ravit à la bonté l'espoir d'un souvenir,
Et par l'ingratitude appauvrit l'avenir.
Eh! sans ce long respect, ce culte salutaire,
Qui des races transmet la chaîne héréditaire,
Que seraient les mortels? les siècles passagers
Périraient sans retour, l'un à l'autre étrangers;
Ainsi du peuple ailé les familles légères,
Vagabondes tribus, sans aïeux et sans frères,
Méconnaissent leur race au sortir du berceau.
Mais du sein de la nuit et du fond du tombeau,

Un cri religieux, le cri de la nature,
Vous dit : Pleurez, priez sur cette sépulture ;
Vos parens, vos amis, dorment dans ce séjour,
Monument vénérable et de deuil et d'amour.
Ces êtres consacrés par les devoirs suprêmes,
Honorez-les pour eux, pour l'État, pour vous-mêmes.
Ainsi le dogme saint de l'immortalité
Recommande notre ombre à la postérité ;
Ainsi prêtant sa force au saint nœud qui nous lie,
Le respect pour les morts gouverne encor la vie.

    Aussi, voyez comment l'automne nébuleux,
Tous les ans, pour gémir, nous amène en ces lieux,
Où des siècles humains, que les temps renouvellent,
Les générations en foule s'amoncellent,
Où l'âge qui n'est plus attend l'âge suivant,
Où chaque grain de poudre autrefois fut vivant !
Là, des cœurs attendris écoutant le murmure,
La foi vient recueillir les pleurs de la nature.
Cette religion, dont les austères lois
Quelquefois du sang même ont étouffé la voix,
Aujourd'hui visitant les funèbres enceintes,
Entre l'homme vivant et les races éteintes,
Réveillant de l'amour les pieuses douleurs,
De la mort elle-même emprunte les couleurs :
Ce n'est plus son habit, ses hymnes d'allégresse,
C'est sa robe de deuil et ses chants de tristesse.
Hélas ! quand ses élus, au gré de leurs désirs,
S'enivrent à longs traits des célestes plaisirs,
Pour leurs frères souffrans, mère compatissante,
Elle élève vers Dieu sa voix attendrissante :
Dieu reçoit de ses mains l'holocauste d'un Dieu.
Pour courir aux tombeaux, tous sortent du saint lieu ;

Aucun ne se méprend, chacun connaît la pierre
Où tout ce qu'il aima repose sur la terre,
Et le tertre modeste où gît l'humble cercueil,
Et la croix funéraire, et l'if ami du deuil,
Qui, protégeant les morts de son feuillage sombre,
A l'ombre des tombeaux aime à mêler son ombre.
   Dieux! sous combien d'aspects, dans ce triste séjour,
Se montrent le regret, la douleur et l'amour!
Là, les cheveux épars, la sœur pleure son frère.
Hélas! trop tôt ravie aux baisers de sa mère,
Une vierge a subi son précoce destin :
Un jour, par ses accens, précurseurs du matin,
Pour les travaux du jour le coq l'eût éveillée ;
Le soir, par ses chansons égayant la veillée,
Au bruit de la romance et des vieux fabliaux,
Elle eût tourné la roue et roulé les fuseaux !
Ailleurs, un faible enfant d'une mère chérie,
Sans connaître la mort, redemande la vie.
Plus loin, chauve et courbé, ce vieillard pleure assis
Entre le corps d'un père et le tombeau d'un fils ;
Et, par ses cheveux blancs averti d'y descendre,
Déjà choisit sa place à côté de leur cendre.
Approchez : là repose un héros villageois
Qui laissa ses sillons pour les drapeaux des rois.
Le trépas, au hasard peuplant son noir royaume,
L'oublia dans les camps et le prit sous le chaume :
Tout le hameau le pleure : il ne contera plus
Les grands coups qu'il porta, les hauts faits qu'il a vus.
Quelle est, sur la hauteur, cette tombe isolée,
Où s'empresse à grands flots la troupe désolée?
Ah! c'est de leur pasteur le monument pieux;
Leur espoir sur la terre, il l'est encore aux cieux.

L'ami pleure un ami, l'époux pleure une épouse :
Hélas ! de leur bonheur la fortune jalouse
A peine encor formés, a brisé leurs doux nœuds ;
Elle expire ; et son fils, ô destin malheureux !
Ce fils, à qui jamais ne sourira son père,
Meurt, avant d'être né, dans le sein de sa mère :
Tel le bouton naissant se fane avec la fleur !
Partout les cris du sang et les larmes du cœur,
Les cités, les hameaux, les palais, les cabanes,
Tous ont leurs morts, leurs pleurs, leurs cercueils et leurs mânes.
Durant le jour entier, les soupirs, les sanglots,
Roulent de tombe en tombe et d'échos en échos.
Souvent on croit ouïr, des voûtes sépulcrales,
De lamentables voix sortir par intervalles.
   Soudain la scène change : ô surprise ! ô transport !
Je vois planer la vie au-dessus de la mort :
Son empire est fini. Dans sa sombre retraite,
J'entends, j'entends sonner la terrible trompette.
Partout, avec ces mots, court l'espoir et l'effroi :
« Vieux ossemens, vivez ; poudre, réveille-toi. »
Et déjà l'Éternel prépare en ses justices
Le lieu des châtimens et le lieu des délices.
Mais avant ce grand jour, reçois, Dieu de bonté,
Les vœux de la faiblesse et de l'humanité.
Peux-tu punir toujours les erreurs d'une vie
Si chèrement payée et promptement ravie ?
Dieu puissant, dis un mot ! leurs crimes ne sont plus ;
Dieu, rouvre les tombeaux et reprends tes élus :
Qu'ils te parlent pour nous ; que de leurs rangs suprêmes
Ils contemplent les maux qu'ils connurent eux-mêmes,
Et qu'ainsi soient unis, par d'invisibles nœuds,
Et la vie et la mort, et la terre et les cieux !

Ainsi des morts sacrés nous honorons les restes :
Que dis-je ? ô siècle impie ! ô dogmes trop funestes !
Ce culte, ce respect, qu'on nomme préjugés,
Ne sont que trop détruits ou que trop négligés :
Les morts n'ont plus d'amis ; mais si nos froids hommages
Des antiques douleurs dédaignent les usages,
O vous, que j'ai perdus, qu'enferme le cercueil,
Ah ! lisez dans mon âme, et voyez-y mon deuil.

Toi, surtout, toi, Turgot, que j'aimai dès l'enfance,
Toi, l'ami des vertus, des arts et de la France :
Cœur noble et généreux, je n'oublîrai jamais
Que tu daignas sourire à mes premiers essais ;
Que tu vins me chercher dans mon humble fortune,
Que tu formas mon goût, aidas mon infortune :
D'un mal, héréditaire ainsi que tes vertus,
Tu meurs ; mais tes bienfaits vivent où tu n'es plus.
Ces écrits qu'en mourant me légua ta tendresse,
J'en fais ma volupté, mon orgueil, ma richesse.
Hélas ! le ciel jaloux te ravit à mon cœur,
Trop tôt pour tes amis, mais non pour ton bonheur.
Tu n'as point vu les maux de ma triste patrie,
Le sang qu'elle a versé, le joug qui l'a flétrie :
Dans la nuit du tombeau tu dors en paix, et moi,
Je pleure ici, tout seul, sur la France et sur toi.
Des malheureux humains cruelle destinée !
A souffrir, à mourir, leur race est condamnée ;
De l'indigent surtout tel est le triste sort :
Le berceau, la douleur, le travail et la mort.

C'est pour charmer ces maux que nos sages ancètres
Inventèrent les jeux et les fêtes champêtres :
Ainsi dans les hameaux, la danse et les chansons
Célèbrent la vendange et les riches moissons.

Mais ces temps ne sont plus : une morne tristesse
Partout a remplacé la rustique allégresse,
Depuis que, cultivant et semant pour autrui,
Le travail indigent ne cueille plus pour lui.
Autour des gerbes d'or qui marchent vers les granges,
Des corbeilles de fruits, des paniers de vendanges,
Les chants, les cris joyeux ne retentissent plus ;
Le travail est resté, les plaisirs sont perdus.
   Le Midi seul encor de ces fêtes rustiques
A gardé dans ses champs quelques restes antiques ;
Là, de fleurs entouré par le cultivateur,
Le char de la moisson marche en triomphateur ;
Là, dès que Mai sourit, de ses fleurs couronnée,
Et sous le dais d'un chêne avec pompe amenée,
La bergère s'assied, et ravit aux brebis
La laine dont ses mains fileront ses habits.
Chacune, tour à tour vient offrir la dépouille
Qu'attendent le fuseau, l'aiguille et la quenouille.
Le mouton favori se présente à son tour,
Adopté par le choix ou donné par l'amour :
Plus indulgente alors, la sensible bergère
Promène le ciseau d'une main plus légère.
Tout-à-coup on se lève, et les pipeaux joyeux
Ont donné le signal des plaisirs et des jeux :
On chante, on danse, on rit, et le coteau renvoie
Bien avant dans la nuit les éclats de leur joie.
   Des danses du village et du chant des pasteurs,
Que je passe à regret aux pompes des vainqueurs !
Tous les peuples du monde ont voulu, par des fêtes,
Signaler leurs exploits, célébrer leurs conquêtes ;
Et Rome si touchante en ces scènes de deuil,
Rome a connu surtout ces pompes de l'orgueil.

Non , jamais tant d'éclat , d'honneur et de richesse ,
N'entretint des héros l'ambitieuse ivresse.
Cette superbe Rome et ses brillans exploits ,
Ces arcs triomphateurs , ces dépouilles des rois ,
Ce coup d'œil imposant des maîtres de la terre ,
La paix ornant ces jeux des pompes de la guerre ,
Ces aigles qui semblaient, planant du haut des airs ,
Du tonnerre de Rome effrayer l'univers ;
Devant le peuple-roi les rois sans diadèmes
Escortant la victime , et victimes eux-mêmes ;
Cet or, ces chars captifs , ces consuls , ce sénat ,
De l'éclat d'un beau ciel rehaussant leur éclat ,
Et le vainqueur enfin sur son trône d'ivoire ,
Tout peignait, inspirait et commandait la gloire.
Gloire ! s'écriaient-ils , et triomphe au vainqueur !
Triomphe ! s'écriaient tous les Romains en chœur.
Enfin , la pompe arrive : on entre au Capitole ,
Et le vin et l'encens ont fumé pour l'idole.
Rien ne vous retient plus, allez , braves guerriers ,
Chercher d'autres périls , cueillir d'autres lauriers ;
Partez : Rome jamais n'interrompt ses conquêtes.
Mais aucun temps ne vit d'aussi brillantes fêtes ,
Que lorsque Paul Émile , en ces murs glorieux ,
Guida , trois jours entiers , son char victorieux ,
Quand Persée , enchaîné , suivait sa marche altière.
O malheureux monarque , et plus malheureux père ,
Ton vainqueur a besoin des désastres d'un roi ;
Et tes enfans captifs vont marcher devant toi !
    Que dis-je? ô coup du sort ! ô jeux de la fortune !
Le vainqueur, du vaincu partage l'infortune ;
La mort de ses enfans flétrit des jours si beaux ,
Et son char triomphal marche entre deux tombeaux.

Pour l'orgueil des humains trop inutile exemple !
Tandis que du vainqueur qui marche vers le temple
Tout redit les exploits, tout répète le nom,
Seul, muet et pensif, le jeune Scipion,
L'œil fixé sur le char, s'enivre de la gloire,
Et déjà dans son cœur dévore la victoire :
Fiers Africains, tremblez : voilà votre vainqueur !

  Sésostris, le premier, heureux triomphateur,
Dans l'Égypte étala des rois chargés de chaînes.
Mais, dans ce vieux berceau des sciences humaines,
O combien j'aime mieux ces fêtes où les lois,
A côté de leur tombe, interrogeaient les rois !
Quelle solennité plus grande, plus auguste !
Malheur alors, malheur à tout monarque injuste !
Cités devant l'Égypte, aux yeux de l'univers,
Entre l'urne du peuple et l'urne des enfers,
Entre la voix du siècle et les races futures !
Leurs mânes, arrêtés au bord des sépultures,
Pour entendre l'arrêt, ou propice ou fatal,
Comparaissaient sans pompe à ce grand tribunal.
Là, plus de courtisans, de voix adulatrice ;
Où cessait le pouvoir commençait la justice ;
Là, de l'homme indigent les pleurs long-temps perdus,
Les cris des opprimés, étaient seuls entendus.
Dans son dernier sujet le roi trouvait un juge ;
Le crime détrôné n'avait plus de refuge ;
Et la vérité sainte, auprès de leur tombeau,
Aux torches de la mort allumait son flambeau.
Heureux alors, heureux qui, sous le diadème,
D'avance avec rigueur s'était jugé lui-même !   .
Son nom était béni, son règne était absous.
Rois, ce grand tribunal n'existe plus pour vous :

Mais il existe encor des juges plus terribles;
Juges toujours présens, toujours incorruptibles,
Dont rien ne peut fléchir l'inflexible équité :
C'est votre conscience et la postérité.

Des coutumes du Nil imitateurs fidèles,
Les Grecs ont de bien loin surpassé leurs modèles.
Amis brillans des arts, nul peuple ne sut mieux
Gouverner par l'oreille et régner par les yeux.
Non que j'admire ici ces joutes olympiques,
Ces combats néméens et ces fêtes pythiques :
Que m'importe qu'un char, sur son essieu brûlant,
Tourne autour de la borne et la rase en sifflant ;
Que le ceste, appuyé par une main pesante,
Disperse du vaincu la cervelle sanglante?
Mais que j'aime ces jeux qui, par un art plus doux,
Préparaient des héros, des pères, des époux !
Un chœur d'adolescens, un chœur de jeunes filles,
La fleur de leur pays, l'espoir de leurs familles,
Par la religion à l'État présentés,
L'un à l'autre étalaient leurs naissantes beautés :
Les yeux avec plaisir, sur leur jeune visage,
Des appuis de l'État reconnaissaient l'image.
Tous, portant dans leurs mains des corbeilles de fleurs
Dont leur jeunesse encore effaçait les couleurs,
L'air noblement modeste, avançaient en silence,
Parés de leur pudeur et de leur innocence ;
Leurs yeux ne se levaient que pour voir autour d'eux
L'image des héros, des belles et des dieux.
Triomphant à l'aspect d'une race si belle,
L'hymen s'applaudissait de sa moisson nouvelle,
Et montrait à l'amour, dont il guidait les pas,
Ceux que d'un trait doré devait percer son bras.

Les fils, d'un doux orgueil enflaient déjà leurs pères,
Pour les filles battait le tendre cœur des mères :
L'État sur son espoir fixait des yeux contens :
Telle une belle année étale son printemps ;
Tel, autour de sa ruche, autour des fleurs vermeilles,
Vole et s'épanouit un jeune essaim d'abeilles :
D'allégresse et d'amour tous les cœurs enivrés,
Les danses, les festins, les cantiques sacrés,
De femmes, de vieillards une foule attendrie,
Tout, dans ces jeunes cœurs imprimait la patrie.
Tous, prêts à lui livrer et leurs jours et leurs biens,
Rentraient encore enfans, mais déjà citoyens.

Aux fêtes de l'État, à leur sainte allégresse,
Moins propice, il est vrai, que celui de la Grèce,
Notre ciel est plus sombre et souvent orageux ;
Souvent les noirs torrens viennent troubler nos jeux ;
Et leurs tristes débris, battus par la tempête,
Offrent l'air d'un naufrage et non pas d'une fête.
Mais si vous ne pouvez, sous un ciel plus vermeil,
A vos jours de triomphe appeler le soleil,
Eh bien ! à nos Français, de la scène idolâtres,
Que des cirques pompeux, que de nobles théâtres,
Présentent, dans les jours de vos solennités,
Non tous ces vieux Romains, non ces Grecs si vantés,
Tous ces grands criminels trop chers à Melpomène,
Dont les noms deux cents ans ont usurpé la scène ;
Mais l'honneur des Français consacré par les arts,
Et de leur propre gloire enivrant leurs regards.
Surtout parmi l'horreur des guerres intestines,
N'allez pas de l'État célébrer les ruines ;
Et, lorsque du combat vous remportez le prix,
Des vaincus en triomphe étaler les débris.

Les Romains, au milieu des discordes civiles,
Ne triomphaient jamais du malheur de leurs villes ;
Jamais au Capitole un vainqueur inhumain
Ne conduisit son char souillé de sang romain.
Ah ! pour des jours plus beaux, de plus nobles conquêtes,
Gardez cet appareil, ces hymnes et ces fêtes.
Attendez que la rage ait éteint ses flambeaux,
Ait brisé ses poignards, ait fermé les tombeaux ;
Alors, sur les autels de la haine étouffée,
La paix, l'aimable paix dressera son trophée ;
Alors je prends la lyre, alors ma faible voix
Ranimera ses sons pour la dernière fois.
Trop heureux, en mourant, si de l'État qui tombe
L'astre victorieux éclaire enfin ma tombe !
    Mais c'est peu de fêter les vertus, les hauts faits,
Si de grands monumens n'en consacrent les traits.
Vois comme tout s'enfuit, se dissipe et s'envole !
Le Temps, vieillard semblable à cet enfant frivole
Qui fait et qui détruit ses palais d'un moment,
De ses propres travaux se joue incessamment.
Que l'homme est passager ! que sa vie est cruelle !
Tout répète ici-bas cette plainte éternelle.
L'astre le plus brillant de gloire et de vertus
Paraît, monte, descend, et ne remonte plus.
Il fallait donc un art qui portât d'âge en âge
Les talens, les vertus, la beauté, le courage ;
Fît revivre à nos yeux le mérite éclipsé,
Et rendît l'avenir disciple du passé.
Alors, se réveillant pour le bien de la terre,
L'Imagination dit au marbre, à la pierre :
« Êtres muets, parlez et commandez aux cœurs. »
Aussitôt de l'oubli des monumens vainqueurs

Gardèrent du passé le souvenir fidèle.

Je ne t'oublirai pas, toi, leur premier modèle,
Toi qu'en signe de paix deux patriarches-rois
Aux bords heureux du Nil dressèrent autrefois.
L'architecture alors, informe à sa naissance,
Ne le décora pas avec magnificence :
Corinthe et l'Ionie, à ces premiers travaux
N'avaient point enseigné l'orgueil des chapiteaux.
Rassemblé par leurs mains, sans aucun artifice,
Un humble amas de pierre en forma l'édifice ;
Mais de leur union ce garant respecté
Leur tint lieu de serment, de témoins, de traité.

Depuis, de ce grand art on étendit l'usage :
Des monumens publics le visible langage
En tous lieux exerça son pouvoir souverain.
Dans les champs, dans les murs, sur le marbre et l'airain,
Partout on rencontrait, partout on pouvait lire
Les droits des citoyens, les règles de l'empire,
La peine menaçant les méchans effrayés,
Les noms des ennemis, les noms des alliés,
Des tyrans abattus la mémoire flétrie :
Partout le cri des lois, la voix de la patrie,
Parlaient aux citoyens, tout semblait leur nommer
Ce qu'il fallait haïr, ce qu'il fallait aimer.
A ces hautes leçons, à leur noble éloquence,
Comparez maintenant votre sombre prudence ;
D'alliance, de paix vos traités ténébreux,
Vos registres obscurs, et vos greffes poudreux,
Et ces muettes lois qui, se cachant aux crimes,
Semblent dans le silence épier leurs victimes.

Surtout les grands talens, l'héroïque valeur,
Des monumens publics empruntaient leur chaleur :

L'amour de son pays, la belliqueuse audace,
De leurs pas glorieux voulaient laisser la trace.
Voyez parmi ces morts, entassés par son bras,
Ce Grec demeuré seul dans le champ des combats ;
Sanglant, percé de coups, il se soulève à peine,
Jusqu'à son bouclier avec effort se traîne,
Prend le fer de sa lance, et, plein d'un noble orgueil,
Il écrit : J'AI VAINCU, retombe et ferme l'œil.
Mais de leurs ennemis triomphateurs modestes,
Les Grecs craignaient d'aigrir des discordes funestes :
Leurs monumens n'offraient, sans faste superflu,
Que le nom du vainqueur et celui du vaincu ;
Ils réprimaient leur gloire, et, dans ces grands ouvrages,
Défendaient d'effacer les injures des âges.
Soyez, s'il se peut, grands et modestes comme eux :
N'allez point m'étaler, sur l'airain orgueilleux,
Ce triomphe insultant, ces figures d'esclaves,
Ces groupes de captifs, de chaînes et d'entraves,
Et mêlez moins de faste aux pompes du vainqueur ;
Songez que la fortune, avec un ris moqueur,
Peut vous faire expier votre insolente gloire,
Faire mentir ce bronze et punir la victoire ;
Faites donc pardonner, plus humains et plus doux,
L'outrage du triomphe, en triomphant de vous.

  Mais laissons, il est temps, les monumens profanes :
Dépositaires saints des plus augustes mânes,
Les monumens des morts nous parlent encor mieux.
Je ne sais quel attrait me ramène vers eux.
Que dis-je? ce n'est plus cette tombe vulgaire,
D'une cendre ignorée humble dépositaire ;
Mais les nobles tombeaux de ces morts immortels,
Qui de ces demi-dieux sont les premiers autels :

Leur doux éclat n'a rien dont notre orgueil s'irrite ;
L'inexorable envie y pardonne au mérite.
Hélas ! pour seul abri la gloire a des cyprès ;
Près d'eux sont la tristesse et les tendres regrets.
Ce n'est plus l'intérêt adorant la puissance,
C'est l'hommage épuré de la reconnaissance ;
Et ces objets sacrés de nos justes douleurs
N'ont plus à nous donner que le charme des pleurs.
Que dis-je? ils ont pour nous le bienfait de l'exemple ;
Du sein de leur tombeau, comme du fond d'un temple,
Sort l'oracle du dieu dont il est habité.
La mort nous entretient de l'immortalité ;
Et le nom du héros que la patrie adore,
Ce nom cher aux vertus, nous les commande encore.
　　Je t'en prends à témoin, vainqueur de Fontenoi !
Que ne puis-je conter d'un ton digne de toi,
Avec le noble accent de la muse guerrière,
Le pouvoir du tombeau qu'ennoblit ta poussière?
Quand deux guerriers jadis, témoins de tes combats,
Vinrent pour t'invoquer même après ton trépas,
Tous deux instruits des soins qu'on rend à ta mémoire,
Cherchent le monument que te dressa la gloire.
Pensif, l'air abîmé dans leurs mâles douleurs,
Et de leurs yeux guerriers retenant mal les pleurs,
D'un front qu'ennoblissait plus d'une cicatrice,
Ils s'inclinent de loin devant le grand Maurice,
Marchent vers le tombeau le sabre dans la main,
En aiguisent l'acier sur le marbre divin :
Tous deux ont cru sentir le dieu de la vaillance,
Et tous deux pleins de lui s'éloignent en silence.
Du pied de ce tombeau lancés dans les combats,
Malheur à l'ennemi qu'eût rencontré leur bras.

Eh ! pourquoi donc cacher, barbares que nous sommes,
Loin de l'éclat du jour les tombeaux des grands hommes !
Oh ! que tels n'étaient point ces peuples autrefois,
Si rians dans leurs mœurs, si sages dans leurs lois !
En foule dispersés dans un beau paysage,
Les tombeaux d'un héros, d'un poète, d'un sage,
A l'œil religieux s'offraient à chaque pas ;
Le grand jour en chassait les ombres du trépas.
Mollement inclinés sur ces mânes célèbres,
Des arbres leur prêtaient de plus douces ténèbres ;
L'olivier cher aux morts, symbole de la paix,
Les lauriers triomphans mariés aux cyprès,
Ombrageaient les vertus, les arts ou la victoire.
On croyait parcourir les jardins de la gloire ;
Le deuil s'y dérobait sous l'éclat des honneurs,
Et leur noble aiguillon pénétrait dans les cœurs.
Loin donc ces noirs réduits, loin ces dômes funèbres !
C'est vouloir du trépas redoubler les ténèbres ;
C'est d'un indigne exil flétrir les morts fameux.
Ah ! laissez, relégués dans leurs caveaux pompeux,
Sous le marbre imposteur qui flatte encor leurs ombres,
Tous ces rois fainéans qui, sous ces voûtes sombres,
Ont changé de sommeil, et qu'a jetés le sort
Du néant de leur vie au néant de la mort.
Mais pourquoi m'y cacher les mânes de Turenne ?
Leur cendre assez long-temps s'honora de la sienne.
Ah ! puisse au moins son corps, dans ce caveau sacré,
Reposer toujours cher et toujours révéré !
    Que dis-je ? il n'est plus temps, tout un peuple en furie !...
O forfait exécrable ! ô honte, ô barbarie !
Du vengeur de l'État le repos est troublé,
Ses honneurs sont détruits, son cercueil violé [9] !

Sans respect du lieu saint, des ombres sépulcrales,
On arrache à la mort ses dépouilles royales ;
On brise leur couronne, on ouvre leurs tombeaux ;
De sacriléges mains dispersent leurs lambeaux ;
En vain le grand Louis, paré par la victoire,
Repose environné des rayons de sa gloire :
Le hasard le premier le présente à leurs coups.
Barbares ! contre lui que peut votre courroux ?
L'orgueil de vos cités, ses siéges, ses batailles,
Les palmes de Denain, les lauriers de Marsailles,
Ces arts, d'un doux loisir nobles amusemens,
Vos ports, vos arsenaux, voilà ses monumens !
Et contre tous ces rois que votre espoir dévore,
De leur débris royal vous vous armez encore.
Ainsi les monumens, protecteurs des grands noms,
Donnent un grand exemple et de grandes leçons.
Malheur donc aux États dont l'aveugle imprudence
En prodigue sans choix la noble récompense !
Ah ! craignons qu'usurpé par des brigands fameux,
Ce prix n'enfante un jour d'autres brigands comme eux.
César pleure à l'aspect du buste d'Alexandre :
Pleurs affreux, que de sang vous avez fait répandre !
   Plus coupables encor, de vils adulateurs,
En les prostituant, ont flétri ces honneurs :
Ainsi le vil ciseau jadis infecta Rome
De monstrueux tyrans indignes du nom d'homme.
Verrès eut son image à côté de Caton,
Et l'airain s'indigna de retracer Néron.
Nous sommes moins flatteurs, mais plus ingrats peut-être.
Où sont ces morts fameux que la France a vus naître ?
Persécutés vivans, regrettés à leur mort,
Dans la poudre oubliés, hélas ! voilà leur sort.

Des Français indignés telles étaient les plaintes.
Soudain, se ranimant de leurs cendres éteintes,
Le tendre Fénelon, le sévère Pascal,
Tourville, d'Aguesseau, Duguesclin, L'Hôpital,
Bossuet, foudroyant les grandeurs de la terre,
Tout ce que les vertus, ou les arts, ou la guerre,
Ont de plus héroïque, ont de plus imposant,
L'honneur du temps passé, l'amour du temps présent,
A la voix de Louis vont peupler ce musée,
De leurs mânes brillans immortel Elysée.

Mais ces marques d'honneur et ces grands monumens
Présentent trop de prise aux outrages du temps :
Oui, tout périt par l'âge ou par les mains de l'homme.
Vois Rome qui devient le sépulcre de Rome !
Son éclat est éteint, ses honneurs sont flétris ;
A peine un marbre usé, dans ses savans débris,
Garde d'un nom mourant une empreinte légère,
Qui tourmente à la fois et charme l'antiquaire.
Les hommes, leurs tombeaux, les temples et leurs dieux,
Tout meurt, l'orgueil gémit ; mais l'art ingénieux,
Pour mieux tromper du temps les atteintes funestes,
Donne à ses monumens des formes plus modestes ;
L'or, l'argent et l'airain, dans des contours étroits
Renferment les héros, les belles et les rois :
Ces métaux animés, précieux à l'histoire,
Même en la resserrant, assurent mieux leur gloire.
Un coin offre à mes yeux le Capitole entier ;
Un peu d'airain suffit au vol de l'aigle altier,
Me peint l'homme et les lieux, contient la terre et l'onde,
Et les fastes du temps et le tableau du monde.

Dignes de ce bel art, quand sauront les Français
Conserver les grands noms, consacrer les hauts faits ;

Retracer nos héros, nos poètes, nos belles,
Les champs de Fontenoi défiant ceux d'Arbelles ;
Près du grand L'Hôpital montrer le grand Caton,
D'un côté Condillac, et de l'autre Platon ;
Térence, enorgueilli d'un regard de Molière,
Et Sophocle à cent ans auprès du vieux Voltaire ?
Du Vivier, c'est à toi de tenter ces travaux ;
Et si, dans nos remparts, des Vandales nouveaux
Brisent les monumens que le bon goût adore,
Ton burin immortel les fera vivre encore.
Mais ma muse se lasse et veut quelque repos :
Tel que le voyageur qui d'Atlas ou d'Athos
Gravit, tout haletant, les cimes orgueilleuses,
Près d'affronter bientôt leurs roches sourcilleuses,
S'assied sur une pierre, et contemple un instant
L'espace qu'il franchit et celui qui l'attend :
Tel je suspends mon cours. J'ai dit par quels prestiges
Les monumens, les jeux, les arts et leurs prodiges,
Savent nous gouverner, savent nous émouvoir ;
Du costume à son tour je dirai le pouvoir [10] :
Variété brillante, appareil nécessaire,
Dont la religion s'empara la première.
Lorsque chez les Hébreux, dans un jour solennel,
Le grand-prêtre avançait aux marches de l'autel,
Pour donner plus de force à ses devoirs sublimes,
Sur son front rayonnait la tiare aux deux cimes,
Jusqu'à ses pieds flottait l'éphod majestueux ;
De riches diamans, des rubis somptueux,
Entouraient noblement, sur sa poitrine sainte,
Du nom de JEHOVA la redoutable empreinte.
Des enfans de Lévi le costume est connu :
Ce costume sacré, jusqu'à nous parvenu,

De la religion fortifiait l'empire ;
Et si des nouveautés le profane délire
Venait anéantir le culte des autels,
Sans doute il proscrirait ces habits solennels ;
Et bientôt le lieu saint, dépouillé de sa gloire,
De ses honneurs perdus pleurerait la mémoire.
    Même loin des autels, cet utile pouvoir
Commande la décence et rappelle au devoir.
Par lui l'homme averti demeure sans excuse,
Son costume le blâme et son habit l'accuse ;
Et si sa dignité le condamne à l'éclat,
Qui lui peut assurer le respect de l'Etat ?
L'orgueil présomptueux vainement le demande ;
Mais le costume règne et l'appareil commande.
Les Romains, si savans dans l'art de gouverner,
Pour mieux charmer le peuple et pour mieux l'enchaîner,
Empruntaient ce pouvoir. L'auguste laticlave
Au peuple souverain soumit le monde esclave.
Chez ces graves Romains, qui de nous se peindrait
Cornélie en pierrot et César en gilet ?
Le costume imposant régnait dans les comices ;
Le costume entourait le lieu des sacrifices.
Hortensius se plaint que des pieds étourdis
De sa robe éloquente aient dérangé les plis :
Voyez ce peuple ému ; déjà le sang ruisselle,
Déjà la flamme vole et le fer étincelle.
Allez offrir aux yeux de ce peuple irrité,
De notre habit mesquin le costume écourté ;
Vos efforts seront vains : mais soudain se présente,
Dans le noble appareil d'une toge imposante,
Le fameux Tullius ; et, saisis de respect,
Ces flots tumultueux tombent à son aspect.

Notre habit est peu grave, et souvent peu modeste.
Jadis, pour ennoblir ce costume un peu leste,
On vit s'évertuer nos révérends aïeux ;
Leur soin fut ridicule, et ne vit rien de mieux
Que ces milliers d'anneaux, de qui la bouffissure
Gonflait grotesquement leur fausse chevelure.
Mais du moins le docteur, le prêtre, l'avocat,
Par des habits divers distinguaient leur état.
Bientôt des vieilles mœurs chacun quittant les traces,
En cachant son état crut montrer plus de grâces :
On vit tous nos abbés raccourcir leurs manteaux,
Le médecin coquet élagua ses marteaux ;
Abjurant pour le frac une robe incommode,
On vit à nos soupers nos robins à la mode ;
L'épaulette elle-même, orgueil des garnisons,
N'eût osé se montrer en d'honnêtes maisons,
Et l'usage partout triompha des coutumes.
Bientôt l'esprit d'état eut le sort des costumes,
Et les mœurs aux habits ne survécurent pas.
Au lieu de ces héros, de ces grands magistrats,
D'un essaim freluquet vénérables ancêtres,
La France ne vit plus que gauches petits-maîtres,
Qu'élégans colonels et jolis présidens,
Et les fats nous ont fait regretter les pédans.
Du costume, en tout temps, telle on vit l'influence !
    Les signes à leur tour n'ont pas moins de puissance,
Surtout si les couleurs secondent leur pouvoir.
Distingués autrefois par le rouge et le noir,
Le cruel Gibelin, le Guelfe opiniâtre,
Changèrent l'Italie en un sanglant théâtre.
Dans les combats du cirque, et le vert et le bleu
Des partis dans Bysance entretenaient le feu.

Dirai-je les fureurs, dirai-je les désastres
Qu'ont produits les débats des Yorks, des Lancastres?
La rose aux deux couleurs échauffait les partis :
De ces signes affreux que de maux sont sortis !
Albion à regret boit le sang qui l'arrose,
Et cent ans de massacre ont souillé cette rose,
Que seuls avaient baignée, en de plus heureux jours,
Le beau sang d'Adonis et les pleurs des amours.

  Et pourquoi loin de nous chercher des témoignages,
Quand tout l'empire encor retentit des orages
Qu'a produits parmi nous un ruban adoré?
Ce signe tricolore à peine est arboré ;
Le feu léger qui suit les traces de la poudre,
Et dans ses longs canaux court allumer la foudre,
La fuite de l'oiseau, la course des torrens,
Du Vésuve enflammé les rapides courans ;
L'embrasement qui court dans la moisson nouvelle,
De l'éclair qui jaillit la subite étincelle,
Ont des effets moins prompts : son terrible succès
A dans un seul instant rallié les Français.
On le prend, on l'étale, et notre idolâtrie
Voit dans ce ruban seul l'amour de la patrie ;
De sa triple couleur il orne nos chapeaux,
Même en dépit des lis, flotte sur nos drapeaux ;
Il règne sur la terre, il commande sur l'onde,
Et court de nos fureurs enivrer l'autre monde.
Femmes, vieillards, enfans, et seigneurs et bourgeois,
Nègres, mulâtres, blancs, tout s'en pare à la fois.
Des hameaux aux cités les bravos se répondent ;
Les fortunes, les rangs, les états se confondent.
Par son propre parti chacun est égorgé ;
Les grands livrent les grands, l'Église le clergé ;

Leurs débris en milliards se changent sous la presse,
Source autrefois d'ennui, maintenant de richesse ;
Avec eux en tous lieux vole un civisme ardent,
Tout bourgeois est soldat, tout soldat commandant ;
En savant corps-de-garde on change la Sorbonne.
O vierge de Nanterre, et si douce, et si bonne !
Ton temple est usurpé, tes honneurs sont proscrits ;
Nous fêtons Mirabeau, le patron de Paris !
Tout prend feu : le boudoir, le barreau, le théâtre ;
La beauté, d'un mousquet charge son sein d'albâtre :
La pucelle à Théroigne a légué ses vertus ;
Roscius au district va répéter Brutus :
Rome est toute à Paris, et la Seine est le Tibre.
Des rois, qu'a détrônés un peuple par trop libre,
La figure est brisée et le nom est flétri ;
Sa popularité n'en défend pas Henri.
On se bat, on s'embrasse, on discute, on arrête ;
On propose un triomphe, un massacre, une fête ;
On chante, on tremble, on rit. Ces exploits, ces forfaits,
Tous ces grands changemens, un ruban les a faits.

FIN DU CHANT VII.

CHANT VIII[1].

LES CULTES.

Image de son Dieu, favori de son roi,
L'homme venait de naître; et, soumis à sa loi,
Les animaux vivaient sans révolte et sans guerre[2];
Mais tous, d'un front servile ils regardaient la terre :
Leur souverain, lui seul, marchant au milieu d'eux,
Levait un front sublime et regardait les cieux.
Les cieux l'entretenaient d'un Dieu, l'auteur des mondes;
Mais de l'immensité les demeures profondes
A ses faibles regards le dérobaient encor.
L'Imagination, par un sublime essor,
Emporta ses pensers vers le souverain Être,
L'approcha de son trône, et lui montra son maître;
De la bonté divine il adora les traits,
Et revint sur la terre imiter ses bienfaits.
Quel ami des tyrans, quel apôtre du crime
Attenta, le premier, à cette foi sublime?
D'un dogme consolant destructeur odieux,
Éteins donc le soleil, éclipse donc les cieux;
Au cri du monde entier impose donc silence.
Le monde à haute voix proclame sa puissance;
Le remords éloquent nous en parle tout bas :
Où Dieu n'existe plus la morale n'est pas.
Ainsi la noble fleur, au grand astre si chère,
Languit s'il disparaît, revit dès qu'il l'éclaire.

8.

Mais l'homme, que des sens enchaîne le pouvoir,
Eût oublié bientôt un Dieu qu'on ne peut voir :
Sa bonté de trop loin rassurait l'innocence ;
De trop loin les méchans redoutaient sa vengeance ;
Et, lancés de la terre à la voûte des cieux,
Un intervalle immense eût fatigué nos vœux.
Alors, fille du ciel, la religion sainte,
Conduisant sur ses pas l'espérance et la crainte,
Vint combler cet abîme, et, nous servant d'appui,
Par le culte de Dieu nous rapprocha de lui.
L'autel devint son trône, et la douce prière
Mit le ciel en commerce avec l'humble chaumière ;
Le malheur éploré tendit ses bras vers Dieu ;
L'homme connut un culte, en tout temps, en tout lieu ;
L'encens a parfumé les monts les plus antiques,
Et l'écho du désert répéta des cantiques.

Base auguste des lois, lien de l'univers,
La religion sainte est l'objet de mes vers :
Mais, tel qu'un voyageur sur les mers orageuses
Cherchant ou sa patrie, ou les îles heureuses,
A travers cent périls et cent monstres affreux,
Doit par de longs détours acheter ces beaux lieux ;
Tels, avant d'arriver à cette foi si pure,
Noble fille du ciel, amour de la nature,
Combien de cultes vains, bizarres ou pervers,
A l'homme humilié vont s'offrir dans mes vers !
Il faut les peindre ; il faut, dans son délire extrême,
De ce hideux tableau l'épouvanter lui-même.
Toutefois, c'est trop peu d'offrir aux nations
Ces absurdes ramas de superstitions,
Sur ces rêves menteurs que l'erreur déifie,
Je veux porter le jour de la philosophie,

En chercher le berceau, vous montrer d'un coup d'œil
Comment la peur, l'espoir, l'intérêt et l'orgueil,
Les mœurs et les climats, et les fourbes célèbres,
Ont de l'esprit humain épaissi les ténèbres ;
Comment, les yeux voilés, l'Imagination
Suivant ou conduisant la vague opinion,
Des dieux tristes ou gais, sanglans ou débonnaires,
Adopta tour à tour ou créa les chimères ;
Et, trompeuse ou trompée, en cette nuit d'erreurs
Entraîna les esprits et séduisit les cœurs.
Vaste et riche tableau ! scène immense et féconde
Des crimes, des vertus, et des temps, et du monde !
Le projet est hardi, je ne le cèle pas [3] ;
Mais des sentiers battus je détourne mes pas ;
Loin du vieil Hélicon ma muse étend ses ailes ;
Il est temps de puiser dans les sources nouvelles ;
Il est temps de marcher couronné de festons
Dont nuls chantres encor n'ont ombragé leurs fronts.
     Aux cultes différens qui donna la naissance [4] ?
Fut-ce d'abord la crainte, ou la reconnaissance ?
Repoussons loin de nous un doute injurieux :
Oui, la reconnaissance a fait les premiers dieux.
Ainsi, des nations la noble idolâtrie
Honora les mortels amis de la patrie.
Je sais qu'il est des lieux où, fameux à grands frais,
Le mérite, à prix d'or, fait payer ses bienfaits ;
Mais de l'antiquité le respect économe,
Aisément acquitté, faisait un dieu d'un homme ;
L'Olympe se chargeait des dettes des mortels :
Un peu d'encens brûlé sur de grossiers autels
Récompensait les arts, les vertus, la victoire,
Et mêlait sa fumée à celle de la gloire.

Ce prix, au vrai mérite accordé par l'amour,
Les vices adorés l'obtinrent à leur tour.
O honte ineffaçable ! ô bassesse de Rome !
Ce peuple, jadis roi, qu'asservit un seul homme,
A peine délivré de l'auguste bourreau,
Entre le tyran mort et le tyran nouveau,
Ne respire un moment de ces destins funestes
Que pour déifier ses détestables restes ;
Pour honorer un monstre il outrage les dieux ;
Et, du bûcher royal élancé jusqu'aux cieux,
L'aigle servile emporte, au séjour du tonnerre,
Cette âme, ainsi qu'au ciel, exécrable à la terre.
Ainsi, d'un culte vil se souillant sans remords,
La crainte des vivans fit honorer les morts.
L'homme se plaît à craindre ; et la reconnaissance,
Et l'amour idolâtre, et la douce espérance,
Créèrent moins de dieux, dans leurs nobles erreurs,
Qu'un cœur pusillanime et ses lâches terreurs.
Au fond de leurs forêts, que de peuples sauvages
Des dieux les plus hideux préfèrent les images !
C'est en les redoutant qu'ils vont les honorer,
Et les yeux n'osent voir ce qu'on ose adorer.
    Des démons, des esprits les fables ridicules
Épouvantent encor cent nations crédules.
Voyez le froid Lapon dans son affreux séjour,
Jeté loin du soleil et des routes du jour,
Ses rennes pour tout bien, leur lait pour nourriture,
Par sa pauvreté même à l'abri de l'injure,
De son peu de besoin composant son trésor ;
Un si triste bonheur lui suffirait encor ;
Mais des malins esprits l'aspect affreux l'assiége.
En vain dans ses foyers, sur ses tapis de neige,

De son tambour magique il redouble le bruit ;
La secrète terreur qui toujours le poursuit
Trouble cette âme simple, et sous sa hutte obscure
Vient ajouter aux maux que lui fit la nature.
Et le bon Indien qui, caché dans ses bois,
Ne connaît que son chien, son arc et son carquois,
Tout entier au présent, sans soin, sans prévoyance,
Quels maux pouvaient troubler sa brute insouciance ?
Mais la peur des démons l'attend à son réveil,
Vient troubler ses travaux, son repas, son sommeil ;
Pour tromper leur fureur et conjurer leur rage,
D'offrandes, en tremblant, il sème leur passage.
O peuple infortuné ! puissent un jour les lois
De l'homme par degrés te remettre les droits !
O quel sage, gardant un heureux équilibre,
Sans se rendre tyran, saura le rendre libre,
Et sans le déchaîner saura briser ses fers !
Mais aux champs de Colomb quels sons frappent les airs ?
Partout l'assassinat, le meurtre, l'incendie,
Et partout la fureur jointe à la perfidie.
Que de champs dévastés ! que de sang et de pleurs !
Cruels, voulez-vous donc mériter vos malheurs ?
Votre instinct était pur, et des accès de rage
Sont de votre raison l'horrible apprentissage.
    De là si je parcours tous ces peuples divers,
Qu'entourent du Midi les orageuses mers,
Au lieu des dieux rians, des mensonges aimables,
Dont souvent la raison daigne approuver les fables,
Partout je vois la crainte encenser les autels,
Partout les noirs esprits tourmentent les mortels ;
L'homme aveugle les craint pour lui, pour sa famille,
Pour les jours de son fils, pour l'honneur de sa fille ;

Et l'époux, successeur de quelque esprit malin,
De ses amours furtifs reconnaît le larcin.

A ces dieux effrayans, l'horreur de la nature,
Qui ne préférerait ce dieu que d'Épicure
Un disciple autrefois dans l'Inde a transporté,
Et que chez les Romains Lucrèce avait chanté[5]?
Ce dieu dort : trop heureux ! sans sceptre, sans tonnerre,
Les crimes des tyrans, les horreurs de la guerre,
Il ne répond de rien ; il n'a point l'embarras
De régir ce troupeau de méchans et d'ingrats ;
Il n'entend point les chants de l'horrible victoire
D'un massacre fameux lui rapporter gloire :
Le sort règne pour lui : tels d'un roi fainéant
Nos ancêtres jadis adoraient le néant ;
Ou tels, en sommeillant, des magistrats augustes
Prononcent des arrêts que le hasard rend justes.
Un tel dieu fait injure à la Divinité,
Et sa religion est une impiété,
Je le sais ; mais du moins de ces douces chimères,
Si l'âme espère peu, l'âme aussi ne craint guères,
Et l'homme seul, du moins, peut effrayer son cœur.
Mais l'intérêt surtout fut père de l'erreur :
Il calomnia tout jusqu'à l'astre du monde ;
Et tandis qu'enrichi par sa chaleur féconde
L'heureux Persan l'adore, en leurs déserts affreux,
Les noirs peuples du Nil insultent à ses feux :
Tant le vil intérêt, cœurs faibles que nous sommes,
Fait les mœurs et les lois, et les dieux et les hommes !
N'est-ce pas l'intérêt qui, plus puissant encor,
Chez un peuple indien a fait un dieu de l'or ?
Sur l'exemple, il est vrai, son hommage se fonde,
Et cette idolâtrie est le culte du monde.

Eh ! qui pourrait compter les préjugés divers
Qui font de l'intérêt le dieu de l'univers ?
Voyez-vous en tous lieux ses arts, son industrie,
Déterminer le choix de son idolâtrie ?
Sur les bords où vos mers reçoivent sur leur sein
D'heureux navigateurs un innombrable essaim,
O Maldives ! combien j'aime la noble fête
Qu'aux vents maîtres des mers, tous les ans on apprête !
Le jour vient : de parfums à grands frais rassemblés,
D'innombrables canots à la fois sont comblés ;
Des feux sont allumés ; les flammes dévorantes
Bientôt ont parcouru les feuilles odorantes ;
De mille cris joyeux les vallons sont frappés ;
On s'élance, et soudain tous les câbles coupés
Abandonnent aux flots les barques vagabondes,
Le flottant incendie éclaire au loin les ondes,
Et, parfumant les cieux, et la terre et les mers,
Va porter cet encens aux puissances des airs.
Culte heureux, que la Grèce eût envié peut-être !
    Dirai-je les erreurs que l'orgueil a fait naître ?
L'orgueil a consacré des temples aux mortels ;
L'orgueil au singe même érigea des autels ;
Et de la vanité le ridicule hommage
De l'homme dans ses traits divinisa l'image.
L'orgueil dicta souvent nos prières, nos vœux ;
L'orgueil préside à tout. Quel tribut à ses dieux
Offre cet Indien, de qui la chevelure
Se relève en anneaux bouclés par la nature ?
C'est ce ruban frisé, qui va s'amincissant
Sous le rabot léger qui l'enlève en glissant.
    De tant de passions, la plus riche en prestiges
C'est l'amour du nouveau, c'est l'amour des prodiges.

L'homme a dans ses plaisirs besoin d'étonnement ;
Ce qu'il voit tous les jours, il le voit froidement.
Dès lors, dénaturant les effets et les causes,
Il peuple l'univers de ses métamorphoses.
Tantôt du cœur séduit la complaisante erreur,
Au gré de l'espérance, au gré de la terreur,
Adore, je l'ai dit, ce qu'il craint, ce qu'il aime,
Et tout est dieu pour l'homme, excepté Dieu lui-même ;
Tantôt ce sont les arts, les élémens divers,
Qui choisissent des dieux à l'aveugle univers :
Tels on vit naître Isis, Triptolème, Mercure :
Tout est surnaturel dans toute la nature.
Tantôt l'esprit crédule est la dupe des sens :
Les vents sifflent, ce sont les mânes gémissans
Qui, pour le visiter, quittent les noirs royaumes ;
Il donne une âme aux corps, donne un corps aux fantômes ;
Pour lui tout est céleste, infernal, merveilleux,
Et le plus incroyable est ce qu'il croit le mieux.
    Du monde des humains inexplicable histoire !
Partout c'est le besoin d'adorer et de croire ;
Il semble qu'en secret, de son cœur fatigué,
Sans raison et sans choix l'homme l'ait prodigué.
On se rappelle encor ce fameux Démocrite,
Ce contraste éternel du pleureur Héraclite ;
O que ce Grec moqueur, philosophe joyeux,
Pour mieux rire de l'homme, a dû rire des dieux !
Quels mensonges grossiers ! quels rêves ridicules
Ne consacrèrent pas ses hommages crédules !
Du culte du soleil, des célestes flambeaux,
Voyez l'homme descendre aux plus vils animaux !
Là, devant un insecte il se courbe avec joie ;
Ici son dieu mugit, et plus loin il aboie.

Voyez-vous, décoré d'ornemens somptueux,
L'éléphant dieu, marcher d'un pas majestueux !
Fier monarque des bois, ah ! du moins ta sagesse
Put de l'homme crédule absoudre la faiblesse ;
L'homme te crut doué d'un céleste rayon,
Et ton instinct sublime excuse sa raison.
Mais le tigre cruel, mais le lion sauvage,
Qui l'eût cru, que de l'homme ils obtinssent l'hommage,
Eux qui du sang-humain font couler des torrens ;
Qui l'eût cru, s'il n'eût point adoré des tyrans ?
    Parcourrai-je avec vous ces bords où, plus grossière,
La raison jette à peine une faible lumière ?
C'est là que dans l'erreur bien plus enseveli,
Par ses divinités l'homme est plus avili.
    Voyez le Samoïède en son climat sauvage,
Si son dieu répond mal à son stupide hommage,
Il radote, dit-il ; et, gardant son encens,
Il attend que le dieu reprenne son bon sens.
    Sur ces riches plateaux foulés par les Tartares,
Des Scythes inhumains successeurs plus barbares,
Pour l'homme idolâtré par leur stupidité,
Qui ne connaît l'excès de leur crédulité ?
De lui tout est sacré, de lui rien n'est immonde ;
Rois, princes, potentats, dominateurs du monde [6],
Attendez que du jour l'astre majestueux
Sèche de ses rayons purs et respectueux
Le rebut adoré des festins qu'il consomme,
Qui trahit dans un dieu les vils besoins de l'homme ;
Voilà vos ornemens, vos colliers, vos bijoux,
Et l'excrément divin vous enorgueillit tous.
    Le stupide habitant de l'indien rivage,
A force de folie est peut-être plus sage.

Jouet de ses tyrans, mais tyran de ses dieux,
Nul d'eux ne l'asservit, lui seul dispose d'eux.
Au premier mouvement dont son âme est saisie,
Voyez-le se créer des dieux de fantaisie ;
Ses malheurs, ses succès, sa haine, son amour,
Font, défont et refont ces déités d'un jour ;
Il offre un culte au fer, à la tuile, à la terre ;
Apostat d'une plante, il adore une pierre ;
Un hasard fait l'idole, un hasard la détruit ;
Il l'achète, il la vend, il l'adore, il la fuit.
De nos fous d'autrefois la ridicule espèce
Changeait moins de magots, de mode et de maîtresse :
Tant l'ignorance ajoute à la crédulité !
    Que dis-je, de l'esprit triste fatalité !
Soit qu'il veuille ignorer, soit qu'il veuille s'instruire,
D'un délire souvent il sort par un délire ;
Et vers la vérité qui lui montre un faux jour,
Souvent ses premiers pas l'égarent sans retour.
Aussi, dans ces amas d'erreurs inépuisables,
Combien n'enfanta point de rêves méprisables
Cet instinct curieux, ce besoin de savoir,
Qu'aiguillonne la crainte et qu'enhardit l'espoir !
Séduit par l'espérance, inspiré par la crainte,
Voyez-le du présent franchir l'étroite enceinte [7] ;
En vain l'impénétrable et profond avenir,
Couvert d'un voile épais, vers lui semble venir ;
Il en veut à son gré pénétrer les nuages ;
Son esprit inquiet en cherche les présages
Dans le feu de l'éclair, dans les flancs du taureau,
Et dans son vol rapide interroge l'oiseau.
Soit que nous prédisant les beaux jours et l'orage,
Son instinct prophétique ait surpris notre hommage ;

Soit que, fuyant la terre et s'approchant des cieux,
Il semble entretenir commerce avec les dieux,
Hélas ! en poursuivant sa course vagabonde,
Il est loin de penser qu'il fait le sort du monde :
D'un seul cri, d'un coup d'aile, il décide un combat,
Rois, tremblez ! il vous ôte ou vous donne un état ;
Il épouvante un sage, intimide un grand homme,
Et les poulets sacrés guident l'aigle de Rome.

Peut-être que, rendus par la voix des mortels,
Les oracles feront moins de honte aux autels.
Eh bien! dieux des vieux temps, devins, fourbes sans nombre,
Couvrez-vous de mystère, enfoncez-vous dans l'ombre;
En termes ambigus prononcez votre loi,
Et vendez aux humains l'espérance et l'effroi.
Déjà l'Ambition, acquittant ses promesses [8],
Sur l'autel mercenaire entasse ses largesses,
L'Ambition, pareille au monstre audacieux
Qu'on peint foulant la terre, et le front dans les cieux,
Qui, des menteurs sacrés protectrice puissante,
Achète des autels la faveur complaisante,
Aux trônes des trépieds prostitua la voix,
Et fit souvent des dieux les ministres des rois.
A ses pieds est la Fourbe, et vaine et mensongère,
D'une main conduisant l'Opinion légère,
De l'autre soutenant des voiles, des bandeaux,
Baguettes, talismans, amulettes, anneaux,
Tout ce que, de l'Orgueil trop adroite complice,
L'Imagination lui prête d'artifice.

Ne croyez pas pourtant que des rois et des dieux
Le contrat fut toujours un contrat odieux :
Non, de ces deux pouvoirs l'union légitime
N'a pas été toujours le pacte affreux du crime.

Osons sans intérêt, sans préjugés, sans fiel,
Peser ce grand accord de la terre et du ciel.

  Lorsque loin des forêts qu'habitaient ses ancêtres,
Le peuple eut des cités, des princes et des prêtres :
Pour policer ce peuple, hôte grossier des bois,
Le prêtre fit un culte, et le prince des lois.
Mais de l'homme encor brut l'altière indépendance
Des pouvoirs séparés fatiguait la prudence ;
Alors un grand traité fut proposé par eux ;
Alors l'homme des lois dit à l'homme des dieux :
« Unissons les pouvoirs que notre rang nous donne ;
Je défends ta tiare, affermis ma couronne ;
Pour leur propre intérêt lions nos ennemis,
Libres, mais gouvernés ; fortunés, mais soumis ;
Et, consacrant un nœud que l'intérêt resserre,
Joins les foudres du ciel aux foudres de la terre. »
Le traité fut conclu : sous des rois généreux,
Sous des pontifes saints ce traité fut heureux ;
Et le peuple, oubliant sa rudesse sauvage,
Connut l'obéissance, et non pas l'esclavage.
Trop heureux les États où ce sublime accord
Au bonheur du plus faible enchaîna le plus fort !

  Ainsi, de nos erreurs examinant la course,
Dans nos secrets penchans j'en découvris la source ;
J'en suivis les effets ; mais je n'ai pas encor
De la tradition déployé le trésor ;
Vieille divinité qui, trompeuse et légère,
Propagea des faux dieux la race mensongère,
Et, des bords de Memphis étendue en tous lieux,
Sous mille traits divers reproduisit les dieux.
Voyons comme, en suivant sa marche et ses vestiges,
L'Imagination y joignit ses prestiges.

Dans l'Égypte d'abord un seul Dieu fut connu :
Et quand sur sa grandeur le ciel se serait tu,
Le Nil, dont tous les ans le retour la rassure,
Proclamait assez haut le Dieu de la nature.
Mais les grands, dans le fond d'un sanctuaire obscur,
Conservaient du vrai Dieu le culte toujours pur,
Et de vaines erreurs ils amusaient la foule.

Ainsi, quand du pressoir le jus brillant s'écoule,
On garde le nectar le plus délicieux
Pour la coupe des rois et les banquets des dieux,
Et la lie au hasard enivre le vulgaire.

Des cultes différens dont l'Égypte est la mère,
L'un, aux lois d'un seul Dieu fidèlement soumis,
Par le divin Moïse aux Hébreux fut transmis ;
Les Hébreux, dont la race en prodiges féconde
Remonte dans les temps jusqu'au berceau du monde.
Jamais législateur, par des traits si puissans,
Ne frappa la pensée et n'ébranla les sens.
A l'Hébreu pour monarque il donne un Dieu suprême ;
Ce Dieu le récompense et le punit lui-même ;
Dans les flots suspendus il lui fraie un chemin ;
Ce Dieu, dans le désert, le conduit par la main.
Nourri par un prodige, instruit par des oracles,
Il ne marche jamais qu'entouré de miracles :
Reçoivent-ils la loi du roi de l'univers ?
C'est au bruit de la foudre, aux lueurs des éclairs.
Aussi cette loi sainte, avec terreur suivie,
Saisit tous leurs pensers, soumet toute leur vie,
Les accompagne aux champs, aux combats, aux festins,
Elle règle leurs mets, elle ordonne leurs bains,
Les suit dans leurs foyers, leur parle dans le temple ;
Sur des tables d'airain leur respect la contemple.

Dans quelle nation, chez quel peuple, en quel lieu,
Un culte plus auguste a-t-il honoré Dieu?
Les candelabres d'or, les pierres précieuses,
Des lévites en chœur les voix mélodieuses,
Les parfums, les métaux, les arts les plus vantés,
Tout rehaussait l'éclat de leurs solennités.
Mont sacré de Sion, redis-moi quels cantiques,
Quels hymnes résonnaient sous tes palmiers antiques !
L'esprit divin lui-même y répandait son feu ;
Partout la voix, la main et le regard de Dieu.
Ainsi, marqués dès lors d'un sceau que rien n'altère,
Ils en ont conservé le profond caractère.
A travers tant d'états, d'âges, de lieux divers,
Avec leurs vieilles lois parcourant l'univers,
Seuls ils sont demeurés sur sa base profonde,
Comme ces vieux rochers, contemporains du monde.
     Tandis qu'un peuple saint portait dans le saint lieu
La loi de l'Éternel et l'autel du vrai Dieu,
Des dieux menteurs du Nil, de leurs brillans génies,
La Grèce dans son sein reçut les colonies.
Mais comme un étranger, admis dans nos remparts,
Façonné par nos mœurs et formé par nos arts,
Perd insensiblement ses coutumes grossières,
Ennoblit son maintien et polit ses manières,
Tels ces dieux adoptifs, dans la Grèce accueillis,
De leurs attraits nouveaux furent enorgueillis ;
Le ciseau leur donna les plus aimables formes,
A l'Égypte laissa ses colosses énormes :
Sans être monstrueux, ils parurent plus grands,
Et l'art en fit des dieux, et non pas des géans.
Par quelle adresse encor ses utiles chimères
De l'homme ont rapproché ces dieux imaginaires !

Sur la terre autrefois, laboureurs ou bergers ,
Ils soignaient les moissons, les troupeaux , les vergers ;
L'homme est prompt à chérir l'être qui lui ressemble ,
Sur la terre embellie ils habitaient ensemble ;
Compagnons de plaisirs , de peines, de travaux ,
Ils eurent, comme nous, et leurs biens et leurs maux ,
Et , sans aucun effort , la faiblesse mortelle
S'élevait à des dieux qui descendaient vers elle.
Rien de dur, rien de triste autour de leurs autels ;
Des danses et des chants fêtaient ces immortels.
Moi-même, tout-à-coup, plein d'un heureux délire ,
Je vois encor ces dieux , j'entends encor la lyre ;
J'attelle avec des fleurs les pigeons de Cypris ;
Sur son arc radieux je fais glisser Iris ;
Profanes, loin d'ici ! près de cette onde pure
Les nymphes de Vénus détachent sa ceinture.
Ainsi la fable antique, en vers mélodieux ,
Avec profusion jeta partout des dieux :
Tout connut son génie et son dieu tutélaire ,
Et le moindre coteau fut l'Olympe d'Homère.
Et ne demandez pas comment de ces erreurs
Le charme si long-temps put séduire les cœurs ;
L'Imagination s'en était amusée ,
Et la Raison craignit d'être désabusée :
Ainsi l'amant crédule, au moment du réveil ,
Nourrit le rêve heureux qui charma son sommeil.

   A ces dieux si rians, empruntés de la Grèce ,
Rome, plus sérieuse, imprima sa sagesse.
L'Olympe de Numa fut plus majestueux,
Mercure moins fripon , Mars moins voluptueux ;
Jupiter brûla moins d'une flamme adultère,
Vénus même reçut un culte plus sévère.

Admirez par quel art le peuple souverain
Même par ses erreurs soumit le genre humain,
Lorsque de mille états la folle idolâtrie
Dégradait la raison sans servir la patrie,
Le sénat, s'emparant des superstitions,
Employa sagement leurs folles visions :
C'est par là qu'il régnait, par là que sa sagesse
D'un peuple turbulent sut maîtriser l'ivresse :
Le bonnet du pontife asservit à ses lois
Le casque des guerriers, la couronne des rois ;
De vains rêves servaient une raison profonde,
Et le sceptre augural fut le sceptre du monde.
O honte glorieuse ! utile déshonneur !
Le Romain fuit : au nom de Jupiter Stateur,
Il s'arrète ; un beau temple en garde la mémoire,
Et ce temple à jamais commande la victoire :
Ainsi les dieux servaient la grandeur de l'État.
    Avec plus de noblesse encore et plus d'éclat,
De la religion la pompe solennelle
Consacrait la victoire et marchait devant elle,
Et du pied des autels semblait dire aux humains :
« Rome commande au monde, et le ciel aux Romains. »
Le juste ciel sans doute abhorrait ces conquêtes ;
Mais si quelque vertu peut expier ces fêtes,
C'est que Rome honora, dans ses jours de splendeur,
Ces simples déités qui firent sa grandeur :
Le dieu du Capitole habita des chaumières.
Loin de ces chars sanglans, de ces pompes guerrières,
Où le sang des taureaux, satisfaisant aux dieux,
Du sang humain versé rendait grâces aux cieux,
Que j'aime à revoler vers ces fêtes champêtres
Où Rome célébrait les dieux de ses ancêtres !

La déesse des blés, et le dieu des raisins,
Les nymphes des forêts, les faunes, les sylvains,
Toi surtout, toi, Palès, déité pastorale !
    A peine blanchissait la rive orientale,
Le berger secouant un humide rameau,
D'une onde salutaire arrosait son troupeau.
« O Palès ! disait-il, reçois mes sacrifices,
Protège mes brebis, protège mes génisses,
Contre la faim cruelle et le loup inhumain ;
Que je trouve le soir le nombre du matin ;
Qu'autour de mon bercail, vigilant sentinelle,
Sans cesse en haletant rôde mon chien fidèle ;
Que mon troupeau connaisse et ma flûte et ma voix ;
Que le lait le plus pur écume entre mes doigts ;
Rends mon bélier ardent, et mes chèvres fécondes ;
Puissent de frais gazons, puissent de claires ondes,
Dans un riant pacage arrêter mes brebis !
Que leur fine toison compose mes habits ;
Et, quand le fuseau tourne entre leurs mains légères,
Ne blesse pas les doigts de nos jeunes bergères[9] ! »
    Il dit, et tout-à-coup un faisceau petillant
S'allume, et dans les airs s'élève un feu brillant,
Que trois fois, dans sa vive et folâtre allégresse,
D'un pied léger franchit une ardente jeunesse.
Jeux charmans, vous régnez encor dans nos hameaux !
Eh ! qui n'est point ému de ces rians tableaux ?
La superstition sied bien au paysage ;
Triste dans les cités, elle est gaie au village ;
Et le sage lui-même aime à voir, en ces vœux,
La terre à ses travaux intéressant les cieux.
    Dirai-je quelle heureuse et sage politique[10]
Joignit à tous les dieux de l'empire italique

Un pouvoir plus obscur et plus puissant encor?
Le dieu Terme est son nom : aux jours de l'âge d'or
Il n'avait point d'autel ; alors aucun partage
Ne profanait des champs le commun héritage ;
Mais quand chaque mortel eut son champ séparé,
Dieu juste ! pour chacun ton nom devint sacré.
Tu bornes les cités, les hameaux et l'empire ;
Rien ne peut t'ébranler, rien ne peut te séduire ;
Cher à deux possesseurs, fidèle à deux voisins,
Du soc usurpateur tu défends leurs confins ;
Aussi des deux côtés, sur la même colonne,
Chacun vient déposer son gâteau, sa couronne,
Et nul impunément n'ose enfreindre tes droits :
Deux Gracques ont péri victimes de tes lois.
Quand Jupiter parut au nouveau Capitole,
Tous les dieux firent place à l'imposante idole,
Toi seul gardas la tienne, et toi seul es resté !
Noble image des droits de la propriété :
Droits puissans, droits sacrés, et sur qui seuls se fonde
Et le bien des États, et le repos du monde.
Ainsi parlait, priait ce peuple de vainqueurs :
Ses mœurs faisaient ses dieux, ses dieux gardaient ses mœurs.
    Mais passons, il est temps, de ces fêtes publiques,
Des temples de l'État aux temples domestiques
Où régnaient humblement les dieux hospitaliers.
Je ne sais quoi me plaît dans leurs humbles foyers :
L'homme pouvait les voir, les prier à toute heure ;
Ils avaient même table, avaient même demeure ;
Ils soignaient de plus près sa vertu, son bonheur,
De la vierge modeste ils protégeaient l'honneur ;
Présidens des festins, confidens des alarmes,
Ils partageaient sa joie et recueillaient ses larmes.

Sous le toit parfumé de leur humble réduit,
L'Imagination moi-même me conduit.
J'aime à voir tous les ans le père de famille,
Rassemblant son épouse, et son fils et sa fille,
Présenter pour tributs, à ces dieux innocens,
Quelques gouttes de lait et quelques grains d'encens;
Heureux d'en obtenir, par un si simple hommage,
L'aisance et le repos, les premiers biens du sage!
Mais malheur à ces dieux, si l'hommage était vain!
Leurs sujets révoltés les punissaient soudain,
Et de leurs vœux frustrés leur infligeaient la peine.
   Le sage observateur de la nature humaine
Se plaît à rencontrer, dans des climats divers,
Et les mêmes vertus et les mêmes travers.
La Chine, ainsi que Rome, a ses dieux du ménage;
Ainsi qu'à Rome, objets et d'insulte et d'hommage,
Récompensés, fêtés dans un jour de bonheur,
Dans un jour désastreux délaissés sans honneur;
Avec eux on se brouille, on se réconcilie.
De là si je parcours la nouvelle Italie,
Je ris d'y retrouver l'erreur des vieux Romains.
Et qui ne connaît pas le plus fêté des saints,
Ce bon Antonio, qu'importune sans cesse
D'un dévot ignorant la crédule faiblesse?
Il le fait le garant de sa félicité,
Du jeu, de la faveur, du cœur de sa beauté,
Des caprices du sort, de son propre caprice;
Il lui demande grâce, ou bien en fait justice;
Et vingt fois sacrilége et dévot en un jour,
L'aime, le hait, le baise, et le bat tour à tour.
   Ainsi tout se ressemble, ainsi l'erreur voyage,
Passe d'un monde à l'autre, et vole d'âge en âge.

Enfin quand nous cherchons par quels ressorts divers
Les préjugés sacrés ont rempli l'univers,
Pouvons-nous oublier sur le simple vulgaire
Ce que peut le génie et le grand caractère?
Tels de la renommée ont atteint le sommet,
Zoroastre, Numa, toi surtout, Mahomet,
Dont l'Orient entier garde encor la mémoire.
Tel finit par tromper, qui commença par croire :
D'abord enthousiaste, et bientôt imposteur,
Un rêve prépara sa future grandeur :
O pouvoir d'un grand homme et d'une âme profonde !
Il rêve, et son délire a fait le sort du monde.
Un songe, une colombe, un glaive et l'alcoran,
Dans l'histoire ont placé son terrible roman,
Dont les sanglans feuillets, tracés par la victoire,
A la saine raison font horreur de sa gloire :
L'ignorance farouche et la fatalité,
Et l'idole des sens, l'ardente volupté,
Comme trois fiers coursiers sous un maître intrépide,
Ont dans des flots de sang roulé son char rapide ;
Et, sous ces étendards vainqueurs de l'univers,
Une moitié du monde adore encor ses fers.
　　Après le fier torrent qui, gonflé par l'orage,
Tombe, roule et bondit, gros d'écume et de rage,
L'œil aime à rencontrer ce fleuve sans courroux,
Qui suit dans les vallons son cours paisible et doux :
Tel ce Confucius, l'ami de la nature,
Versait d'une âme tendre une morale pure ;
Tous deux hommes d'état, tous deux législateurs,
Et de l'esprit public éloquens fondateurs,
Semblèrent emprunter, pour éclairer la terre,
L'un les doux feux du jour, l'autre ceux du tonnerre.

Ne peut-on pas encor dans les religions
Reconnaître l'esprit, les mœurs des nations?
Sur l'amour du repos appuyant son empire,
Un culte simple et doux au Midi peut suffire;
Mais dans les champs du Nord, où le terrible Mars
A son arc, son carquois, son tonnerre et ses chars,
Odin, le grand Odin, aux âmes valeureuses
Va montrer des houris les demeures heureuses.
Ce n'est plus ce ciel calme où, dans un doux loisir,
Régnaient l'aimable paix et l'innocent plaisir;
Les exploits éclatans, et le doux bruit des armes,
D'un paradis guerrier leur présentent les charmes;
Amoureux des dangers, mais exempts du trépas,
Quittent-ils tout sanglans la scène des combats:
Des plus fraîches beautés une foule choisie
Vient étancher leur sang, leur verser l'ambroisie;
Puis chacun prend sa lance, et passe tour à tour
Des plaisirs aux combats, des combats à l'amour.
Je crois voir des Français la grâce et la vaillance.

    Les climats même, enfin, ont aussi leur puissance.
L'habitant des rochers ou des marais fangeux,
Sur les monts, dans les eaux, pense trouver ses dieux;
Mais sous un ciel plus pur les fils des Zoroastres
Adorent à genoux le roi brillant des astres.
Que dis-je? ô dieu du jour! est-il quelques mortels
Qui ne t'aient consacré des temples, des autels?
Le Perse t'encensa, le Mexicain t'adore;
Ton triomphe commence où commence l'aurore,
Et s'étend aux lieux même où ton char n'atteint pas;
Le Sarmate t'invoque au milieu des frimas;
Et t'adressant de loin son cantique sauvage,
Le Lapon tout transi t'offre encor son hommage.

Ainsi, des noirs frimas au ciel le plus ardent,
Et du berceau du jour aux portes d'occident,
Loué par le regret ou la reconnaissance,
Tout bénit tes bienfaits ou pleure ton absence.
Ah! si l'homme est coupable en adorant tes feux,
Tes éternels bienfaits demandent grâce aux cieux.
Eh! qui méritait mieux d'usurper notre hommage
Que cet astre, des dieux la plus brillante image,
Qui dispense les ans, la vie et les couleurs,
Enfante les moissons, mûrit l'or, peint les fleurs,
Jusqu'aux antres profonds fait sentir sa puissance,
Revêt les vastes cieux de sa magnificence,
De saison en saison conduit le char du jour,
Nous attriste en partant, nous charme à son retour,
Éclaire, échauffe, anime, embellit et féconde,
Et semble, en se montrant, reproduire le monde?
Ame de l'univers, source immense de feu,
Ah! sois toujours son roi, si tu n'es plus son dieu!
Plaisirs, talens, vertus, tout s'allume à ta flamme;
Le jeune homme te doit les doux transports de l'âme,
Et le vieillard dans toi voit son dernier ami.
Eh bien! astre puissant, contre l'âge ennemi
Protège donc mes vers et défends ton poëte!
Verse encor, verse-moi cette flamme secrète,
Le plus pur de tes feux, le plus beau de tes dons;
Encore une étincelle, encor quelques rayons,
Et que mes derniers vers, pleins des feux du jeune âge,
De ton couchant pompeux soient la brillante image.

　　Mais quoi! pour le soleil j'oubliais son auteur!
Fuyez, dieux impuissans, devant le créateur;
Dieu, le vrai Dieu s'avance; il veut que je publie
De sa religion la sublime folie.

Ce n'est plus cette erreur, dont les séductions
A des divinités prètaient nos passions :
Loin d'abaisser l'Olympe aux voluptés humaines,
Elle nous montre un Dieu se chargeant de nos peines ;
Nous montre des mortels s'élevant jusqu'à Dieu ;
Des folles passions elle amortit le feu ;
Elle commande aux sens, subjugue la nature,
Ne puise nos vertus qu'en une source pure.
Ces doux liens de père, et de fils et d'époux,
Au trône de Dieu même elle les suspend tous ;
Bien loin des vœux mortels place nos espérances,
Craint les prospérités, jouit dans les souffrances,
Joint l'homme à l'Éternel, joint les hommes entre eux,
Cultive sur la terre et cueille dans les cieux.
Comme ces cultes vains que l'erreur a fait naître,
L'Imagination ne lui donna point l'être ;
Ainsi que le soleil, les astres et les mers,
Elle sortit des mains dont sortit l'univers.

    Mais, telle qu'une reine en sa grandeur suprême
Permet à d'humbles fleurs d'orner son diadème,
L'Imagination eut l'honneur immortel
D'embellir sa couronne et d'orner son autel.
Quand les prophètes saints, dans leur sacré délire,
De sa grandeur future entretenaient leur lyre,
Tantôt comme un miel pur vantaient ses douces lois,
Tantôt de son tonnerre épouvantaient les rois ;
Elle-même dictait leurs odes immortelles.
C'est elle qui, montrant les palmes éternelles,
Sous les yeux des tyrans, sous le fer des bourreaux,
Transformait des enfans, des femmes, en héros ;
Et lorsque sous la terre, au fond des catacombes,
Vivans, ils habitaient le silence des tombes,

Dans ces noirs souterrains conduite par la foi,
L'Imagination charmait leur sombre effroi
C'est elle qui, changeant tous leurs maux en délices,
Assaisonnait le jeûne, émoussait les cilices,
Mêlait les chœurs divins à leurs hymnes pieux,
Et du fond des tombeaux anticipait les cieux.
Avec non moins de zèle, aux jours de sa victoire,
De la religion elle servit la gloire.
Avant ces jours heureux, autour de ses autels,
Aucune pompe encor n'attirait les mortels ;
Seule, sous l'œil de Dieu, dans sa douleur obscure,
Ses maux étaient sa gloire et ses fers sa parure ;
Mais lorsque des tyrans elle eut vaincu l'orgueil,
Alors elle jeta ses vêtemens de deuil,
Prit et ses chants de joie et ses habits de fêtes.
L'Imagination, secondant ses conquêtes ,
Vint parer son triomphe et hâter sa grandeur,
De ses solennités augmenta la splendeur ;
Des vierges, des martyrs, retraça les exemples ;
L'orgue majestueux retentit dans les temples,
Et les sens, entraînés par ces charmes puissans,
S'armèrent pour un culte armé contre les sens.
    Nature, apprête-toi ! Dieu s'avance ; prépare
Ton ciel le plus brillant, ton encens le plus rare ;
Tout s'assemble, tout sort : avec ordre rangé,
En chœurs harmonieux le peuple partagé,
Les prélats rayonnans de l'or brillant des mitres,
Les grands devant leur maître humiliant leurs titres ;
De vierges et d'enfans un innocent essaim,
En ceinture flottante, en longs habits de lin ;
Le cortége pieux, qui lentement s'avance,
Tantôt chantant, tantôt dans un profond silence ;

L'éclat des vêtemens, la pompe des autels,
Faisant hommage à Dieu du luxe des mortels ;
Les drapeaux des guerriers, leur escorte brillante,
Leur foudre proclamant, d'une voix triomphante,
L'arbitre de la guerre et le Dieu de la paix ;
Autour du Saint des saints qui marche sous le dais,
Les encensoirs montant, remontant en mesure ;
Ces nuages de fleurs, encens de la nature ;
Tantôt un peuple entier, tout-à-coup prosterné,
Tandis que sur leur front humblement incliné,
Un prêtre ouvre le ciel, et, les mains étendues,
Leur verse ses faveurs à grands flots répandues :
Tout enivre le cœur, les oreilles, les yeux ;
La terre est un moment la rivale des cieux :
Partout ce grand triomphe en offre à Dieu l'image.
Et quel lieu dans ce jour ne lui rend pas hommage !
Sous la zone brûlante, au séjour des hivers,
Au milieu des cités, dans le fond des déserts,
Sur ces rocs qu'entoura la ceinture des ondes,
Deux mondes à l'envi fêtent l'auteur des mondes.
Ces lieux mêmes, ces lieux où le culte naissant
N'a point de nos cités l'éclat éblouissant,
Les tabernacles d'or, les pompeuses arcades,
Le faste des habits, l'orgueil des colonnades,
Pour célébrer ce Dieu, né parmi des pasteurs,
N'ont-ils pas leurs festons, leurs guirlandes de fleurs,
Leur trône de gazon, leur tapis de verdure ?
Souvent, dans ce grand jour, le Dieu de la nature
S'arrète, satisfait d'un reposoir grossier,
Sous l'ombrage d'un cèdre, à l'abri d'un palmier ;
Et plus sa fête est pauvre, et plus elle est touchante
   Mais si, dans tout l'éclat de sa pompe imposante,

Avec plus d'appareil que ces fameux Romains,
Je veux voir triompher le maître des humains,
J'irai dans cette ville en prodiges féconde,
Veuve du peuple roi, mais reine encor du monde [1].
C'est là, c'est dans ces murs, le siége de la foi,
Que sous les yeux d'un chef, père, pontife et roi,
Au milieu des palais, des temples, des portiques,
Et du faste moderne, et des pompes antiques,
Dieu se montre aux mortels dans toute sa grandeur.
En vain l'œil de l'impie en veut fuir la splendeur,
Dieu l'accable en secret de toute sa présence.
Malheureux, il est seul dans cette foule immense,
Et ses remords du moins confessent l'Éternel :
C'en est fait; dans un ordre, et d'un pas solennel,
Dieu revient vers le temple et dans le sanctuaire;
Sa majesté terrible a repris son mystère :
Là, se courbe en tremblant l'ange respectueux;
Là, la religion vient lui porter ses vœux;
La vertu son espoir, le remords ses alarmes,
Le bonheur son hommage, et le malheur ses larmes.
   Mais si le fanatisme entoure les autels,
Dieu! quels torrens de maux menacent les mortels!
Oh! si Dieu me prêtait cette voix solennelle
Qui proclama sa voix chez un peuple fidèle,
Je ne parlerais pas dans le fond des déserts;
J'irais, je publîrais devant tout l'univers
Cette loi non moins pure et non moins salutaire,
Aux mortels séparés par un double hémisphère;
« Par les monts, par les mers, et surtout par vos dieux,
Aimez-vous, leur dirais-je, et vous plairez aux cieux. »
Mais égarée, hélas! par leurs fureurs bizarres,
L'Imagination les a rendus barbares;

Tout est fourbe ou cruel dans ce vaste univers.
Je crois voir un grand temple, où cent cultes divers
De la crédulité se disputent l'hommage.
Tous ont leur sanctuaire ; et, dans sa folle rage,
L'air troublé, l'œil hagard, chacun vante sa foi :
« Venez, croyez, priez, adorez comme moi :
Brama, le seul Brama mérite qu'on l'honore ;
Lama, le seul Lama mérite qu'on l'adore ;
Ce crocodile est dieu, gardez de l'insulter ;
A ce dragon divin gardez-vous d'attenter ;
Moi, je vois Dieu dans l'air ; moi, je le vois dans l'onde ;
Profanes, à genoux devant l'astre du monde ! »
    Et dans le même temple, aux pieds des mêmes dieux,
Que de cris obstinés ! que de chocs furieux !
Un mot, une syllabe enfante des volumes.
Que dis-je ? les poignards ont remplacé les plumes,
Et la terre se change en théâtre d'horreur.
Ces lieux mêmes, ces lieux où je peins leur fureur,
Tout n'y parle-t-il pas de nos guerres sacrées ?
A l'aspect de ces tours par les feux dévorées,
Assis sur ce tombeau, je rêve tristement :
Celui que dans son sein cache ce monument,
A dormi deux cents ans dans la nuit sépulcrale ;
Voilà sa mitre encore et sa croix pastorale.
Vingt autres après lui, dans l'ombre descendus,
Régnèrent dans ces murs sur de pieux reclus.
La mort moissonne tout, et des races sans nombre
Tombent, tombent sans cesse en cet abime sombre.
Hélas ! et sur ses bords les mortels malheureux,
Suspendus un instant, se déchirent entre eux !
    Des Grecs plus modérés les dieux imaginaires
Rarement ont connu ces fureurs meurtrières ;

Leur temple était paisible, et ces dieux fraternels
Loin de les diviser unissaient les mortels.
Eh! qui ne connaît pas ces pompes annuelles
Qu'offraient au dieu du jour cent nations fidèles?
A peine commençaient les danses de Délos,
Tous les Grecs accourus s'élançaient sur les flots;
Le zéphyr se jouait dans leurs voiles pourprées,
Les vagues blanchissaient sous les rames dorées;
Couronnés de festons, peints de mille couleurs,
Les vaisseaux sur les mers formaient un pont de fleurs.
Apollon accueillait le saint pèlerinage;
La Grèce tout entière inondait le rivage;
Tous aux mêmes autels priaient le même dieu,
Ne connaissaient qu'un culte et ne formaient qu'un vœu;
Et tous, conciliés par les mêmes mystères,
Attroupés en rivaux, se séparaient en frères.
    Toutefois dans les camps, au milieu des combats,
Que le ciel ait souffert ces longs assassinats,
Mon esprit le conçoit; mais dans le sanctuaire,
Quels dieux ont pu souffrir un culte sanguinaire?
O Dieu bon! j'avais cru que tes puissantes mains
Avaient mis la pitié dans le cœur des humains;
Mais quelque nation que mon œil envisage,
Je rencontre partout ces pompes du carnage.
Les Grecs même ont connu ces cultes odieux.
O Français! rougissez pour vos tristes aïeux!
Souvent encore aux lieux de ces horribles scènes,
Le voyageur, errant dans les vieilles Ardennes,
Rencontre avec effroi ces barbares autels.
Et toi, qui fus témoin de ces cultes cruels,
César, était-ce à toi de traîner ta victoire
Dans les sentiers battus d'une commune gloire?

Va, cours, du fanatisme heureux persécuteur,
Détruis l'autel, le dieu, le sacrificateur ;
Et vengeant et le ciel, et la nature, et l'homme,
Fais chérir une fois les triomphes de Rome.

Et vous, fiers Mexicains, souillés de plus d'horreur,
Tremblez ; voici venir l'Espagnol en fureur.
Ah ! qui pourrait compter les meurtres effroyables
Qu'exigeaient sur ces bords des dieux impitoyables ?
Là, des lions d'airain, de feux étincelans,
Recevaient des mortels dans leurs gosiers brûlans ;
Là, le sang qui ruisselle en éternel hommage,
Fait au ciel qu'il invoque un éternel outrage ;
Et nul n'a droit d'entrer dans ce temple inhumain,
Que d'un meurtre récent il n'ait souillé sa main.
Nature, tu n'as donc plus d'abri sur la terre ?
Le fanatisme affreux te fait partout la guerre.
Ah ! sans doute, abhorrant ce culte criminel,
Tu te réfugias dans le cœur maternel :
Non, de ces dieux cruels la fureur l'en exile,
Et la nature a fui de son dernier asile.
Des mères, aux autels de ces dieux redoutés,
Leurs enfans dans les bras... Cruelles, arrêtez [12] !
Avez-vous oublié, saintement inhumaines,
Vos amours, vos sermens, vos plaisirs et vos peines ?
Quel démon inhumain proscrit ces jeunes fleurs ?
Ah ! voyez leur sourire et regardez leurs pleurs,
Et cessez d'immoler à d'horribles chimères
Les nœuds sacrés d'hymen et le doux nom de mères !
Hélas ! où sont les temps où, d'un rayon de miel,
D'un peu de lait, de fruits, on apaisait le ciel !

Mais du moins au milieu de ces cultes barbares,
Chez le Scythe inhumain, chez les cruels Tartares,

Quels que soient leur esprit, leurs costumes, leurs dieux,
Une idée adoucit ces tableaux odieux :
C'est qu'au pied des autels, auprès de la vengeance,
Partout le repentir rencontre l'indulgence,
Partout la consolante et sublime raison
Accueille le remords et la religion,
Près d'un dieu qui punit, montre un dieu qui pardonne.
Sans lui, le crime aveugle au crime s'abandonne,
Et l'affreux désespoir, égaré sans retour,
Produit par les forfaits, les produit à son tour.
Mais détournons nos yeux de ces tableaux funestes ;
Muse, qui fus admise aux délices célestes,
Dis comment du pardon le consolant espoir
Rendit un cœur coupable au bonheur, au devoir ;
Parle ; et que l'homme impie, oubliant le blasphème,
A ce récit touchant soit attendri lui-même.

Dans l'Espagne naquit une jeune beauté,
De qui le cœur ardent, mais long-temps indompté,
Du plus brûlant amour sentit enfin la flamme ;
Alvar, malgré son père, avait séduit son âme.
Son père, dans l'excès de son ressentiment,
Sous les yeux de sa fille immola son amant ;
Et du même poignard dont s'arma sa colère,
Sa fille à son amant sacrifia son père.
Ainsi, par deux forfaits, un instant a dissous
Et les nœuds les plus saints, et les nœuds les plus doux.
L'amour fut de tout temps barbare en sa vengeance.
Mais de ce jeune cœur qui peindra la souffrance ?
Nul ne fut confident de son affreux secret ;
Un hameau renferma sa honte et son regret,
Une femme, en ces lieux, son unique ressource,
Témoin de ses malheurs, en ignorait la source :

Jamais un être humain n'offrit dans l'univers
Des contrastes si grands et des traits si divers.
Quelquefois se plongeant dans un profond silence,
Son âme du remords domptait la violence;
Mais ce pénible effort, pour contraindre son cœur,
Faisait de son visage un spectacle d'horreur.
Tout-à-coup il changeait; et tel que dans l'orage,
Un doux rayon s'échappe à travers un nuage,
Dans ses traits, altérés par son affreux tourment,
Un souris triste et doux se montrait un moment.
Osait-elle pleurer? une douleur sans charmes
N'arrachait de ses yeux que de pénibles larmes.
Quelquefois, ô douleur! ô supplice nouveau!
De ses jours innocens l'intéressant tableau
Lui rappelait cet âge où d'une tendre mère
Les baisers la cédaient aux baisers de son père :
Alors un trouble affreux agitait ses esprits;
Elle errait, se roulait, tournait, poussait des cris,
Dans les champs, sur les monts, dans la forêt profonde,
Fuyait, précipitait sa marche vagabonde;
Et, lasse enfin, tombait sans force et sans couleur.
Ces courses cependant soulageaient sa douleur.
Mais rentrait-elle seule en son obscur asile,
C'est là que, moins distraite, et non pas plus tranquille,
Son crime sur son cœur semblait s'appesantir;
Là, dans un long tourment elle croyait sentir
Goutte à goutte tomber sur son cœur solitaire
Le sang de son amant et le sang de son père :
Tantôt, du bras fatal à l'auteur de ses jours,
Elle efface ce sang qui reparaît toujours;
Tantôt, d'un spectre affreux se croyant poursuivie :
« Cher Alvar, disait-elle, on attente à ma vie,

Vois mon père irrité, vois le glaive assassin !
Dieu ! c'est le même fer dont j'ai percé son sein !
Où l'a-t-il pris ? » Alors, croyant voir la mort prête,
Comme pour fuir le coup elle baissait la tête.
Mais comment fuir son âme et le remords rongeur ?
Tout lui peint son forfait, lui montre un dieu vengeur ;
L'enfer s'ouvre, l'air gronde, un Dieu lance la foudre ;
Et Dieu pardonnât-il, son cœur ne peut l'absoudre.
Quelquefois elle espère et veut le supplier,
S'agenouille, se lève, et renonce à prier :
Tant l'épouvante un Dieu vengeur des parricides !

    D'autres fois cependant, dans ses courses rapides,
De loin elle observait le temple du hameau,
Ombragé d'un cyprès et d'un antique ormeau.
Il semblait qu'en secret une force invisible
L'attirât vers ce lieu consolant et terrible.
Elle approchait : soudain, par un Dieu courroucé,
Son cœur avec effroi se sentait repoussé.
Mais un jour, sous les murs de la demeure sainte,
Promenant ses regards autour de son enceinte,
Elle voit accourir aux pieds du Dieu sauveur,
Des pécheurs repentans la pieuse ferveur ;
C'était dans la saison où la riche nature,
En couronnes de fleurs, en habits de verdure,
Comme une jeune vierge échappée au cercueil,
Des chrétiens attristés vient égayer le deuil ;
C'était dans ce grand jour où la foi glorieuse,
Fêtant d'un Dieu mourant la croix victorieuse,
Dans le sang de l'Agneau, source heureuse de paix,
Revient puiser la grâce et laver nos forfaits.
Elle, sans se mêler à la foule chrétienne,
A leur sainte douleur joignait tout bas la sienne ;

Comme un vaisseau battu par un orage affreux,
Pour entrer dans le port, n'attend qu'un souffle heureux.
Sur la porte sacrée elle fixait la vue ;
Soudain elle aperçoit, ô faveur imprévue !
Un simple villageois, qui dans ce lieu sacré,
Poussé par le remords dont il fut déchiré,
Des célestes vertus pour ranimer la flamme,
Au ministre de Dieu venait ouvrir son âme ;
De ses crimes secrets sévère délateur,
Il revenait heureux ; un Dieu consolateur
Se peignait dans ses yeux, brillait sur son visage.
De la paix qu'elle implore elle y croit voir le gage ;
Alors un saint espoir surmontant ses remords,
Elle laisse en ces mots éclater ses transports :
« Ah ! du haut de la croix, quand la grâce féconde
Verse à grands flots l'espoir et le salut au monde,
Laisserai-je, dit-elle, échapper ce beau jour ?
Ne puis-je prendre aussi ma part de tant d'amour,
Et d'un si long tourment misérable victime,
Dans ce sang rédempteur noyer aussi mon crime ? »
De ses plus jeunes ans le souvenir vainqueur
Vient encore en secret aiguillonner son cœur.
Que de fois dans le temple elle suivit sa mère !
Que de fois elle y vint sur les pas de son père !
Quel refuge au pécheur offre un espoir plus doux ?
« Là, s'ils sont avoués, les crimes sont absous ;
Là, m'attend le bonheur, la paix d'une âme pure ;
Là, doit d'un long remords se fermer la blessure. »
    Alors, plus confiante, elle n'hésite plus ;
Et bientôt rassurant ses pas irrésolus,
Vers l'asile indulgent où Dieu même l'invite,
Du pardon désiré l'espoir la précipite :

Elle s'approche, elle entre, elle avance à pas lents :
Et d'abord se découvre à ses regards tremblans
Ce tribunal ouvert au repentir sincère :
« Ah ! dit-elle en pleurant, ce tribunal sévère
Où les méchans de Dieu viennent subir la loi,
A des pardons pour tous, mais n'en a pas pour moi. »
　　Au même instant paraît un vieillard vénérable ;
C'était de ce hameau le pasteur respectable [13],
Qui depuis quarante ans sert son Dieu, fait le bien,
Reçoit peu, donne tout, et ne demande rien.
Chéri dans son hameau, respecté dans son temple,
Il prêche par ses mœurs, instruit par son exemple ;
Des pères, des enfans il resserre les nœuds ;
L'enfant même l'adore, et souvent dans ses jeux,
D'une timide main en passant il arrête
Le vieillard qui sourit en détournant la tête.
Des aveux, du remords, quel confident plus sûr ?
Il écoute le vice et reste toujours pur :
Tel un auguste mont entouré de nuages
Voit bien loin sous sa cime expirer les orages,
Tandis que son front calme habite dans les cieux.
A peine l'un de l'autre ils ont frappé les yeux,
Tous les deux arrêtés, dans un profond silence,
Sont prêts à se parler : l'un et l'autre balance ;
Elle, avec un regard éloquemment muet,
Semble à la fois trahir et garder son secret :
Lui, sans l'interroger (les âmes généreuses
Respectent le secret des âmes malheureuses),
Montrait cette pitié d'un ministre de Dieu,
Qui d'un crime caché semble enhardir l'aveu.
Au sacré tribunal ils arrivent ensemble ;
Elle tombe à genoux, elle hésite, elle tremble,

Trois fois de son forfait veut soulever le poids ;
Sur son trop faible cœur il retombe trois fois.
Impatiente enfin du fardeau qui l'accable,
Elle laisse échapper cet aveu redoutable ;
Et, la rougeur au front, du ministre des cieux
Son repentir tremblant interroge les yeux.
Tant de malheur l'émeut, tant de remords le touche,
Et des mots consolans sont sortis de sa bouche.
Alors elle respire, alors ses pleurs taris
Commencent à couler de ses yeux attendris ;
Non plus ces pleurs cruels arrachés par la rage,
Qui de leurs flots brûlans sillonnaient son visage ;
Mais ces pleurs bienfaisans, ces pleurs délicieux
Que donne aux cœurs touchés l'indulgence des cieux ;
Semblables en leur cours à la douce rosée
Qui rafraîchit le sein de la terre embrasée.
Tourné tantôt vers elle, et tantôt vers le ciel,
Le prêtre enfin pardonne au nom de l'Éternel.
Ah ! qui peut exprimer ce moment plein de charmes ?
Elle offre à Dieu son cœur, ses prières, ses larmes,
Sent calmer ses tourmens, ses remords douloureux,
Et s'accorde un pardon qu'ont accordé les cieux.

Dès lors quel changement dans la nature entière !
L'air reprend sa douceur, le soleil sa lumière :
Tel qu'un stérile arbuste à la terre arraché,
Son cœur dans l'abandon languissait desséché ;
De joie et de bonheur un doux torrent l'inonde ;
Elle renaît au ciel, elle renaît au monde ;
Et sûre d'y trouver un Dieu consolateur,
Elle ose sans effroi descendre dans son cœur.
Enfin, tout est possible au Dieu qui la rassure.
Elle entend sans frémir la voix de la nature.

Une boîte en son sein gardait fidèlement
Les traits jadis si doux d'un père et d'un amant ;
Vingt fois, d'espoir, de crainte et d'amour enivrée,
Elle essaya d'ouvrir cette boîte adorée,
Et vingt fois, écoutant sa secrète terreur,
Sa main l'avait soudain fermée avec horreur.
Plus confiante, enfin, elle ose davantage ;
Du Christ, en son asile, elle adorait l'image ;
Elle-même à ses pieds place les deux portraits ;
Tremblante, elle s'essaie à supporter leurs traits.
Il semblait que du haut de la croix tutélaire,
Dieu réconciliait son amant et son père ;
Elle-même espérant les revoir plus heureux,
Osait déjà les joindre et se placer entre eux.
Son bonheur renaissait, quand ses forces, lassées
Par le long sentiment de ses douleurs passées,
Succombèrent enfin ; son simple et vieux pasteur
A ses derniers momens vint soutenir son cœur.
Elle, serrant la main de l'ami qui la pleure :
« Adieu donc, je vais voir la paisible demeure
Où le malheur repose, où le remords s'éteint.
Malgré mon crime affreux, Dieu sans doute me plaint.
Un aveugle transport m'a fait commettre un crime,
Mais au courroux d'un Dieu j'offre un Dieu pour victime ;
Je vais me présenter devant ses yeux vengeurs,
Couverte de son sang, couverte de ses pleurs.
O toi, dont mes malheurs ont troublé la famille !
Ne sois pas plus que lui sévère pour ta fille ;
Et toi, mortel trop cher, cause de tant de maux,
Ah! puissent nos trois cœurs!...» En prononçant ces mots,
L'œil tourné vers les cieux où son espoir aspire,
Sans douleurs, sans regrets, doucement elle expire,

Et les anges en chœur ont proclamé son nom.

Charme heureux ! charme pur de la religion ,
Qui , des faibles mortels mère compatissante ,
Et plus que l'homme même aux hommes indulgente ,
Sur le crime qui pleure exerce un doux pouvoir,
Et lui rend les vertus , en lui rendant l'espoir !

FIN DE L'IMAGINATION.

NOTES.

NOTES

DU CHANT I*.

Le sujet de ce poëme, comme on le voit par les titres des huit chants qui le composent, embrasse à la fois les opérations les plus délicates de l'esprit, les mystères de la mémoire, les secrets du cœur et des passions, et l'empire que les merveilles de la nature, les prodiges des arts, et surtout les cultes religieux, exercent sur l'imagination. Delille porte toujours sans effort et sans contrainte le joug de la versification; son talent est aussi riche, aussi fécond, aussi varié que les sujets qu'il traite; et son style est en général trop pur et trop élégant pour avoir besoin d'être commenté.

Lucrèce et Pope ont fondé leur réputation sur des poëmes qui ne sont ni épiques, ni dramatiques, ni purement didactiques. Ils ont intéressé sans action et sans caractères; ils ont instruit sans se borner à des préceptes particuliers. Homère, Sophocle, Pindare, avaient laissé de grands modèles qui ont fait d'illustres imitateurs. Lucrèce et Pope ont ambitionné des succès différens. Faut-il les condamner, et avec eux Ovide, Hésiode, Thompson, le fils du grand Racine, Saint-Lambert, tant d'autres poètes illustres chez les anciens et chez les modernes, sous prétexte qu'ils ont écrit dans un genre dont le caractère est plus vague et les bornes plus incertaines? Ce genre a été vivement attaqué; mais peut-être a-t-on affecté de confondre avec l'emploi judicieux l'abus trop facile du genre; et, dans cette dernière supposition, il ne serait pas moins injuste d'imputer à la poésie pittoresque et philosophique certains ouvrages en vers et en prose, gonflés de descriptions et d'ennui, qu'il le serait d'accuser l'art dramatique des tragédies de Pradon et de ses successeurs. Aussi cette question sur le mérite des genres n'en est pas une pour ceux qui aiment véritablement la poésie. Delille, dont les ouvrages suffiraient pour la résoudre, ne conteste point la prééminence de Melpomène et de Thalie; mais il réclame une place honorable pour une muse plus modeste, et nous croyons qu'elle n'a

---

besoin pour l'obtenir que de montrer les titres qu'elle tient de lui.

> ¹ Mais le toucher, grands dieux ! j'en atteste Lucrèce,
>   Le toucher, roi des sens, les surpasse en richesse.

Il est reconnu que le tact ou le *toucher* est le plus sûr de tous les sens. C'est lui qui rectifie tous les autres, dont les effets ne seraient souvent que des illusions, s'il ne venait à leur secours : c'est en conséquence le dernier retranchement de l'incrédulité.

On raconte qu'un sculpteur assez habile, étant devenu aveugle à l'âge de vingt ans, voulut, après dix années de repos, essayer ce qu'il pourrait produire encore dans son art, et qu'il fit à Rome une statue en plâtre qui ressemblait parfaitement au pape Urbain VIII. Mais ce fait ne prouve que la puissance de l'imagination et de la mémoire. Qui l'a mieux connu, qui l'a plus éprouvé que Delille lui-même ? Réduit dans les dernières années de sa vie à un état presque complet de cécité, tous ceux qui l'ont connu à cette époque savent et peuvent attester avec quelle supériorité il suppléait par l'organe du toucher au sens de la vue.

> ² Enfin, dans le cerveau si l'image est tracée,
>   Comment peut dans un corps s'imprimer la pensée ?
>   Là finit ton savoir, mortel audacieux !

L'auteur de ce poème paraît adopter l'opinion de quelques métaphysiciens, qui prétendent que chaque perception laisse dans l'âme une image d'elle-même, à peu près comme un cachet laisse sur la cire une empreinte presque ineffaçable.

> ³ Voyez ce tendre cœur qui, prompt à s'enflammer,
>   Vit l'enfer dans une âme incapable d'aimer.

On connaît la belle expression de sainte Thérèse, en parlant du démon : *Ce malheureux qui ne saurait aimer !* On sait qu'étant née d'une famille considérable par sa fortune et par sa noblesse, elle préféra les austérités du cloître aux délices du monde qu'elle avait bien connues, et qu'elle vécut quarante-sept ans dans les monastères du Carmel, qu'elle eut la gloire de réformer.

> ⁴ Ainsi, dans un amas de tissus précieux
>   Quand Bertin fait briller son goût industrieux,
>   L'étoffe obéissante en cent formes se joue...

Les réputations établies sur la mode sont, comme elle, frivoles et éphémères ; celle que les vers de Delille feront à mademoiselle Bertin, célèbre marchande de modes, durera sans doute davantage.

⁵ Sur l'aimable Vaudchamp va s'embellir encor.

Le poète désigne mademoiselle Vaudchamp, depuis madame Delille.

⁶ .... En songe, un orateur, etc.

Tout ce morceau est évidemment emprunté de Lucrèce, liv. IV, v. 963 et suiv.

« Causidici causas agere, et componere leges (videntur),
» Induperatores pugnare, ac prælia obire ;
» Nautæ contractum cum ventis cernere bellum :
» Nos agere hoc autem et naturam quærere rerum , etc. »

En songe, l'orateur combat son adversaire,
L'ambitieux guerrier affronte le trépas ;
Le pilote s'égare aux plus lointains climats ;
Et moi-même , séduit par un noble délire,
Dans les bras du sommeil je touche encor ma lyre :
Je sonde la nature, elle inspire mes vers ;
Et de ses grands secrets j'étonne l'univers.

DE PONGERVILLE.

⁷ Et Penthièvre ouvre encor sa main à l'indigent.

Louis-Jean-Marie de Bourbon, duc de Penthièvre, dernier héritier des fils légitimés de Louis XIV, né en 1725, fit avec succès ses premières armes sous le maréchal de Noailles. Nommé grand-amiral de France, il préserva, par son courage et son activité, les côtes de Bretagne menacées par les Anglais. La mort de sa femme, en 1754, lui causa une vive affliction, et dès ce moment il s'ensevelit dans la retraite, où la bienfaisance devint presque exclusivement l'occupation du reste de sa vie. L'amour et la vénération des Français de toutes les classes furent la récompense de ses paisibles vertus; aussi la tourmente révolutionnaire ne lui fit-elle rien perdre de sa popularité. C'est qu'il y a dans les masses un sentiment de justice qui domine au milieu de l'emportement des partis. Mais la fin tragique de la princesse Lamballe, sa belle-fille, et les malheurs de la royauté, empoisonnèrent ses derniers jours. Il mourut à Vernon, le 4 mars 1793.

⁸ En songe, un tendre ami revoit l'ami qu'il pleure.

Lucrèce, liv. IV, v. 764.

« Usque adeo, certe ut videamur cernere eum, quem

» Reddita vitai jam mors, et terra potita est. »

Ainsi l'homme abusé croit revoir, croit entendre
Les amis dont la tombe a recueilli la cendre.

9 Et trempe ses pavots du nectar de l'amour.

Lucrèce, même liv., v. 1054.

« Nam si abest, quod ames, præsto simulacra tamen sunt
» Illius, et nomen dulce observatur ad aures. »

De quels brûlans désirs l'amant est dévoré !
Le fantôme charmant de l'objet adoré
Le suit pendant le jour, dans l'ombre le réveille,
Et le nom qu'il chérit assiége son oreille.

Tout ce morceau des songes est admirable dans Lucrèce, faible et commun dans Pétrone, qui l'a trop servilement imité. Delille en a pris ce qu'il y avait de mieux, et l'a encore embelli.

10 Vaines ombres, qu'amuse une ombre de la vie.

Ce passage rappelle l'endroit de l'*Énéide*, liv. VI, v. 654, où Virgile représente les ombres des guerriers illustres se livrant, dans les Champs-Élysées, aux exercices qui avaient fait sur la terre le charme et l'occupation de leurs jours.

« Quæ gratia curruum.
» Armorumque fuit vivis, quæ cura nitentes
» Pascere equos, eadem sequitur tellure repostos. »

Des armes et des chars le noble amusement
A suivi ces guerriers sur cet heureux rivage ;
Et de la vie encore ils embrassent l'image.

11 Sous ses lambris pompeux, dans son alcôve d'or,
Des Belges, que son nom fait tressaillir encor,
L'affreux dévastateur, au milieu des nuits sombres,
Des riches égorgés croit voir encor les ombres.

Nous pensons que l'auteur désigne ici le duc d'Albe, qui se vantait d'avoir livré dix-huit mille victimes au bourreau pendant une administration de six ans, mais dont malheureusement l'histoire ne constate pas les remords.

12 Voyez-vous, sous le ciel de l'ardente Italie,
Virgile regretter la fraîche Thessalie ?

Nos lecteurs se rappellent sûrement les beaux vers de Virgile (*Géorg.*, II, v. 486), dont ceux-ci sont une heureuse imitation.

13 Que Sylla meure en proie aux insectes hideux
   Qui de la pauvreté sont les hôtes honteux,
   Je m'étonne et m'écrie : « Est-ce donc là cet homme,
   Vainqueur dans Orchomène et le bourreau de Rome ? »

On sait que l'*heureux* Sylla (c'est ainsi qu'il se nomma lui-même), après avoir triomphé de Mithridate et de Marius, subjugué la Grèce, donné des lois aux Parthes, dont les ambassadeurs le prirent pour le maître du monde, et gouverné les Romains avec une tyrannie sans exemple, ne craignit point de renoncer au pouvoir suprême, et brava long-temps, dans les délices d'une vie privée, la haine et la vengeance publique. Son insultante sécurité, au milieu des enfans et des ombres de ses victimes, est un exemple unique dans l'histoire; Crébillon lui doit un des plus beaux vers qu'il ait faits :

       Sylla, couvert du sang romain,
  Abdique insolemment le pouvoir souverain.

C'est une idée grande et juste, rendue avec un singulier bonheur d'expression. Sylla se retira dans sa maison de campagne, près de Pouzzoles, et il y mourut d'une maladie pédiculaire, causée par l'excès de ses débauches.

14 Bélisaire ! A ce nom trembla le monde entier,
   Et son casque tendu sollicite un denier !

La poésie et tous les beaux-arts ont consacré l'infortune de Bélisaire aveugle, implorant, au sein de l'indigence, les plus faibles secours de la pitié.

15 J'admire de sang-froid le sage Idoménée,
   Et le prudent Ulysse, et le pieux Énée ;
   Mais qu'on me montre Achille, Achille, âme de feu,
   Dont la rage est d'un tigre, et les vertus d'un dieu, etc.

Il est reconnu que les personnages les plus dramatiques sont ceux qui, par la violence de leurs passions, peuvent être rapidement entraînés aux plus grands crimes, et s'élever de même aux plus sublimes vertus. L'effet de ces caractères impétueux est aussi frappant dans l'épopée que sur la scène, et c'est pour cela que le plus grand nombre préférera toujours l'*Iliade* à l'*Odyssée* et à l'*Énéide*. La sagesse et l'éloquence d'Ulysse, son astucieuse prudence, son amour pour sa patrie, sa tendresse pour Pénélope et pour son fils, nous intéressent bien faiblement ; d'ailleurs on ne s'alarme

guère des périls qui menacent un homme si fécond en ressources;
à peine tout le génie d'Homère suffit-il pour lui conserver la majesté d'un héros épique; et l'estime qu'Horace et Longin témoi-
gnent pour l'*Odyssée*, la préférence secrète que Fénelon semble
lui donner, tiennent plus, je crois, à l'invention de la fable, à la
variété des évènemens, à la peinture naïve des mœurs antiques,
qu'au caractère du personnage principal. Énée ne soutient pas
mieux la comparaison avec Achille. Virgile dessine avec un goût
parfait les traits qui doivent le caractériser : c'est un guerrier mûri
par l'âge et l'expérience du malheur; il a plus de trente ans, il est
père, et fondateur d'un grand empire; il donne à son jeune fils
l'exemple des vertus et de la piété; dans les situations les plus
cruelles, son respect pour les dieux est inaltérable, et sa confiance
dans leurs oracles ne se dément jamais. Le Tasse a peint Godefroy
d'après Énée; mais, suivant le jugement de Boileau lui-même,

> Il n'eût point de son livre illustré l'Italie,
> Si son sage héros, toujours en oraison,
> N'eût fait que mettre enfin Satan à la raison,
> Et si Renaud, Argant, Tancrède et sa maîtresse
> N'eussent de son sujet égayé la tristesse.

C'est le caractère de Renaud, dont sans doute celui d'Achille a
donné l'idée, qui jette tant de mouvement, d'intérêt et de charme
dans la *Jérusalem;* c'est à ces *âmes de feu* que l'épopée et la tragédie doivent leurs plus beaux effets.

> 16 Mais un débat fameux s'élève entre les sages :
> Du monde et des objets d'imparfaites images
> Ont-elles précédé notre arrivée au jour ?

La question des *idées innées*, qui a si long-temps occupé les
métaphysiciens, a été entre autres l'objet de profondes discussions
dans l'excellent ouvrage de Locke sur l'*Entendement humain*. On
peut choisir encore entre le système du philosophe anglais et celui
de Leibnitz; l'un et l'autre ne seront peut-être jamais démontrés
de manière à dissiper tous les doutes, à détruire toutes les objections. « Que notre âme, dit l'auteur de l'article IDÉE dans l'*Encyclo-
pédie*, ait des perceptions dont elle ne prend jamais connaissance,
et dont elle n'a pas la *conscience* (pour me servir du terme introduit par Locke), ou que l'âme n'ait point d'autres idées que celles
qu'elle aperçoit, en sorte que la perception soit le sentiment même,

ou la conscience qui avertit l'âme de ce qui se passe en elle, l'un et l'autre système n'expliquent point la manière dont le corps agit sur l'âme, et celle-ci réciproquement. Ce sont deux substances trop différentes. Nous ne connaissons l'âme que par ses facultés, et ces facultés que par leurs effets : ces effets se manifestent à nous par l'intervention du corps ; nous voyons par là l'influence de l'âme sur le corps, et réciproquement celle du corps sur l'âme ; mais nous ne pouvons pénétrer au-delà. Le voile restant sur la nature de l'âme, nous ne pouvons savoir ce qu'est une *idée* considérée dans l'âme, ni comment elle s'y produit : c'est un fait ; la cause en est encore dans l'obscurité, et sera sans doute toujours livrée aux conjectures des métaphysiciens.

> [17] De là ce mot fameux qu'un sage a publié :
> « L'homme n'ignorait pas : il n'avait qu'oublié. »

Ce mot est de Platon, et ce système n'est pas plus facile à prouver ou à réfuter que ceux des philosophes modernes.

> [18] Prête à le mettre au jour, la mère de Stuart
> Voit son amant tomber sous vingt coups de poignard ;
> Et, tremblant d'un fer nu, roi pédant et frivole,
> Son fils livre la guerre aux docteurs de l'école.

Tous les historiens attestent l'effet singulier du saisissement et de l'effroi qu'éprouva l'infortunée Marie Stuart, enceinte de cinq mois, lorsque son amant Rizzio fut poignardé sous ses yeux. C'était un musicien piémontais, qui avait passé en Écosse à la suite de l'ambassadeur de son pays, et qui se fit aimer de la reine par la douceur de sa figure et le charme de sa voix. Devenu négociateur, ministre et favori, sa fortune indécente étonna l'Europe, et sa coupable faveur le rendit odieux au comte de Darnley (Henri Stuart), qui avait épousé Marie en secondes noces. Ce prince jaloux fit massacrer son ennemi en présence de son épouse, qui s'était enfermée dans un cabinet pour y souper avec Rizzio et la comtesse d'Argyle. Le duc de Rothsay porta les premiers coups. Marie, qui voulut en vain se jeter au-devant des assassins, fut couverte du sang de son amant : d'autres ont écrit qu'on l'avait entraînée dans une chambre voisine, pendant qu'on achevait cette horrible exécution. La reine, au désespoir, vengea la mort de Rizzio sur ses meurtriers, dont quelques uns périrent du dernier supplice. Darnley lui-même fut assassiné quelque temps après, à Édimbourg, dans une maison isolée, qu'on fit sauter par le moyen d'une mine. Alors l'imprudente Marie épousa le comte de Bothwell, regardé universellement comme l'auteur de la mort de son mari, et cette union criminelle, en occasionant la révolte de ses sujets, prépara les derniers malheurs qui conduisirent sur l'échafaud la veuve d'un roi de France (François II), et la souveraine légitime de l'Angleterre et de l'Écosse.

Quelques mois après la fin tragique de Rizzio, Marie Stuart accoucha d'un fils, qui le premier porta le titre de roi de la Grande-Bretagne, en réunissant le trône d'Écosse à celui de l'Angleterre. Il régna vingt-deux ans sous le nom de Jacques Ier; ou plutôt ses favoris, Jacques Carr, et le fameux duc de Buckingham (George Williers), gouvernèrent l'Angleterre, pendant que le roi disputait contre des docteurs, commentait l'*Apocalypse*, et composait des traités de théologie pour prouver que le pape était l'*antechrist*. La vue d'une épée nue lui causait une espèce de convulsion, quelques efforts qu'il fît sur lui-même pour triompher de cette faiblesse, qui tenait uniquement à la disposition de ses organes. C'est sous son règne que se formèrent, dans le parlement britannique et dans la nation, les deux factions si connues des *Whigs* et des *Torys*, qui durent encore; et c'est dans le même temps que le fanatisme des querelles religieuses amena cette fameuse conjuration des *poudres*, que beaucoup de gens sages regardent comme une fable politique. Au reste, l'éloquence et l'érudition de Jacques Ier ne lui attirèrent que des critiques, et lui donnèrent beaucoup de ridicules. Henri IV ne l'appelait jamais que *Maître-Jacques*. Les Anglais furent plus irrités de sa doctrine sur la puissance absolue des rois, que touchés de son attachement à la religion protestante, et de ses ennuyeuses dissertations contre les catholiques. Il laissa le trône entouré de factions, de méfiances, de ressentimens et de dangers, qui finirent par en précipiter son malheureux fils Charles Ier.

> 19 Au sein de cette mer qu'on nomme l'Pacifique,
> L'île de Péliou lève son front antique.

Les îles Pelew (on prononce *Péliou*) sont appelées par les Espagnols îles de *Palos*, ou *Palaos*. Elles sont situées entre les Philippines et l'Archipel (très peu connu) des Carolines et des Larrons. Le nom que les Espagnols leur ont donné vient du grand nombre de palmiers qui y croissent, et qui de loin se présentent comme des mâts de vaisseau. Le mot *palos* signifie un mât dans la marine espagnole. Aucun navigateur ne parait avoir abordé dans ces îles avant ceux dont nous allons parler dans la note suivante. Seulement elles avaient été reconnues plusieurs fois par des vaisseaux qui allaient à la Chine par l'orient, et qui en revenaient contre les moussons, aussi bien que par les galions espagnols dans la traversée d'Acapulco à Manille. On les croyait habitées par un peuple sauvage et cruel, qui se nourrissait de chair humaine, et qui vivait inconnu même à ceux de l'Archipel voisin. La relation du capitaine Wilson leur a fait une meilleure réputation. Suivant l'éditeur de ce voyage, les naturels des îles Pelew sont un des ornemens de l'humanité, bien loin d'en être l'opprobre : leurs usages, leurs mœurs, leur caractère, ont des rapports frappans avec ceux des autres insulaires de la mer du Sud, et ce qui les en distingue n'est pas ce qu'ils ont de moins aimable et de moins intéressant. Un séjour de plusieurs mois parmi eux a mis les Anglais à portée de les apprécier et de les faire connaître.

> ²⁰ Un vaisseau qu'Albion vit sortir de ses ports,
> Heureux dans son naufrage, échoua sur ces bords.

Ce fut dans la nuit du 10 août 1783 que l'*Antelope*, paquebot de la compagnie des Indes orientales, commandé par le capitaine Henri Wilson, échoua sur les brisans qui environnent les îles Pelew du côté de l'ouest. Malgré la violence de la tempête, l'équipage eut le temps de construire un radeau, sur lequel on transporta les armes et les principales provisions. Les Anglais s'établirent dans un îlot désert, que les naturels du pays appellent *Oroolong*. Ils trouvèrent chez ce peuple, qu'on croyait anthropophage, la douceur et l'empressement de l'hospitalité la plus confiante. Il serait trop long de rapporter ici les détails de leur séjour, qui se prolongea jusqu'au 12 novembre 1783. Ils construisirent un petit bâtiment, sur lequel ils revinrent à Macao. Le roi de Pelew, qu'ils avaient secouru dans une guerre qu'il soutenait contre les habitans d'une île voisine, et qui avait dû la victoire à la supériorité de leurs armes à feu, confia l'un de ses fils au capitaine Wilson, pour le suivre en Angleterre, tandis qu'un des matelots de l'*Antelope* résolut de s'arrêter dans l'île, et de passer le reste de sa vie avec ce peuple simple et hospitalier. C'est cet évènement qui a fourni à Delille le sujet de l'épisode qui termine ce chant.

    21 Dans le ravissement de ses nouveaux destins,
       Adieu l'Europe , adieu ses arts et ses festins !

La relation du capitaine Wilson ne donne point à l'Anglais qui voulut rester aux iles Pelew des motifs aussi poétiques, et n'en fait pas un portrait aussi séduisant que Delille. C'était un matelot nommé Madan Blanchart. Les mœurs et le caractère des insulaires l'avaient frappé : le souvenir des dangers qu'il avait courus en abordant cette terre inconnue, l'idée de ceux que ses compagnons allaient encore affronter, la crainte d'une vieillesse pauvre dans sa patrie, où le hasard avait marqué sa place au dernier rang de la société, et le plaisir d'être considéré comme un homme supérieur chez un peuple encore sauvage, telles furent probablement les causes secrètes de sa résolution. Il fut impossible au capitaine Wilson de la vaincre. Blanchart déclara qu'il aiderait ses camarades à construire leur vaisseau, qu'il travaillerait avec eux jusqu'au dernier instant de leur séjour à Oroolong, mais qu'il voulait finir ses jours avec les naturels du pays. Il exécuta son projet avec une fermeté inaltérable. Le jour où ses compagnons quittèrent les iles Pelew, Blanchart accompagna le vaisseau jusqu'en dehors des récifs. Les matelots cherchaient une voile qu'il avait lui-même enfermée; il quitta son canot, et monta sur le navire pour la leur indiquer. Il leur souhaita ensuite un heureux voyage, sans témoigner le moindre regret, « et prit congé d'eux, dit l'auteur de la *Relation anglaise*, aussi tranquillement que s'il les avait vus partir de Londres pour Gravesend, et qu'ils eussent dû revenir à la marée suivante. » On ignore s'il n'a jamais eu l'occasion de les regretter, et de se repentir du parti qu'il avait pris.

    22 En vain, les yeux en pleurs, la douleur dans le sein,
       Son père en cheveux blancs s'oppose à son dessein.

Cette résistance perpétuelle du roi de Pelew, qui est de l'invention du poète, est ici plus dramatique que la simple vérité. Suivant la *Relation*, ce fut Abba-Thulle lui-même qui conçut le projet d'envoyer son fils Lée-Boo en Angleterre, et ses motifs n'étaient point d'un sauvage. La supériorité des arts de l'Europe, dont le capitaine Wilson et l'équipage de l'*Antelope* ne pouvaient lui donner qu'une faible idée, avait fait cependant une profonde impression sur son esprit : « Mes sujets, dit-il un jour au capitaine, ont pour moi beaucoup de respect, et me regardent comme supérieur à eux, non seulement en rang, mais encore en lumières et en connaissances. Cependant, depuis que j'ai vu des Anglais et examiné leurs ouvrages, j'ai souvent reconnu mon extrême infériorité. Les derniers de ceux à qui tu commandes ont des talens et des facultés dont l'idée même ne m'était jamais venue : j'ai donc résolu de confier à tes soins mon second fils Lée-Boo, afin qu'il puisse se perfectionner dans la société des Anglais, et s'instruire d'une foule de choses qui, rapportées à son retour, seront d'un grand avantage pour mon pays. Mon fils est un jeune homme d'un esprit aimable et facile, d'un caractère sensible et doux ; j'ai souvent réfléchi à notre séparation. Je sais que, les pays éloignés qu'il doit traverser différant beaucoup du sien, il doit être exposé à beaucoup de dangers, à bien des maladies qui nous sont inconnues ; il peut mourir... J'ai préparé mon âme à ce malheur... La mort est inévitable pour tous les hommes, et il importe peu que mon fils la rencontre à Pelew ou partout ailleurs. Je suis persuadé, d'après l'idée que j'ai de ton humanité, que tu en auras soin s'il est malade ; et s'il arrivait quelque malheur qu'il n'est pas en ton pouvoir de prévenir, que cela ne t'empêche point, toi, ton frère, ton fils ou quelques uns de tes compatriotes, de revenir ici : je te recevrai, ainsi que tous les tiens, avec la même amitié, et j'aurai le même plaisir à te revoir. » Tel est au moins le discours que prête au roi de Pelew l'historien du naufrage du capitaine Wilson, M. George Keate. Ce sauvage, plein de courage et de prudence, se sépara de son fils avec un attendrissement profond, mais sans donner aucun signe de faiblesse ou d'incertitude.

> ²³ Ce fil, de qui les nœuds nous mesurent les jours,
> Dans mes tremblantes mains je le tiendrai toujours.
> Tous les jours je vais croire, au gré de mon envie,
> En ôtant à ces nœuds ajouter à ma vie.

On a retrouvé dans quelques îles de la mer du Sud l'usage des anciens Péruviens, de marquer les jours par des nœuds qu'on fait à des cordons de fil.

> ²⁴ Et toi, bonté du ciel, si je dois le revoir, etc.

Le traducteur de Virgile reproduit ici avec un nouveau charme d'expression les adieux si tendres et si touchans d'Évandre à son fils Pallas, *Énéide*, VIII, v. 574 et suiv.

Si numina vestra

Incolumem Pallanta mihi, si fata reservant;
Si visurus eum vivo, etc.

O dieux ! ô justes dieux ! écoutez la prière
D'un malheureux vieillard et d'un malheureux père !
Si vous aimez Pallas, si vous devez un jour
Le rendre à mes regrets, le rendre à mon amour;
Si ce n'est pas en vain que ce cœur vous implore,
Si je vis pour le voir, pour l'embrasser encore,
Ah ! prolongez mes jours ! Il n'est point de tourment
Qui ne cède aux douceurs de cet embrassement.
Mais si du coup fatal vous menacez sa vie,
O dieux ! qu'avant ce temps la mienne soit ravie,
Avant qu'un deuil affreux vienne en troubler la fin...
. . . .
Attendrai-je en tremblant qu'un avis funéraire
Vienne du coup fatal assassiner ton père ?
Ah ! qu'Évandre plutôt, sans connaître ton sort,
Meure d'un coup de foudre, et non pas de ta mort !

²⁵ Il dit, et, l'œil tourné vers la carte chérie
Où l'art ingénieux lui traçait sa patrie,
Tantôt vers ces écrits monumens de nos arts
Tournant languissamment ses douloureux regards,
Il expire en sa fleur...

Lée-Boo mourut à Londres de la petite-vérole, le 27 décembre 1784, chez le capitaine Wilson, qui lui prodigua jusqu'à la fin les soins les plus tendres et les plus reconnaissans. Sa douceur, sa bonté, son empressement à s'instruire, l'avaient rendu cher à tous ceux qui le connaissaient. « C'est une triste commission pour moi, écrivait le médecin qui le soigna dans ses derniers momens, que de vous informer du destin du pauvre Lée-Boo. Il est mort ce matin sans pousser un gémissement, la vigueur de son esprit et de son corps s'étant soutenue jusqu'à la fin. Hier, le second accès survenant, il fut saisi d'un frisson auquel succédèrent un mal de tête et une violente palpitation, avec une grande difficulté de respirer. Il fit usage du bain chaud, qui auparavant lui avait procuré un soulagement passager. Il m'exprimait toutes ses douleurs de la manière la plus pathétique, mettant ma main sur son cœur, posant sa tête sur mon bras, et m'exprimant sa difficulté de respirer : mais lorsque je fus sorti, il ne se plaignit plus, faisant voir par là qu'il ne se plaignait que dans la vue d'être soulagé, et non pour attendrir. En un mot, vivant et mourant, il m'a donné une leçon que je n'oublierai jamais; et certainement, par sa patience et par sa force d'âme, il fut digne d'être imité par un stoïcien. Je n'ai point vu le capitaine Wilson ce matin; mais j'ai trouvé tous les domestiques en pleurs, et un air de tristesse sur tous les visages. Le caractère aimable du pauvre Lée-Boo l'avait fait regarder, par chaque personne de la famille, comme un frère ou un fils, etc... » La compagnie des Indes orientales lui fit élever un tombeau dans le cimetière de Rotherhithe.

26 S'ils ont fait quelques maux, ils en sont le remède.

Voilà peut-être ce que l'on peut opposer de plus fort, de plus solide et de plus concluant, aux éloquentes déclamations de J.-J. Rousseau contre les arts.

NOTES

DU CHANT II.

1 Heureux, disait Virgile, heureux l'esprit sublime
   Qui peut de la nature approfondir l'abîme.

Virgile, dont ces vers nous rappellent un des plus beaux passages (*Géorg.*, II, v. 490), était loin de croire que la philosophie et les sciences ne fussent pas du domaine de la poésie, et que l'art des vers dût se borner à peindre les passions dans l'épopée et dans les ouvrages dramatiques. Il est aisé de reconnaître, en l'étudiant bien, qu'il avait un penchant naturel pour la poésie morale et philosophique. Avec un génie plus heureux, un talent plus flexible, un goût beaucoup plus pur que Lucrèce, il ne condamnait point le genre que ce poète avait choisi.

2 Mais si l'Aï, l'Arbois, ou le Bordeaux manquait,
   Si les plats clairsemés se fuyaient sur la table,
   Elle contait...

Cette anecdote a été souvent racontée, et l'on attribue ce charme de conversation à plusieurs femmes célèbres, notamment à madame de Maintenon. Elle n'était encore que madame Scarron, et sa maison était le rendez-vous de ce que la cour et la ville avaient de plus aimable et de plus distingué. Le duc de Vivonne, les comtes de Grammont et de Coligni, Charleval, Pélisson, Hesnault, Marigny, s'y réunissaient; les dîners de madame Scarron, malgré leur simplicité presque frugale, étaient cités dans Paris; elle y racontait des anecdotes avec tant d'esprit et d'intérêt, que l'appétit et l'attention des convives étaient pour ainsi dire enchaînés. On assure que son maître d'hôtel lui dit un jour à l'oreille : *Madame, encore une histoire, le rôt nous manque.*

3 Oserai-je conter l'épouvantable histoire
   Dont Pérouse, en tremblant, garde encor la mémoire ?

Pérouse ayant été souvent, comme les autres villes d'Italie, déchirée par des factions rivales, notre poète a pu y placer cette scène horrible.

« Un Sicilien fut assassiné; le frère du mort jura de le venger : le meurtrier prit la fuite. Son ennemi commença dès lors, sans affectation, à se rendre plus assidu aux églises, plus fidèle aux devoirs extérieurs de la religion. Peu à peu sa dévotion fut remarquée. On s'aperçut avec édification de ses aumônes, de son recueillement et de sa vie exemplaire. On le vit communier tous les mois, toutes les semaines, enfin tous les jours. Pendant trois ans , il fut sans cesse aux pieds des autels; les moins crédules étaient touchés de son changement. Enfin un ami du meurtrier crut pouvoir lui écrire qu'il n'avait rien à craindre , que son ennemi ne pensait qu'à faire son salut. D'après des assurances pareilles, l'homme revient dans la ville. Le perfide ne l'a pas plus tôt vu et reconnu, qu'il fond sur lui en s'écriant : *Traître, tu m'as fait avaler un boisseau d'hosties;* et il le poignarde. »

> 4 Tel que ce double dieu, Janus aux deux visages,
> De son double regard embrassant les deux âges,
> Regardait d'un côté le siècle vieillissant,
> De l'autre se tournait vers le siècle naissant...

Janus, l'un des plus anciens rois d'Italie, rendit ses peuples tellement heureux par ses vertus et sa sagesse, que les poètes ont feint que Saturne, chassé du ciel, se réfugia dans le Latium, et y apporta l'âge d'or.

> 5 Romancier consolant et fertile en promesses,
> Soudain Cambon paraît...

Les Français ont éprouvé deux fois, dans le même siècle, les tristes résultats de cette confiance téméraire et de ces richesses fictives, dont l'abus est toujours l'avant-coureur d'une misère certaine : mais la vogue des billets de Law, hypothéqués sur les trésors de Mississipi, atteste l'empire de l'imagination , plus que les assignats de Cambon, dont le crédit n'était soutenu que par les échafauds.

> 6 Vous l'avez éprouvé, dans ces jours de prestiges,
> Où Mesmer de son art déployait les prodiges.

« Que l'on se figure, dit le savant et spirituel auteur de l'article *Mesmer*[*], un appartement élégamment orné, et au milieu une cuve couverte, d'où partent un grand nombre de cordes et de tiges de

---

[*] Dans la *Biographie universelle.*

fer disposées de manière à pouvoir être tournées et dirigées en tout sens : autour de ce *baquet*, car c'est ainsi qu'on l'appelait, étaient rangés les malades, parmi lesquels on n'en admettait aucun dont les infirmités fussent d'une nature repoussante ou même désagréable pour les spectateurs. On passait une des cordes du baquet autour du corps de chacun d'eux, et on leur faisait prendre aussi à la main une des tiges métalliques, pour la tenir appliquée sur la partie souffrante. De temps en temps ils quittaient ces tiges, et ceux qui s'avoisinaient se touchaient mutuellement par les doigts : cela s'appelait former *la chaîne*. Au mystère de cet appareil se joignaient toutes les séductions qui peuvent agir sur l'imagination et les sens : la musique, les parfums, et jusqu'à l'espèce de sécurité que donne la clarté douteuse d'un demi-jour heureusement ménagé.

» ...L'enthousiasme public pour ces réunions, et, à ce que l'on assure, les désordres nombreux qui les accompagnaient, déterminèrent enfin le gouvernement à faire examiner la doctrine et l'emploi du *magnétisme animal*, par une commission composée de quatre médecins et de cinq membres de l'Académie des Sciences. Le rapport qui fut fait par Bailly est un chef-d'œuvre de raison et de saine philosophie, en même temps qu'il est un modèle d'élégance et de fermeté dans le style. Peu de temps après, la Société royale de Médecine fit aussi un rapport, dont les conclusions étaient pareilles à celles des commissaires de l'Académie. Plus de vingt mille exemplaires de ces rapports furent imprimés par ordre du gouvernement, et répandus en France ainsi que dans les pays étrangers. On peut dire que ce coup tua Mesmer et sa doctrine. Il alla d'abord vivre quelque temps en Angleterre, sous un nom supposé, puis il se retira en Allemagne ; et cet homme, qui avait un moment occupé l'Europe, mourut ignoré en 1815, à Mersbourg, en Souabe, sa ville natale, âgé de soixante et onze ans. »

> 7 La Crainte fanatique à la Reconnaissance
> Arracha l'encensoir, et son culte odieux
> Par le sang des humains sollicita les dieux.

Dans presque toutes les religions anciennes, et dans celles qu'on a trouvées chez les peuples du Nouveau-Monde, le fanatisme et la superstition sacrifiaient des victimes humaines.

8 Lucrèce dans ses vers alarme la pudeur.

Ce reproche d'obscénité fait à Lucrèce depuis long-temps, et reproduit ici par Delille, a été, ce me semble, assez ingénieusement réfuté par l'élégant traducteur en vers de ce poète, M. de Pongerville. « Ses détracteurs, sans doute, ne l'avaient pas compris, dit-il, ou ils ignoraient que l'obscénité n'est pas dans la théorie du mécanisme des organes consacrés à la génération, mais seulement dans les images séduisantes qui font chérir la volupté, et enflamment l'imagination par des prestiges qui embellissent des objets pernicieux. »

> 9 Sur les pertes du cœur nous pleurons chaque jour ;
> Mais quels regrets pareils aux regrets de l'amour !

Plusieurs vers de ce morceau sont imités de Lucrèce ; mais le poète latin, d'ailleurs admirable dans la peinture qu'il fait de l'amour physique, diffère essentiellement du poète français, qui n'a considéré l'amour que dans ses rapports avec l'imagination. L'un peint avec une chaleur contagieuse la fureur et l'ivresse d'un âge impatient de jouissances, et le délire tumultueux de ses jeunes sens ; l'autre commence par observer combien, dans nos sociétés brillantes et corrompues, les lois, les mœurs et les arts ajoutent à l'énergie de l'amour ; il s'attache à montrer combien l'amour-propre, la vanité, l'ambition, l'espérance, la crainte, la jalousie, lui donnent d'activité, de charmes et de tourmens. Si la prose la plus élégante pouvait être comparée à de beaux vers, je citerais, après le tableau tracé par Delille, le commencement d'une *Nouvelle historique*, où les mêmes idées sont développées avec beaucoup d'esprit et de vérité. C'est l'ouvrage d'une femme, qui joint à cette finesse de vues, de sentimens et d'observations qui caractérise son sexe, un style dont la justesse et la vérité feraient honneur à l'homme du goût le plus sûr et du talent le plus distingué. « Ce n'est pas, dit-elle, loin des cités fastueuses, ce n'est point dans la solitude et sous le chaume que l'amour règne avec le plus d'empire ; il aime l'éclat et le bruit ; il s'exhale de tout ce qui satisfait l'ambition, la louange, la pompe et la grandeur. C'est au milieu des passions factices, produites par l'orgueil et l'imagination ; c'est dans les palais ; c'est entouré des plus brillantes illusions de la vie, qu'il naît avec promptitude et qu'il s'accroît avec violence ; c'est là que la délicatesse et tous les raffinemens du goût président à ses fêtes, et donnent à son langage passionné des grâces inimitables et une séduction trop souvent irrésistible. — J'ai vécu sur les bords heureux que la Loire baigne et fertilise. Dans ces belles campagnes, dans ces bocages formés par la nature, l'amour n'a laissé que des traces légères, des monumens fragiles comme lui : quelques chiffres grossièrement ébauchés sur l'écorce des ormeaux, et pour traditions quelques romances rustiques, plus naïves que touchantes. L'amour seulement a plané sur ces champs solitaires; mais c'est dans les jardins d'Armide ou de Chantilly qu'il s'arrête; c'est là qu'il choisit ses adorateurs, qu'il marque ses victimes, et qu'il signale son funeste pouvoir par des faits éclatans recueillis par l'histoire, et transmis d'âge en âge *.

> 10 Rien ne paraît. « Allons! il reviendra demain, »
>   Se dit-elle... et reprend tristement son chemin.

Parmi plusieurs exemples de ce genre, on se rappelle avec attendrissement celui d'une jeune infortunée, un moment célèbre sous le nom de la *folle de Caux*. Elle a été mise au théâtre, avec les changemens qu'exige notre scène dramatique, dans l'opéra de *Nina*.

> 11 . . . . En l'un de ces hospices,
>   Dotés par les secours, et fondés par les mains
>   De ce pieux Vincent, bienfaiteur des humains,
>   Dont le modeste nom, digne de la mémoire,
>   De tous les conquérans anéantit la gloire.

L'histoire moderne de la religion, dit le cardinal Maury, ne fournit pas de plus beau sujet de panégyrique que la vie de saint Vincent de Paul, homme d'une sublime vertu et d'une assez médiocre renommée, le meilleur citoyen que la France ait eu, l'apôtre de l'humanité, qui, après avoir été berger pendant son enfance, a laissé dans sa patrie des établissemens plus utiles aux malheureux que les plus beaux monumens de Louis XIV, son souverain. — Il fut successivement esclave à Tunis, précepteur du cardinal de Retz, curé de village, aumônier-général des galères, principal de collége, chef des missions, et adjoint au ministère de la feuille des bénéfices. Il institua en France les séminaires, les Lazaristes, les *Filles de la charité*, qui se dévouent au soulagement des malheureux, et qui ne changent presque jamais d'état, quoique leurs vœux ne les lient que pour un an; il fonda des hôpitaux pour les enfans trouvés, pour les orphelins, pour les fous, pour les forçats et pour les vieillards. Sa généreuse commisération s'étendit sur

* Mademoiselle de Clermont, *Nouvelle historique*.

toutes les espèces de malheur dont l'espèce humaine est accablée, et on trouve des monumens de sa bienfaisance dans toutes les provinces du royaume. Quand on lit sa vie, on voit que rien n'honore plus la religion que l'histoire des établissemens faits en faveur de l'humanité, parce que l'humanité en est redevable aux ministres des autels. Tandis que les souverains, armés les uns contre les autres, ravageaient la terre déjà dévastée par d'autres fléaux, le fils d'un laboureur de Gascogne, saint Vincent de Paul, réparait les calamités publiques, et répandait plus de vingt millions en Champagne, en Picardie, en Lorraine, en Artois, où les habitans mouraient de faim, par villages entiers, et restaient ensuite dans les campagnes sans sépulture jusqu'au moment où Vincent de Paul se chargea d'en payer les frais. (Ces prodiges de l'héroïsme chrétien ont été renouvelés de nos jours par cette vénérable sœur Marthe, qui n'avait, pour les opérer, d'autres moyens que la Providence, d'autres secours que la charité et la religion.) Vincent de Paul exerça pendant quelque temps un ministère de zèle et de charité sur les galères. Il vit un jour un malheureux forçat qui avait été condamné à trois années de captivité pour avoir fait la contrebande, et qui paraissait inconsolable d'avoir laissé dans la plus extrême misère sa femme et ses enfans. Vincent de Paul, vivement touché de sa situation, offrit de se mettre à sa place, et, ce qu'on aura peine sans doute à concevoir, l'échange fut accepté. Cet homme vertueux fut enchaîné dans la chiourme des galériens, et ses pieds restèrent enflés pendant le reste de sa vie du poids de ces fers honorables qu'il avait portés... Voilà l'homme qui ne jouit presque d'aucune réputation en Europe! le voilà, cet homme qui, au jugement de ses ennemis, n'eut que du zèle sans talens! Sa vie fut un tissu de bonnes œuvres dont nous jouissons encore. Il vécut jusqu'à l'âge de quatre-vingt-cinq ans. Il était fort assoupi le jour de sa mort : un de ses amis lui ayant demandé la cause de ce sommeil continuel, il répondit en souriant : *C'est le frère qui vient en attendant la sœur.* Jamais homme n'a mieux pardonné à la nature la nécessité de mourir. Le malheur de saint Vincent de Paul, si c'en est un d'être peu loué et même peu connu, son malheur fut de n'être point célébré au moment de sa mort, en 1661, par cet éloquent Bossuet, qui immortalisait tous ses héros, et qui, dans le même temps, composait des oraisons funèbres sur des sujets beaucoup moins dignes de son génie : mais la gloire d'un éloge public est due à ses vertus, et l'orateur qui saura le présenter dignement à l'admiration et à la reconnaissance de ses concitoyens, aura bien mérité de la patrie.

12 Tant, avec ce penchant toujours d'intelligence,
L'Imagination lui prête de puissance !

Cet épisode achève de prouver l'influence de l'imagination sur l'amour, et remplit heureusement le dessein du poète. *Azélie et Volnys* étaient connus depuis long-temps : on avait même imprimé plusieurs fois cet épisode, avant que l'auteur consentit à la publication de son poème.

NOTES

DU CHANT III.

———

¹ Vaste et profond sujet! pour peindre ce mystère,
Il faudrait un Descarte instruisant un Voltaire.
Essayons toutefois : et montrons dans mes vers
L'âme entière à l'aspect de l'immense univers.

Nous avons parlé du système de Leibnitz sur *l'harmonie pré-établie* entre l'âme et l'univers, et du rapport que les idées du philosophe allemand ont à cet égard avec celles de Platon. Cette opinion a été souvent combattue en métaphysique, où si peu de choses sont démontrées, et où les démonstrations sont si rarement utiles. Mais, comme nous l'avons dit, elle est favorable à la poésie. Si l'on reprochait à Delille l'espèce de préférence qu'il paraît avoir pour une théorie vaine, mais qui du moins lui inspire de très beaux vers, il serait aisé de répondre, en demandant quel est le philosophe qui a expliqué le mystère des opérations de l'esprit humain, et dont le système réponde à toutes les objections.

² Mais qu'une vaste armée, en un profond silence,
Garde un calme imposant, et lentement s'avance.

Cet effet du silence, observé par une armée qui s'avance au combat, est tellement vrai, tellement sûr, que les tacticiens et les hommes les plus expérimentés dans l'art de la guerre ont toujours recommandé ce moyen de succès, et que dans une foule d'occasions il a amené de très grands résultats.

³ Et, jusqu'au fond du nord portant nos goûts divers,
Le mannequin despote asservit l'univers.

Mademoiselle Bertin, marchande de modes de la reine, envoyait, dit-on, en Russie, chaque mois, une grande poupée habillée et coiffée à la dernière mode.

⁴ Mais quels pays lointains, quels barbares climats
De nos derniers malheurs ne retentissent pas?

C'est l'exclamation du chef des Troyens, retrouvant sur les

murs du temple de Carthage une image des revers de Troie.

> Quæ regio in terris nostri non plena laboris!
> *Æn.*, I, 464.

> 5 O mes concitoyens! dites-moi de quel nom
>   Se nomment aujourd'hui ma ville, mon canton?

Le poète veut parler ici du calendrier républicain, et de l'usage bizarre qu'on avait essayé d'introduire, en donnant aux villes, bourgs et villages, des noms tels que *Commune-Affranchie, Nord-Libre, Port-de-la-Montagne*, etc.

> 6 De son heureux rival il l'achète à prix d'or,
>   Et dans sa serre avare enterre son trésor.

On connaît le trait d'un amateur, qui renchérit encore sur celui qu'on vient de lire. Il se croyait possesseur d'une fleur unique; mais ayant appris qu'il en existait une pareille dans un jardin, il alla chez le propriétaire, la marchanda, en donna le prix demandé, et l'écrasa à l'instant même sous ses pieds.

Au reste, notre poète avait déjà ridiculisé cette manie de préférer en tout les choses les plus rares aux plus belles et aux plus utiles. On n'a point oublié ces vers charmans :

> Je sais que dans Harlem plus d'un triste amateur
> Au fond de ses jardins s'enferme avec sa fleur;
> Pour voir sa renoncule avec l'aube s'éveille;
> D'une anémone unique admire la merveille,
> Ou, d'un rival heureux enviant le secret,
> Achète au poids de l'or les taches d'un œillet.
> Laissez-lui sa manie et son amour bizarre :
> Qu'il possède en jaloux, et jouisse en avare.
> *Les Jardins*, ch. III.

J.-J. Rousseau se moque également (*Nouv. Hél.*, part. IV, lett. xi) « de ces petits curieux, de ces petits fleuristes, qui se pâment à l'aspect d'une renoncule, et se prosternent devant des tulipes. »

> 7 Est-ce Homère ou Platon? Non, c'est quelque feuillet
>   D'un vieux tome échappé du bûcher de Servet.

Servet était un médecin ignorant et un pédant opiniâtre, qui s'avisa d'écrire un livre très ennuyeux, et fort heureusement devenu très rare, contre le mystère de la Trinité. Ses opinions différaient sur quelques points de celles de Calvin, encore plus opi-

niâtre et surtout plus puissant que lui. Servet, s'étant échappé des
prisons de Vienne, fut arrêté à Genève, où son implacable rival
fit procéder contre lui avec la barbarie d'un théologien gonflé de
fanatisme et d'orgueil. A force de tourmenter les juges, d'employer
le crédit de ceux qu'il dirigeait, et de crier que Dieu même demandait le supplice de cet *anti-trinitaire*, il parvint à le faire brûler vif avec tous ses ouvrages (en 1553).

> ⁸ Et l'abondance enfin les dépréciant tous,
> Comme il eût jeté l'or, il jette ses cailloux.

On lit dans une lettre fort connue, que Delille écrivait d'Athènes à une dame de Paris : « Il faut que je vous conte encore une
superstition de mon amour pour l'antiquité. Au moment que je
suis entré tout palpitant dans Athènes, ses moindres débris me pa-
raissaient sacrés. Vous connaissez l'histoire de ce sauvage qui n'a-
vait jamais vu de pierres; j'ai fait comme lui : j'ai rempli d'abord
les poches de mon habit, ensuite de ma veste, de morceaux de
marbre sculptés, et puis, comme le sauvage, j'ai tout jeté, mais
avec plus de regret que lui. »

> ⁹ « Laissez, laissez venir ces enfans jusqu'à moi, »
> Disait cet homme-Dieu dont nous suivons la loi.

Sinite pueros venire ad me, dit le législateur des chrétiens. Aucune religion connue ne prêche aux hommes une morale aussi
douce, aussi pure, aussi touchante que celle de l'Évangile.

> ¹⁰ Dans l'une tout commence, et dans l'autre tout cesse.

On contestera peut-être à l'auteur la justesse de ce dernier hémistiche : tout ne cesse point pour le vieillard, tant que la vie circule encore dans ses veines; et sans doute l'imagination doit voir
en lui quelque chose qui ne descend pas au tombeau.

> ¹¹ Je sors, j'erre à pas lents sur cette lave immense,
> Triste, inhospitalière; et calcule en silence
> Les temps, les temps lointains où la stérilité
> Rendra ce sol aride à la fertilité.

Les laves du mont Etna deviennent régulièrement, par le progrès des années, les champs les plus fertiles de la terre. Mais combien faut-il de siècles pour leur donner cette excessive fécondité,
puisque après deux mille ans elles ne sont encore, en plusieurs
endroits, que des rochers arides?

¹² Viens donc, viens, charme heureux des arts et des amours !
  Je te chantai deux fois : inspire-moi toujours.

On aimera sans doute à comparer aux vers de Delille ceux de
La Harpe sur le même sujet.

> C'est là , c'est dans l'obscurité,
> Que, fuyant le tumulte, et dans soi recueillie,
> Vient s'asseoir la Mélancolie,
> Pour y rêver en liberté.
> Ses maux et ses plaisirs ne sont connus que d'elle,
> A ses chagrins qu'elle aime elle est toujours fidèle,
> Ne se plaît que dans l'ombre et dans les lieux déserts;
> Elle verse des pleurs qui ne sont point amers;
> Tout entière à l'objet dont elle est possédée,
> Ne redit qu'un seul nom, n'entretient qu'une idée;
> Et chérit son secret qui s'échappe à moitié.
> Son regard triste et doux inspire la pitié;
> Elle étouffe sa plainte et soupire en silence;
> Elle n'ose qu'à peine embrasser l'espérance,
> Et tremble en adressant un timide désir
> Vers un bonheur lointain qui toujours semble fuir.

Ces vers ont, comme ceux de Delille, le caractère et le charme
pénétrant de la mélancolie : les deux poètes l'inspirent en la défi-
nissant.

¹³ Telle, sur un rameau, Philomèle éplorée
  Accuse son malheur, et le pâtre inhumain, etc.

Il n'est personne qui ne reconnaisse ici cette touchante comparaison de Virgile, *Géorg.*, IV, 511.

> Qualis populea mœrens Philomela sub umbra
> Amissos queritur fetus; quos durus arator
> Observans nido implumes detraxit; at illa
> Flet noctem, ramoque sedens miserabile carmen
> Integrat, et mœstis late loca quæstibus implet.

Delille l'avait rendue par ces vers pleins de douceur et d'harmonie :

> Telle sur un rameau, durant la nuit obscure,
> Philomèle plaintive attendrit la nature;
> Accuse en gémissant l'oiseleur inhumain,
> Qui, glissant dans son nid une furtive main,
> Ravit ces tendres fruits que l'amour fit éclore,
> Et qu'un léger duvet ne couvrait pas encore.

14 Déité de Shakspeare, ô toi, qui des ténèbres
   Aimes l'effroi tragique et les scènes funèbres.

Aucun poète tragique n'a, depuis Eschyle, porté la terreur aussi loin que Shakspeare. Mais c'est dans son *Macbeth* surtout qu'il a déployé tout ce que ce grand moyen renferme de puissance et d'énergie.

15 . . . . L'un sur l'autre abattus,
   Cent ministres sanglans jonchent le sanctuaire ;
   Dulau tombe content dans les bras de son frère.

Les 2 et 3 septembre 1792, cent quatre-vingts personnes furent égorgées à l'Abbaye, et deux cent quarante-quatre dans le jardin des Carmes et au séminaire de Saint-Firmin. On comptait parmi celles-ci cent quatre-vingt-cinq prêtres, dignes d'avoir à leur tête le vénérable archevêque d'Arles (M. Dulau), et les évêques de Saintes et de Beauvais, deux prélats dont les mœurs et les vertus semblaient rapprocher de nous les premiers siècles de l'Église. Ils étaient frères, et de cette illustre maison de Larochefoucauld, dont le nom, également cher à la religion, à l'État et aux lettres, se mêle depuis quatre cents ans à tous les souvenirs glorieux de la monarchie. L'évêque de Saintes n'avait pas été arrêté, mais, voyant son frère en prison, il voulut partager son sort. Le jour du massacre, ils étaient réunis au pied de l'autel avec leurs compagnons d'infortune. Les assassins firent sur eux une décharge de leurs fusils presque à bout portant. L'évêque de Beauvais ne fut point atteint; celui de Saintes eut la jambe cassée : il fut porté tout sanglant sur un lit voisin. Une espèce d'ordre, dernier degré de la scélératesse réfléchie, s'établit alors dans cette exécrable exécution. Tous les prêtres furent enfermés dans l'église des Carmes : on les en tira deux à deux pour les conduire au jardin, et les bourreaux les attendaient sur l'escalier, où ils les égorgeaient avec cette cruauté froide et mesurée qui fait frémir d'horreur et d'indignation. Lorsque le tour de l'évêque de Beauvais fut arrivé, on vint le prendre au pied de l'autel qu'il tenait embrassé; il se leva tranquillement et alla mourir. L'évêque de Saintes fut un des derniers appelés ; il répondit aux assassins qui lui ordonnaient de les suivre : « Vous voyez l'état où je suis; j'ai une jambe cassée; aidez-moi, je vous prie, à marcher, et j'irai volontiers au martyre. » Deux brigands le soutinrent et le conduisirent sur l'escalier, où le reste de son sang

8.

fut confondu avec celui de son frère et de ses compagnons. C'est à ce prélat vénérable, et non à M. Dulau, que doit s'appliquer le vers de Delille.

> ¹⁶ Reçois donc mon tribut, ô toi, de qui la main
> Sur leur roc, plus solide et plus dur que l'airain,
> Grava mes faibles vers!

Plusieurs voyageurs de différentes nations ont gravé sur les Pyramides ce beau vers du poème des *Jardins*, relatif aux monumens de l'ancienne Rome, mais plus applicable encore à ceux de l'Égypte :

> Leur masse indestructible a fatigué le temps.

> ¹⁷ Et toi, terrible mer, séjour tempétueux,
> Déjà j'ai célébré tes champs majestueux...

Voyez, dans le chant III de l'*Homme des champs*, le magnifique morceau où le poète décrit les grandes révolutions des mers, formant dans leur sein des montagnes par d'énormes amas de coquillages, etc.; ensuite délaissant les continens qu'elles ont couverts, pour en envahir d'autres qu'elles abandonneront à leur tour.

> ¹⁸ Aux mouvemens des cieux tes mouvemens répondent :
> Phébé règle tes flots; tes flots suivent son cours,
> Et, toujours menaçans, obéissent toujours.

L'auteur du poème de *la Navigation* s'exprime ainsi (Chant I) sur le phénomène des marées :

> Secret de l'océan, ô flux mystérieux!
> Daigneras-tu jamais dévoiler à nos yeux
> Le moteur qui deux fois dans la même journée
> Retire et rend les flots à la rive étonnée?
> Sur son trône de feu l'astre de l'univers
> Règle-t-il à son gré tes mouvemens divers?
> Dans l'ombre de la nuit, son heureuse rivale
> Les tient-elle asservis à sa marche inégale?
> Et d'où vient qu'en tous lieux, fidèles et réglés,
> L'Euripe seul les voit inconstans et troublés!

> ¹⁹ Monts augustes, c'est vous dont la cime idolâtre
> Du culte de Mithra fut le premier théâtre.

« Mithra ou Mithras, divinité persane, que les Grecs et les Romains ont confondue avec le Soleil, mais qui, suivant Hérodote, n'était autre que la Vénus céleste ou l'Amour, principe des générations et de la fécondité, qui perpétue et rajeunit le monde... Les

Romains adoptèrent ce dieu des Perses, comme ils avaient adopté ceux de toutes les autres nations... Le culte de Mithras, avant de venir en Grèce et à Rome, avait passé de la Perse en Cappadoce, où Strabon dit avoir vu un grand nombre de ses prêtres. Ce culte fut porté en Italie du temps de la guerre des pirates, l'an de Rome 687, et y devint très célèbre dans la suite, surtout dans les derniers siècles de l'empire. » (*Dictionnaire de la Fable*, par M. NOEL.)

> [20] Je ne vois qu'un grand cercle où se perd mon regard,
> Dont le centre est partout, et les bords nulle part.

Pascal avait dit de l'ensemble de la création : « C'est une sphère infinie, dont le centre est partout, la circonférence nulle part. » Avant Pascal, Timée de Locres avait appliqué à Dieu la même comparaison, exprimée dans les mêmes termes.

NOTES

DU CHANT IV.

—

₁ Oh ! que l'homme sait bien embellir l'univers !
Sans lui, du monde entier les spectacles divers
Languissent sans attraits, sans intérêt, sans âme ;
Mais, doué par les dieux d'une céleste flamme,
L'homme passionné les passionne tous.

Ces vers, qui peuvent s'appliquer à l'homme en général, semblent convenir aux poètes plus particulièrement, en ce qu'ils sont les hommes les plus passionnés. M. Delille est plus qu'aucun autre celui qui, suivant ses propres expressions,

Donne aux fleurs la gaîté, donne aux mers le courroux,
La mémoire aux rochers, aux myrtes la tendresse.

₂ Et conduis, en rêvant, les flots vers le rivage.

Il n'est personne qui n'ait connu le charme rêveur que l'on éprouve, lorsque, occupé d'une pensée triste, on voit les flots de la mer ou d'un grand fleuve se succéder avec un bruit monotone, et venir expirer sur le rivage, où ils se brisent l'un après l'autre. Rien ne représente mieux la succession rapide des instans qui naissent et meurent en se succédant toujours, et nous conduisent insensiblement vers la mort. C'est peut-être cette analogie secrète qui rend le spectacle des flots si mélancolique.

₃ Mais si le noir chagrin, la douleur violente,
Porte au cœur malheureux sa fougue turbulente,
Le site le plus doux ne lui rend pas la paix.

Qui n'a pas éprouvé l'effet de cette vérité dans le moment où le cœur, dévoré de chagrin, se trouve en opposition directe avec l'inspiration d'un lieu rempli de charmes ? Bajazet détrôné pleure la mort de son fils, et sa douleur redouble à la vue d'un pâtre qui joue gaiement de la flûte dans un beau lieu champêtre.

₄ Dieux ! avec quel transport je reconnus sa tour...

Ce vers et les suivans doivent éveiller dans l'âme du lecteur des émotions produites par ses propres souvenirs. On n'émeut jamais plus sûrement qu'en rappelant au cœur les impressions que le temps n'y a point effacées ; elles ressemblent au feu caché sous la cendre, et qui est prêt à s'emparer de l'aliment qu'on lui présente.

⁵ Et cet étroit réduit que j'avais cru si vaste.

Ce vers frappant de vérité doit être apprécié par tous ceux qui ont revu, après un laps de temps considérable, le séjour de leur enfance. Il semble que la taille de l'homme soit pour lui le module de toutes les grandeurs ; il compare l'étendue avec lui-même ; et, quand son corps s'est développé, tous les objets qu'il a vus dans son enfance lui semblent rapetissés, parce qu'il est devenu plus grand.

⁶ Où sur le sein d'Églé, qui partageait ma peur,
Un précoce plaisir faisait battre mon cœur !

Ces deux vers expriment à merveille le premier trouble du cœur que doit éprouver l'enfance qui touche à la jeunesse, quand l'approche d'un objet aimable lui fait pressentir les impressions des sens.

⁷ Si le fifre imprudent fait entendre ces airs
Si doux à son oreille, à son âme si chers,
C'en est fait, il répand d'involontaires larmes.

On sait quel effet produit, en général, sur les Helvétiens, l'air champêtre qu'on appelle *le Ranz des Vaches*, lorsqu'ils l'entendent loin de leur patrie : il en est qu'aucune puissance ne peut retenir, et qui partent sur-le-champ pour retourner dans leur pays.

⁸ Eh ! sur ces monts glacés, où, loin de sa Julie,
Saint-Preux traînait ses maux et sa mélancolie,
Voyez ce malheureux conduire imprudemment
Celle qu'un autre hymen ravit à son amant !

Ces vers, imités d'une lettre de *la Nouvelle Héloïse*, ont le malheur de ne point égaler la prose admirable qui les a inspirés. N'en soyons point surpris, la perfection ne s'imite point ; pour égaler un morceau sublime, il faut en composer un autre.

⁹ Contemplez ces débris d'une abbaye antique.

On peut comparer cette peinture à celle de l'abbaye représentée dans le quatrième chant du poème des *Jardins ;* et l'on hésitera sur

le choix. Rien ne prouve mieux la riche fécondité de M. Delille
que l'art avec lequel il reproduit les mêmes tableaux, sans répéter les mêmes effets.

> ¹⁰   Vieux récits, dont le charme, amusant les hameaux,
>   Abrège la veillée et suspend les fuseaux.

Ces vers ressemblent beaucoup à ceux du troisième chant du
poème des *Jardins,* ainsi conçus :

> Vieux récits qui, charmant la foule émerveillée,
> Des crédules hameaux abrègent la veillée,
> Et que l'effroi du lieu persuade un moment.

> ¹¹   Ici, du haut des tours, plus d'une tendre amante
>   Suivait son jeune amant dans la lice sanglante.

Cette peinture des mœurs chevaleresques est pleine d'effet, parce
qu'elle est pleine de vérité. On voit, on entend le redresseur de
torts qui délivre sa maîtresse, et l'emporte en croupe sur son cheval, loin du château où elle languissait prisonnière. Ce morceau
prouve que M. Delille possédait cette couleur locale qui transporte au temps dont on peint les usages, talent ignoré de son
temps, et peu connu de Voltaire lui-même. M. Bernardin de Saint-
Pierre est peut-être le premier qui, dans ses romans de *Paul et
Virginie* et de *la Chaumière Indienne,* ait accrédité ce genre es-
timable; l'auteur d'*Atala* lui a encore donné plus de vogue.

> ¹²   Le génie éploré de ces fameux remparts
>   Distingua dans la foule un jeune amant des arts.

Il s'agit ici de M. Choiseul-Gouffier, auteur du *Voyage pittoresque de la Grèce,* et que M. Delille accompagna jusqu'à Constantinople. Tout ce morceau fut lu par l'auteur dans une séance
publique de l'Académie, où il produisit le plus grand effet.

> ¹³   Malgré l'affreux cordon, malgré le sabre nu,
>   J'entrai, brûlant de voir, et tremblant d'avoir vu.

Les bains de Constantinople ressemblent à tous les bains d'étuve
dont on fait usage dans l'Orient. On y entre par différentes salles,
dont la chaleur augmente graduellement. La dernière de toutes, qui
ne reçoit le jour que par la voûte, est remplie d'une vapeur très
chaude, dont l'effet est d'ouvrir les pores de la peau, et de produire une grande transpiration. Ces lieux sont très fréquentés par
les femmes turques, parce qu'ils leur offrent la seule occasion de

jouir d'une espèce de liberté : c'est là que se forment leurs liai-
sons, que se traitent les affaires de famille, que se préparent les
mariages, et que se débitent les nouvelles qui circulent dans la ville.
On se tromperait fort si l'on se représentait les beautés de Constantinople d'après celles qu'on admire dans nos climats ; la plupart sont dépourvues de grâces, du moins pour des yeux français.
L'abus qu'elles font des bains d'étuve les vieillit de très bonne
heure : leur extrême embonpoint nuit également à leur beauté.
Celles qui remplissent les sérails viennent de la Géorgie et de la
Circassie : leurs traits sont enchanteurs, mais pâles et décolorés ;
il semble voir des fleurs étiolées : elles n'ont point cet air de fraîcheur et de vie qui plaît dans nos climats.

    14 **L'amour même chérit les ombres du mystère.**

Ce vers et les vingt et un qui le suivent expriment le charme que
le mystère ajoute au plaisir, et forment un contraste piquant avec
le mystère formidable dont les beautés asiatiques sont toujours en-
veloppées. La fable de Psyché, qui représente l'Amour s'envolant
dès qu'il est apercu, est ingénieusement rappelée à la fin de ce
morceau.

    15 **Sous les cieux africains voyez le voyageur,**
        Des sables de Rosette, ou des landes du Caire,
        Traverser lentement l'espace solitaire.

Cette peinture du désert paraît convenir beaucoup plus à celui
qui sépare Souez du Caire qu'aux environs de cette ville et de Rosette. Cet espace de trente lieues, que j'ai parcouru, est d'une ari-
dité complète ; c'est une mer de sable qui devient le tombeau des
caravanes quand le vent du midi, qu'on appelle le Kamsim, se
répand dans l'air et obscurcit l'horizon. La route que suivent les
caravanes est toute semée d'os de chameaux, que l'impression d'un
soleil ardent a rendue d'une blancheur éblouissante, et la soif qu'on
éprouve dans cette longue traversée, quand les provisions d'eau
sont épuisées, redouble encore par le phénomène du mirage que
produit la réverbération du soleil sur les sables du désert : on croit
apercevoir un grand fleuve dans l'éloignement ; et cette illusion est
si complète, que même ceux qui en sont prévenus ont toutes les peines du monde à s'en désabuser.

> 16 Il se traîne, il épuise un reste de vigueur,
> Lorsqu'au lever du jour, ô surprise ! ô bonheur !
> D'un obélisque au loin il découvre le faîte,
> Les kiosques des pachas, les temples du prophète,
> De palmiers, d'orangers des bois délicieux,
> Que le désert encore embellit à ses yeux.

Je dois rendre hommage à la vérité de cette peinture, ayant passé quatre mois dans les ruines de Souez, où quelques dattes, quelques fèves et du pain noir avaient été ma principale nourriture. Je traversai le désert avec la caravane de Thor pour me rendre au Caire : je n'entreprendrai pas de peindre l'impression de bonheur que je ressentis, lorsque, après trois jours et trois nuits de traversée, dont toutes les minutes m'avaient paru des siècles, j'aperçus les premiers arbres du petit village de Belketeragi, qui n'était qu'à une demi-lieue du Caire. Altéré de fraîcheur, épuisé de fatigue et mourant de besoin, je ressentis une joie délirante à la vue de ces arbres qui me promettaient de la verdure, du repos et de l'ombre. Je me traînai jusqu'au pied d'un grand simocore, et là je bus un pot de lait, et je mangeai quelques petits concombres avec plus de volupté que je n'en eusse goûté à la table la plus somptueusement servie.

17 Voyez-vous ce navire attendu sur les eaux ?

Cette peinture du départ et du retour d'un voyageur me semble d'une vérité sensible. Le trouble qu'il ressent à l'approche de son séjour, dont il est séparé depuis si long-temps, et dont il va se ressaisir, doit être apprécié, surtout par ceux qui ont fait, comme M. Delille, des voyages de long cours. Quelle vérité dans le plaisir anticipé que lui promet son imagination, quand elle lui représente sa famille, dont il croit déjà se voir entouré ! Quelle naïve expression dans ces vers :

> Sa fille, en le quittant son adieu fut si tendre !
> Que fait-elle à présent ?...
>
> . . . .
>
> Et ce fils, dernier fruit d'une longue union,
> Vit-il ? commence-t-il à bégayer son nom ?
> Son simple et vieux pasteur répandra tant de larmes !
> A ses arbres grandis qu'il va trouver de charmes !

Ces vers si naturels semblent s'être échappés de la plume de La Fontaine.

¹⁸ O nuit! inspire-moi. Que de fois dans tes ombres, etc.

Les poètes qui ont invoqué la nuit sont surtout les poètes mé-
ridionaux ; ce n'est pas l'ombre des nuits qui inspire, c'est le spectacle de ses flambeaux éclatans. Les belles nuits de la Grèce ou de
l'Italie ont vivement parlé à l'imagination poétique, dans ce moment où le corps, exempt de la brûlante chaleur du jour, reprend
une nouvelle énergie ; la pensée affranchie à son tour des distractions qui l'ont fatiguée, développe toute sa puissance. Cette voûte
dont le sombre azur étincelle du feu des astres, si éclatans dans
l'atmosphère méridionale, leur cours silencieux, ce calme inspirateur, cette ombre qui voile les imperfections de la nature terrestre, tout éveille l'imagination, les illusions prennent un corps dans
l'obscurité, l'âme croit apercevoir les objets resplendissans de la
pompe qui l'environne. Le poète inspiré s'abandonne à son enthousiasme, et la poésie jaillit de sa veine brûlante. Il s'écrie :

> Lorsque roule des nuits le char silencieux,
> Je sonde en frémissant les merveilles des cieux.
> La vérité m'appelle, échauffe mon délire,
> Et joint ses fiers accens aux doux sons de ma lyre.
> Nuit propice à mes vœux, ma poétique ardeur
> Préfère aux feux du jour ta lugubre splendeur.
>
> LUCRÈCE, ch. I.
> Traduction de M. DE PONGERVILLE.

¹⁹ Sous les remparts de Rome et sous ses vastes plaines...

Il n'est pas de situation qui épouvante autant l'imagination que
celle d'un malheureux perdu dans la nuit d'un souterrain, sans
nul espoir d'en sortir ; telle serait celle d'un homme enterré de son
vivant, et se ranimant dans son tombeau. Il est pourtant certain
que la peinture de cet horrible état ne produirait aucun effet,
parce qu'elle serait privée des alternatives de l'espoir et de la
crainte, et qu'elle ne présenterait au lecteur aucune gradation
dans les souffrances. Telle n'est point la situation du comte Ugolin,
lorsque, enfermé avec ses enfans dans une tour, où il est dévoré
comme eux par la faim, il n'a pas encore perdu tout espoir d'é-
chapper à cet horrible état, lorsque ensuite il entend murer la
porte de cette tour, et qu'ayant vu mourir ses enfans l'un après
l'autre, il tombe le dernier sur leurs cadavres. M. Delille a imité
dans son épisode cette progression terrible de l'infortune, et il est
parvenu, comme le Dante, à faire un récit qui restera éternelle-

ment dans la mémoire des hommes. L'horrible situation qu'il dépeint a d'autant plus d'intérêt qu'elle n'est point imaginée. Un de nos peintres de paysage les plus célèbres, M. Robert, s'étant perdu dans les catacombes de Rome, en sortit d'une manière miraculeuse, et raconta lui-même à M. Delille son épouvantable aventure. Cet artiste, à son tour, inspiré par la lecture des beaux vers de M. Delille, saisit son pinceau, et fit un magnifique tableau qui représente ce terrible sujet. Ce tableau se trouve dans la galerie de madame de Holstemberg, princesse du sang impérial de Russie.

NOTES

DU CHANT V.

—

¹ Le poète consacre ce cinquième chant à célébrer les arts. Ils sont le culte de la nature : son auteur, source unique et constante de toutes les impressions qui animent et embellissent notre existence, nous a donné des organes propres à les recevoir, à nous les transmettre, et il a voulu que nos sens fussent susceptibles de se perfectionner, accordant ainsi au travail un prix assuré, à l'homme une prérogative qui le distingue de tous les êtres, et en fait la merveille de la création.

Les arts ne font pas le bonheur, parce qu'ils ne sont pas des vertus ; mais à eux seuls il est accordé d'assoupir les douleurs : amis toujours fidèles, consolateurs assidus, ils ne délaissent point celui que tous abandonnent ; ils suivent le proscrit, ils le protègent : au milieu des troubles et des cris de l'affreuse discorde, ils lui ménagent des momens de calme, et parent son solitaire asile de leurs brillantes illusions ; c'est la terre sacrée de Délos, dont l'accès était interdit aux fureurs de la guerre, et où on célébrait avec une paisible solennité les fêtes d'Apollon, tandis que tous les autres États de la Grèce étaient agités par les plus funestes dissensions, ou asservis par d'odieux tyrans.

Combien il est à plaindre celui qui, aux jours du malheur, ne sait pas invoquer l'utile et noble appui des arts ! dont l'imagination isolée, découragée, ne peut se réfugier, pour quelques instans du moins, dans un monde meilleur, et combat seul à seul contre l'infortune !

C'était au premier, au plus ancien de ces arts, à la divine poésie, qu'il appartenait de les célébrer tous ; c'était au plus sincère, au meilleur des hommes, à chanter les plaisirs les plus vrais, les consolations les plus douces qu'il nous soit accordé de saisir dans le cours de notre rapide et souvent si triste existence.

Les arts, après la religion, les plus assurés consolateurs de la disgrâce, sont encore nécessaires au bonheur lui-même ; ils semblent arrêter le temps, ou plutôt ils le réalisent, en le forçant de laisser des traces de son passage. Il a vaincu ce grand ennemi de l'homme, il a triomphé du temps destructeur, celui qui, par ses travaux, posa sur chaque instant prêt à fuir un signal qui l'en fera jouir encore, lorsqu'au déclin de ses jours il jettera derrière lui ce long et dernier regard, si pénible pour ceux qui laissèrent écouler la vie dans un continuel sommeil, dont leur faible mémoire conserve à peine les insipides rêves. Heureux l'homme à qui ses talens donnent le droit de dire,

> Exegi monumentum ære perennius ;

il ne mourra pas tout entier ; il laisse une noble postérité, dont il n'a point à craindre l'abaissement ou la dégénération ; et de flatteurs souvenirs, de douces espérances, le bercent à sa dernière heure.

Mais plus heureux mille fois l'homme de génie, s'il fut encore plus chéri qu'admiré, si l'envie elle-même fut séduite par le charme de son caractère, ou intimidée par le concert d'applaudissemens qui eût étouffé ses vains murmures : depuis long-temps mon illustre ami avait su la désarmer ; méconnaître la souveraineté de son talent, c'eût été, dans l'empire des lettres, une odieuse et ridicule rébellion ; et nous avons vu le crime lui-même hésiter et reculer devant sa renommée.

Sous les formes naïves d'un aimable enfant, Délille déploya une force héroïque ; il grandit dans le malheur, étonna de son courage jusqu'à l'amitié ; brava la tyrannie toute-puissante, et ne répondit à la fureur de ses menaces, comme à l'insulte de ses perfides insinuations, que par des accens de fidélité, de respect et de reconnaissance.

[a] Plus aveugle que moi, Milton fut moins à plaindre.

Homère, Milton et Delille, ont perdu la vue sur la fin de leurs jours ; ce rapprochement, s'il ne pouvait être une consolation, devenait du moins pour le poète français un grand motif de courage : on supporte plus facilement un malheur commun à de grands hommes.

La brillante divinité que Delille a si bien chantée, l'Imagination, venait d'ailleurs sans cesse à son secours ; et les objets qu'il n'apercevait qu'à travers un nuage n'en recevaient peut-être que des teintes plus harmonieuses, n'excitaient en lui que des sensations plus vives. Ne pouvant assez clairement distinguer la majestueuse façade du temple d'Athènes, il en embrassait les colonnes avec transport; il répétait les noms de Périclès, de Phidias, et les larmes d'une forte émotion tombaient de ses yeux affaiblis. C'est en saluant le mont Ida qu'il adressait un hymne au prince des poètes; c'est sur les rives enchantées du Bosphore qu'il célébrait en si beaux vers l'empire universel de la beauté. Combien j'étais heureux de lui procurer des plaisirs si dignes de son cœur, et de la tendre reconnaissance dont le mien était animé, de pouvoir payer par de si douces jouissances le sacrifice qu'il m'avait fait des applaudissemens de Paris, où tous ses jours étaient alors des jours de triomphe [*] !

Le besoin qu'il éprouva bientôt d'un bras pour le soutenir, d'une constante surveillance pour le préserver, devint entre nous un lien de plus pour une âme aimante; il se consolait de ne voir que par les yeux d'un ami, de l'avoir pour guide et pour soutien. C'est dans une plus douce dépendance encore que se sont écoulées les dernières années de sa vie, au milieu des objets de son affection, dont le sentiment était devenu un véritable culte, et auxquels il rendait grâce avec des accens si touchans, et toujours si aimables.

La piété des filles de Milton ne fut peut-être pas si bien récompensée; et l'on peut craindre que cet atrabilaire et farouche presbytérien ne l'ait rendue trop méritoire.

Le sublime talent de l'auteur du *Paradis perdu* ne fut pas, au reste, méconnu de ses contemporains, comme on le suppose, comme on le répète sans cesse, et sa vieillesse ne fut point menacée de l'indigence : il laissa même une succession assez considérable; mais il n'obtint point une estime personnelle, dont on le jugeait indigne, depuis que, dans son fanatisme républicain, il avait essayé de justifier les assassins de Charles Ier. On ne fit point alors l'indulgente et dangereuse distinction des talens de l'auteur et des torts du citoyen, et l'éloignement que tous les gens d'honneur conservèrent pour Milton ne put manquer d'influer, tant qu'il vécut, sur le sort de son poème.

[*] Ces notes sur le chant V sont de M. de Choiseul-Gouffier.

On avait cru en France devoir à une puissance étrangère, ou plutôt à la morale publique et à la dignité des trônes, une preuve non équivoque de l'indignation qu'inspiraient des principes destructeurs de l'ordre social. L'ouvrage publié par Milton en faveur du régicide, d'ailleurs aussi mauvais par le style que détestable par le motif qui le dicta, avait été brûlé à Paris par la main du bourreau.

Ce fut sous de tels auspices que parut, après le retour de Charles II, le poème auquel Milton a dû sa renommée.

Après avoir vu venger les mânes de son père, le fils de l'infortuné Charles Ier se livrait à la frivolité de ses goûts, et, au sein des plaisirs, ne paraissait s'occuper que de faire oublier les malheurs et d'éteindre les ressentimens. Une cour élégante, parée des plus belles femmes de l'Angleterre, célébrait alors par des fêtes continuelles la délivrance de la patrie et le retour de la paix intérieure. Faut-il s'étonner que, dans cette disposition des esprits, un libraire de Londres n'ait pas voulu payer chèrement à l'auteur d'un premier ouvrage flétri par l'opinion publique, le manuscrit d'un long poème sur le péché originel, où les démons jouent un si grand rôle, et dont il n'était probablement pas capable de juger par lui-même les sublimes et sévères beautés?

Milton, sans aucun droit encore au rang littéraire, qu'on ne lui conteste plus, n'en avait pas moins éprouvé la clémence de son souverain : il lui avait été accordé des lettres de grâce, qui, en le mettant à l'abri de toutes poursuites, l'excluaient des emplois publics. On pense que les dépositaires du pouvoir, pour le rendre respectable et cher aux peuples, ont besoin d'être investis de la confiance et de la considération qu'on ne saurait jamais éprouver, et qu'il serait même honteux de feindre, pour les instigateurs et les complices du crime.

³ Non ; ton chef-d'œuvre auguste est une âme sublime.

La poésie use ici de ses droits, et contrarie un instant la marche des idées, en remontant un peu brusquement des derniers siècles de notre histoire à l'époque reculée où Caton refusait de survivre à l'ancien gouvernement de son pays. Aucun des noms célèbres réunis dans ces vers ne peut, au reste, se plaindre d'une association honorable pour tous : ils sont dignes d'être présentés ensemble à la postérité, comme des modèles de ce beau moral dont l'empire ne peut être méconnu que dans les temps de calamité, où le ciel éprouve la vertu par les succès du crime, où la faiblesse et la corruption dénoncent, comme trop inflexibles, et même un peu ridicules, par l'exagération de leurs principes, ceux qui n'ont pas regardé comme un jeu frivole la foi des sermens, et qui ont constamment repoussé de faciles et coupables moyens de fortune.

    4 C'est L'Hôpital, si pur sous le règne du crime.

L'exemple de L'Hôpital, né dans l'obscurité, devenu chancelier de France, et, durant quinze années des plus affreuses discordes, servant une cour corrompue, la défendant malgré elle de ses funestes erreurs, et sauvant la France à force de vertus, de vrai patriotisme et de fermeté, est une énergique justification de cet antique gouvernement tant calomnié, et qui repoussait, dit-on, tous les genres de mérite. Dans quel pays, au contraire, toutes les avenues des places, des dignités, des honneurs, furent-elles plus libéralement ouvertes au génie, au talent, à la gloire, à la supériorité en tous genres? Combien de grands hommes n'a-t-on pas vus, comme L'Hôpital, enfans de pères inconnus, parvenir aux premières charges du royaume, s'asseoir sur les marches du trône, et fonder à la fois la noblesse et l'immortalité de leurs noms! Il n'est pas un seul peuple dont les annales puissent offrir autant d'exemples encourageans à ceux dont la Providence a voulu exiger quelques efforts et quelques talens de plus, avant de les tirer de la foule.

Dans quel temps, sous quelle législation, les descendans de ceux qui avaient servi glorieusement la patrie se sont-ils moins prévalus des souvenirs accordés à leurs ancêtres? Chez quelle nation a-t-on vu les membres de la classe privilégiée n'avoir d'autres priviléges que d'être toujours les premiers à prodiguer leur sang et leur fortune pour la défense de l'État, laissant à leurs paisibles concitoyens les saintes fonctions de la magistrature, les avantages de l'administration, presque toujours les honneurs du ministère, toutes les places utiles, toutes celles où l'on peut légitimement acquérir ces mêmes biens dont eux-mêmes étaient si prodigues, dès que la trompette avait sonné; dont ils consentent même à dépouiller leur postérité, lorsqu'un monarque chéri en demande le sacrifice?

Ils sont jugés par leurs œuvres les détracteurs de nos rois et de nos antiques institutions; ils ont attaqué l'édifice pour s'emparer

de ses décombres ; ils ont prêché l'humanité pour envahir les ressources du pauvre ; l'égalité pour se couvrir de cordons et insulter
à la misère publique, en étalant un luxe tout nouveau sur les débris des asiles que la bienfaisance et la religion avaient, depuis
douze siècles, ouverts à toutes les infortunes, à toutes les douleurs.

   ⁵ C'est Molé, du coup d'œil de l'homme vertueux,
   Calmant d'un peuple ému les flots tumultueux.

« Si ce n'était pas un blasphème d'avancer que quelqu'un ait
» été plus brave que le grand Condé, je dirais que c'est Matthieu
» Molé. » Cette seule phrase du cardinal de Retz, l'un des premiers acteurs des troubles de la Fronde, doué lui-même d'une
grande intrépidité, est devenue le titre le plus utile à la réputation
de Matthieu Molé ; elle l'a servi peut-être mieux qu'il ne l'eût désiré lui-même : son respect filial aurait exigé que l'on rendît avant
tout hommage à son père, dont la mémoire a plus de droits encore que la sienne à la reconnaissance de tous les bons Français.

En opposant une inflexible résistance aux frivoles factieux qu'a-
gitaient quelques intrigans, en conservant une énergique fidélité
aux vrais principes de la monarchie et à l'auguste race de nos souverains, Matthieu Molé suivait les grands exemples donnés par
son père en des circonstances bien plus difficiles et qui eussent in-
timidé une âme ordinaire.

On avait vu Edouard Molé, procureur-général du parlement
de Paris, déployer, au milieu des fureurs de la Ligue, un courage
au-dessus des plus terribles dangers, bien différens des excès
souvent si ridicules de la Fronde.

C'était une famille bien heureuse que celle où l'on ne pouvait
opposer au mérite du fils que le mérite plus grand du père : tous
deux se réunissaient ainsi pour léguer à leurs descendans de glorieux devoirs qui devenaient bien doux et bien faciles à remplir.
La bienveillance publique, fondée sur des souvenirs de vertu, est
une fortune acquise dont on peut jouir sans peine ; il ne faut plus
que savoir la conserver ; et, pour cela, il suffit de se demander
ce qu'eussent fait en pareil cas les ancêtres dont on se glorifie.

Après avoir payé un juste tribut de respect à la mémoire de
Matthieu Molé, marchant avec intrépidité sur les traces de son
père, serait-il permis d'observer que ce brave magistrat, comme
les Spartiates, dont il avait le courage, faisait beaucoup plus qu'il
ne disait.

Nous admirerons le magistrat faisant ouvrir ses portes à une populace furieuse, et lui imposant par son courageux aspect; mais ce sera sans trop nous arrêter sur les adages qu'on lui attribue, et dont on charge en son honneur les articles de dictionnaire; il nous échapperait peut-être d'avouer qu'on est trop souvent réduit à lui savoir gré de ses intentions, et à regretter qu'elles n'aient pas été secondées par le talent, sans doute fort inférieur, mais cependant assez utile, d'une expression moins énigmatique.

⁶ C'est Crillon.

Le nom de Crillon est devenu un des symboles de la valeur et de la loyauté; ce fut de tous les compagnons d'armes de Henri IV le plus honoré de son estime. Le monarque pensa que de vulgaires bienfaits n'ajouteraient rien à l'honorable existence du digne chevalier, et les réserva pour ceux dont il avait besoin de solder le dévouement : et quels honneurs auraient valu ce noble et touchant hommage rendu par le grand Henri à la vertu d'un sujet fidèle, déjà si riche de sa propre gloire ? « J'étais assuré du brave Crillon, » et j'avais à gagner ceux qui me persécutaient. » Aveu bien pénible sans doute pour une âme royale, expression d'un regret qui atteste le malheur des temps, mais dont le souvenir consolateur appartient à jamais aux vrais serviteurs du trône, et leur apprend l'inestimable prix qu'acquièrent les services sans récompenses.

⁷ Parmi l'essaim charmant des filles de Crotone,
Des vierges de Lesbos ou bien de Sicyone.

« Zeuxis passe pour avoir admirablement traité les têtes et les » articulations de ses figures : il était d'ailleurs si zélé pour la perfection de ses ouvrages, qu'ayant été chargé par les Agrigentins » de faire un tableau qu'ils voulaient consacrer dans le temple de » Junon-Licinienne, il exigea d'eux de lui dévoiler tous les charmes » de leurs filles; et, choisissant les cinq plus belles, il s'attacha » dans son tableau à rendre les plus grandes beautés particulières » à chacune d'elles. » (PLINE, l. XXXV, c. 9.)

Cette anecdote, dont il est, au reste, fort permis de douter, a besoin, fausse ou vraie, d'être expliquée; elle pourrait confirmer l'erreur de ceux qui n'attribuent aux arts que l'intention et le mérite d'une fidèle imitation : les Grecs s'en étaient formé une bien plus noble idée.

8.   21

Tous les artistes sont appelés à rechercher et à étudier partielle-
ment les belles formes accordées à quelques individus, mais dont
aucun ne les réunit toutes au même degré; l'homme de génie, l'artiste vraiment inspiré, est seul admis à composer, de ces diverses
études, de cette précieuse récolte, un tout homogène en parfaite
harmonie, dont l'ensemble produise un effet unique, et n'offre
jamais aucune contradiction, aucune sensation incohérente à l'œil
le plus clairvoyant et le mieux exercé.

Vainement vous rapprocheriez dans votre ouvrage les parties
les plus belles en elles-mêmes, si l'action que chacune exerce sur
vos sens était indépendante et isolée, si les points de contact n'é-
taient habilement modulés et confondus de manière à n'offrir que
les transitions les plus vraies et les plus insensibles.

Tous les détails doivent être maîtrisés et ramenés vers un but
unique, soumis à une seule pensée, et ne peuvent être exécutés
dans ce parfait accord que par un sentiment d'un ordre supérieur
produit d'une influence toute céleste. Si les membres de cette figure
ne sont beaux que pour eux-mêmes, chacun d'eux fût-il une fidèle
et même brillante imitation de la plus belle nature, vous n'aurez,
à l'aide de tant de beautés surprises de se trouver ensemble, oserai-
je le dire? et saurai-je me faire entendre? vous n'aurez créé qu'un
véritable monstre aux yeux du connaisseur privilégié que la nature
aurait doué de sens exquis, d'une organisation parfaite, et qui les
aurait encore perfectionnés par la méditation et par un long
exercice.

Ce ne serait pas, j'en conviens, l'objet que peint Horace; l'on
ne dirait pas tout-à-fait,

> Desinit in piscem mulier formosa superne;

bien des gens seraient même fort loin de s'effrayer à l'aspect d'un tel
monstre; mais l'admirateur éclairé du beau par excellence, qu'une
raison éminente rendrait indépendant de toutes les terrestres impressions, serait blessé des incohérences que lui offrirait cet assemblage peu correct de sublimes parties.

Nous avons tous admiré à Paris, et il eût été difficile de s'en
défendre, une femme dont le visage est charmant, la taille superbe,
et qui m'a toujours paru n'avoir pas tout-à-fait la tête de son corps:
c'est l'ouvrage de Praxitèle, restauré avec un fragment de Phidias.

Si l'artiste n'a reçu du ciel le sentiment de l'harmonie sans la-

quelle il n'est point de vraie beauté, en imitant les plus admirables
objets, en s'appropriant les plus précieuses parties des chefs-d'œuvre
du ciseau grec, il ne fera qu'un de ces poèmes bizarres dont à la
renaissance des lettres s'étonnait l'Italie, se soulevant avec peine
et s'efforçant de sortir de ses ruines. Ainsi que ces premiers admirateurs de l'antiquité, qui s'emparaient des vers de Virgile, de
Claudien, de Lucain, ou de Lucrèce, et élevaient avec ces matériaux usurpés un édifice de structure toute nouvelle, vous ne char-
meriez que le vulgaire, toujours avide des détails qu'il peut saisir,
et presque toujours incapable d'embrasser et juger l'ensemble
d'une production fortement conçue.

> Principibus placuisse viris non ultima laus est.

Et, dans ce cas-ci, les princes, ce sont les artistes les plus distingués et les gens de goût, qui, par leurs études et leurs connaissances, ont mérité d'être initiés aux mystères de l'art.

> O prodige! long-temps dans sa masse grossière,
> Un vil bloc enferma le dieu de la lumière.

L'Apollon et le Laocoon sont les plus sublimes productions, les
plus étonnantes merveilles que nous ait léguées le peuple souverain, législateur de tous les arts. Ces deux monumens suffiraient
pour attester la céleste prédilection dont il fut l'objet et pour orner
son éternel triomphe : c'est surtout en les étudiant que l'on pourra
parvenir à se faire une juste idée de ce beau sublime, peut-être
improprement appelé beau idéal, dont la perception n'est accordée
qu'aux artistes assez fortunés pour réunir en eux une grande rec-
titude de jugement et une énergique conception à des organes susceptibles des impressions les plus vives, à un sentiment inné qui
les préserve de tout écart, enfin à une exquise sensibilité qui, dans
ses transports, en fait des êtres d'une nature supérieure, et capables
de saisir des nuances trop souvent perdues pour nous autres, admirateurs vulgaires.

Agésandre de Rhodes osa lutter contre les plus grandes difficultés
qui puissent être offertes à l'art; il a défié son propre génie; il lui
a demandé plus que l'esprit humain ne semble admis à concevoir et
à exprimer, le spectacle d'un homme déchiré par les plus affreuses
souffrances physiques, par la plus cruelle douleur morale, et déployant un courage plus qu'humain. Un poison brûlant circule dans

toutes ses veines; il n'en est pas une seule qui n'en soit gonflée, irritée, pas un muscle qui ne semble crispé, soulevé, près de se déchirer; l'organisation tout entière de cet infortuné est en révolte contre l'excès des tourmens : il succomberait, s'il n'avait reçu du ciel une de ces âmes éminemment fortes qui se raidissent contre le mal, lors même qu'elles désespèrent de le surmonter; c'est un ennemi qu'elles combattent, et une courageuse résistance fera payer cher la victoire : mais Laocoon est bien plus malheureux encore, il est père; et c'est en vain qu'il s'efforce de sauver ses enfans saisis, étouffés, bientôt dévorés par les monstrueux reptiles. A travers la contraction de tous les muscles de son visage, la tendresse paternelle domine et l'emporte sur le désespoir de son propre supplice. De quel œil il les regarde !

Par quelles savantes combinaisons ces formes données à la matière, ces ondulations du marbre, présentent-elles à la pensée, et font-elles parvenir jusqu'au cœur, la triple impression de la plus affreuse douleur, du plus grand courage, et de la plus tendre pitié ? Et cependant, en exprimant ces diverses passions portées à leur dernier terme, l'auteur est resté constamment fidèle à la suprême loi de la beauté; il a évité les expressions trop fortes, qui seraient devenues des contorsions faciles à rendre, et toujours avidement saisies par la médiocrité. Si Laocoon, tout-à-coup affranchi de ses douleurs et de ses émotions paternelles, se levait calme et serein, il reparaîtrait un des plus beaux individus de l'espèce humaine à l'âge où on le suppose. Oui, ce chef-d'œuvre est le sujet d'une perpétuelle étude, un trésor inépuisable d'instructions; et l'on peut lui appliquer ce que Quintilien dit des ouvrages de Cicéron : *Ille se profecisse sciat, cui Cicero valde placebit.*

Dans une école des arts bien dirigée, il y aurait un professeur qui, pénétré de toutes les beautés du Laocoon, en ferait journellement la démonstration raisonnée aux élèves, la plupart bien éloignés de savoir les reconnaître.

On ne peut douter que le Laocoon n'ait été long-temps médité par son savant et sensible auteur; c'est le chef-d'œuvre de la pensée la plus énergique, et du sentiment le plus profond : mais l'Apollon, l'Apollon, mystère inexplicable ! La nature enfante donc quelquefois des êtres privilégiés, auxquels il est permis de franchir les bornes qui semblent prescrites à l'esprit humain par l'éternelle sagesse ! De quelles facultés l'heureux mortel qui créa ce chef-d'œuvre avait-il reçu le bienfait?

C'est par une puissance toute divine, dont il est interdit à nos vains raisonnemens de limiter les fonctions, que l'auteur inspiré de l'Apollon a rendu sensible, a fait sortir d'un bloc informe, l'image d'une perfection qui n'exista jamais sur la terre. Le dieu lui avait-il donc dévoilé ses formes harmonieuses? et ce céleste objet lui était-il apparu dans un de ces momens où l'âme immortelle semble se dégager de son enveloppe terrestre? Certainement il croyait à l'existence du dieu dont il était rempli, et voyait dans la suprême beauté le premier attribut des habitans de l'Olympe. Une forte conviction peut seule opérer de pareils prodiges; et l'artiste grec n'est pas le seul qui, dans une de ces extases qu'on ne peut définir ni expliquer, ait cru voir les objets révérés de son culte, ou celui de son amour.

O vous, que le génie des arts appelle à la gloire et au bonheur de les cultiver, étudiez sans cesse le chef-d'œuvre du statuaire rhodien; en récompense vous obtiendrez de nouvelles facultés pour admirer, j'ai presque dit, pour adorer l'Apollon. Ce ne sera pas vous, du moins, qui oserez accuser d'exagération le savant auteur de l'histoire de l'Art, célébrant cette sublime production dans un enthousiasme aussi juste qu'éclairé.

> 9 Si le destin sévère épargne ton jeune âge,
> Tu seras Raphaël! Vain espoir! il n'est plus.

Ce ne serait pas rendre un sincère et digne hommage à l'amitié que de prétendre pour elle à une perfection absolue, refusée aux plus sublimes talens. Homère eut des momens de sommeil, et le génie s'égare quelquefois hors de la route tracée par l'austère logique. Le poète français paraît s'en être ici un instant éloigné pour aller brûler quelques nouveaux grains d'encens sur l'autel de Virgile : il lui devait son plus beau triomphe, et lui avait voué un culte presque exclusif; le sentiment ne raisonne pas toujours, et les excès de la reconnaissance sont trop rares pour n'être pas excusés ; on est bien sûr qu'ils ne seront jamais contagieux.

M. Delille a voulu faire passer dans notre langue ce beau mouvement,

> Heu! miserande puer, si qua fata aspera rumpas,
> Tu Marcellus eris...

Marcus Claudius Marcellus, surnommé l'Épée-de-Rome, l'un

des aïeux de ce jeune Marcellus dont Virgile déplore la perte, avait été cinq fois consul, et, après plusieurs victoires remportées sur les Gaulois, ce grand homme était mort avec gloire en combattant Annibal. Le poète latin, faisant prédire à Énée, par l'ombre d'Anchise, les futurs destins de Rome, feint de prévoir la mort prématurée du jeune fils d'Octavie, et s'écrie que, si ce prince peut échapper au sort qui le menace, il sera l'égal de son illustre ancêtre, un nouveau Marcellus : *Tu Marcellus eris.*

C'était exprimer ingénieusement ses regrets devant une mère, devant un peuple généreux, qui, même au milieu des plus affreuses discordes civiles, resta fidèle à de nobles souvenirs, et ne cessa jamais d'honorer les descendans de ses grands hommes; mais il est évident qu'on ne peut promettre à Raphaël, s'il vit plus long-temps, d'être un jour Raphaël : plus j'y pense, et plus je me persuade, je crois même me rappeler, que ces vers furent d'abord destinés à un artiste trop tôt enlevé aux arts, au jeune Drouais, mort à Rome en 1790; ils seront rentrés dans ce beau morceau, en quelque sorte, à l'insu de l'auteur, qui, privé de la vue, ne pouvait pas toujours revoir l'ensemble de ses productions, et en lier les diverses parties, autant qu'il aurait été à désirer.

> [10] Le ciel semble appuyé sur sa vaste rotonde,
> De sa hauteur sacrée elle commande au monde.

Voltaire a écrit que l'église de Saint-Pierre fut projetée par la vanité de Jules II, qui prétendait que son tombeau fût un temple.

Il est difficile de comprendre par quelles secrètes voies Voltaire prétend avoir ainsi pénétré jusque dans les derniers replis du cœur de ce pontife, que la religion ne citera pas, il est vrai, comme un prêtre bien édifiant, mais qui eut plusieurs des qualités qui font le grand souverain, et surtout une fermeté d'âme et une énergie d'ambition qui devaient le rendre supérieur aux suggestions d'une puérile vanité.

Quelque défavorable opinion que l'on veuille conserver de ce pontife, ce n'était sûrement pas, dans le chef de la religion professée sur les deux tiers de la terre, un sentiment sans convenance que le désir de consacrer à l'Éternel un superbe monument dans l'ancienne capitale du monde, où des ruines si imposantes attestaient les hommages jadis adressés par le peuple-roi à ses vaines idoles. Ce projet pouvait être alors jugé un devoir de toute la chrétienté :

et quelle plus noble carrière pouvait être ouverte à l'émulation des arts renaissans? quel plus bel emploi des talens qui se montraient à cette grande époque, où la civilisation, après un long esclavage, échappait au danger d'une barbarie sans retour? De telles entreprises sont un des plus précieux bienfaits de la puissance; elles donnent une impulsion générale à tous les esprits, appellent tous les talens, éveillent toutes les industries, et sèment dans toutes les âmes l'espoir de se distinguer, et de prendre part à une gloire brillante et durable.

Le génie, quelle que soit la direction vers laquelle il se sent entraîné, ne veut point alors rester en arrière; et peut-être peut-on hasarder de dire que, sans Michel-Ange et Raphaël, le Tasse n'eût pas conquis la palme de l'épopée; que, sans les grands monumens ordonnés par Louis XIV, Corneille eût fait entendre de moins nobles et moins fiers accens. L'ingénieuse Grèce nous montre les neuf Sœurs formant un cercle, se tenant par la main, et chantant d'un commun accord.

L'admirable édifice, commencé sur les plans de Bramante, fut, après sa mort, confié au célèbre Michel-Ange, qui, peintre, statuaire et architecte, fonda, durant le cours d'une longue et glorieuse carrière, l'empire des arts au sein de l'heureuse Italie.

Parmi les justes hommages que la tradition rend aux hommes dignes d'occuper la renommée, une admiration peu difficile introduit souvent des anecdotes qu'une critique exacte doit rejeter, pour l'honneur même de celui auquel on les attribue. On prétend à Rome, et tous les biographes ne cessent de répéter, que Michel-Ange, témoin de l'admiration qu'éprouvaient quelques artistes en contemplant la voûte si imposante du Panthéon, leur dit : « Vous vous » étonnez que la terre puisse la supporter, et moi, je la construirai » dans les airs. » Il faut espérer, pour l'honneur de Michel-Ange, qu'il n'a point tenu ce propos; il était trop grand pour n'être pas modeste, et un tel homme n'a pu recourir à un charlatanisme, d'ailleurs facile à démasquer : il ne s'exposa sûrement point à se voir rappeler que, si la coupole de Saint-Pierre est la plus vaste qui ait jamais été construite, elle n'est pas du moins la première qu'une industrieuse audace ait rapprochée du ciel.

Dix siècles auparavant, lorsque les arts avaient perdu leur ancien éclat, sous le règne de Justinien, des architectes grecs avaient élevé la coupole de Sainte-Sophie, édifice dont l'ingénieuse construction a constamment résisté aux nombreux et terribles tremblemens de terre, qui, à diverses époques, renversèrent la ville de Constantinople. Tandis que le dôme de Saint-Pierre écrase ses énormes fondemens, et s'entr'ouvre, vaincu par sa propre solidité, celui de Sainte-Sophie résiste par la légèreté même des matériaux dont il est formé : les historiens du temps nous apprennent que cette vaste coupole est construite de pierres-ponces réunies par un ciment versé avec abondance, et qui, pénétrant ces pierres poreuses, forme, par leur adhérence et sa ténacité, une voûte entière d'une seule pierre. Conservant une légèreté que par tout autre moyen il serait impossible d'obtenir, cette voûte ne fait aucun effort latéral, et ne pèse même que bien faiblement sur les piliers qui la soutiennent ; elle est inébranlable précisément parce qu'elle est légère.

Guidés par ce principe, les anciens ont quelquefois suppléé les pierres-ponces par le plus ingénieux moyen, en leur substituant des pots ou caisses de terre cuite successivement engrenés, et que joint et recouvre une couche de mortier.

Ce procédé a été récemment essayé avec succès à Paris : appliqué au dôme de Sainte-Geneviève, il eût épargné tout à la fois plusieurs millions, de longues disputes, des craintes très fondées, et enfin les nouvelles constructions qu'a exigées la sûreté de l'édifice.

> ¹¹ O toi, de l'amitié le plus parfait modèle,
> Respectable Ledoux ! artiste citoyen.

L'architecte Ledoux était un homme de parfaite probité, qui ruina ceux dont il obtint la confiance, et un artiste distingué que son imagination trop ardente jeta dans de perpétuels écarts. Il avait été chargé de construire autour de Paris une longue muraille destinée à diminuer les abus de la contrebande, qui se faisait par trop facilement sous une indulgente administration. Cette enceinte assurait une augmention de revenu au gouvernement. Les fermiers-généraux en firent les frais, et consentirent généreusement à supporter aussi ceux des monumens dont Ledoux ambitionnait d'enrichir les nombreuses portes de la capitale. Ces petits édifices sont presque tous sans aucune utilité ; mais il en est plusieurs qui font grand honneur au goût de l'artiste.

Ce succès l'encouragea à suivre avec plus d'ardeur que jamais le projet qui, depuis sa jeunesse, absorbait toute la chaleur de sa tête ; et il ne cessa de perfectionner les plans d'une ville imaginaire, dans laquelle se seraient trouvés réunis, et placés dans les rapports les plus convenables, tous les monumens destinés à l'utilité ou aux plaisirs des habitans, temples, palais, académies, théâtres, manufactures, bains publics, etc. : c'était une véritable utopie d'architecture ; et ce travail aurait dû être dédié à la république de Platon. Il n'eût fallu, pour l'exécuter, que plusieurs milliards, et quelques siècles de paix, avec un zèle toujours soutenu de génération en génération : rien de tout cela n'embarrassait Ledoux ; et, dans son enthousiasme, il ne se permettait même pas de perdre son temps à écouter de si puériles objections.

Il avait autrefois présenté ses premiers dessins à M. Turgot, qui avait poliment loué son talent. L'artiste s'était aussitôt persuadé que le ministre, sans vouloir s'expliquer plus clairement, adoptait son projet, et qu'on ne tarderait pas à jeter les fondemens de sa ville. Il n'a jamais attribué la prompte disgrâce de M. Turgot qu'à la noire envie des artistes ses propres rivaux, trop irrités de la gloire dont ce ministre éclairé allait lui frayer le chemin. Rousseau n'est-il pas mort persuadé que le roi de France n'avait conquis la Corse que pour l'empêcher, lui philosophe, de devenir le Lycurgue de cette nouvelle Sparte qui demandait des lois à sa sagesse ?

La vie entière de l'honnête Ledoux fut consacrée à ce rêve brillant, qui lui a procuré, sans doute, quelques instans de bonheur, et qui, du moins, n'a nui au repos de personne. Il fut digne, par les qualités de son cœur, de l'estime que lui témoigne ici M. Delille : on pouvait l'avoir pour ami ; il fallait seulement, quelle que fût sa probité, quel que fût son talent, ne l'avoir pas pour architecte. C'est lui qui a construit si dispendieusement la maison placée à l'extrémité de la rue d'Artois, où, pour rendre sa composition plus pittoresque, il a creusé un précipice au milieu de la cour, et dont la porte, disait le marquis de Caraccioli, semble une grande bouche qui s'ouvre fastueusement pour dire une sottise.

> ¹² Je ne t'oublirai point, toi, dont le noir pinceau
> Traça des grands malheurs le terrible tableau.

Ce beau morceau sur Shakspeare est entièrement nouveau. L'auteur semble se reprocher d'avoir oublié dans la première édition le fondateur de la scène anglaise, objet d'un culte général dans sa patrie, dont les grandes beautés ne doivent pas permettre de relever avec trop d'amertume les défauts qui sont en grande partie ceux de son siècle, et qui trouvent encore aujourd'hui grâce devant un peuple avide avant tout de fortes émotions, et par cela même peu difficile sur les moyens de les produire.

M. Delille, dont le goût était si pur, ne tempère ici ses justes éloges par aucune des observations critiques que les muses françaises pouvaient exiger de leur favori, de celui à qui elles avaient prodigué le sentiment le plus exquis des convenances; c'est qu'en ce moment son cœur le guidait encore plus que son esprit : l'heureux traducteur de Milton saisissait l'occasion de rendre un nouvel hommage à la généreuse nation qui avait honoré son talent et son caractère par l'accueil le plus flatteur, qui avait encore mieux mérité de cette âme aussi noble que sensible, en secourant l'infortune de ses compagnons d'exil et de fidélité. M. Delille, qui ne s'était point vu dans la nécessité de recevoir sa part des bienfaits, a voulu se rendre l'interprète de la reconnaissance. Heureux le mortel chéri des cieux auquel il est accordé de célébrer l'hospitalité, et d'immortaliser la bienfaisance avec de si harmonieux accens ! il paie bien glorieusement une dette publique et sacrée; c'est la seule occasion où un mouvement d'envie doive être permis à tous ceux qui éprouvent le même sentiment, sans avoir les mêmes moyens d'en faire retentir l'expression.

> [15] Salut ! toi, le plus cher de tous ses favoris,
> Vieil Homère, salut !

Et ce cri, né de l'admiration, est depuis trois mille ans répété avec un égal enthousiasme. Homère n'est plus depuis long-temps l'homme de l'heureuse Grèce; il appartient au genre humain tout entier, puisqu'il en est le bienfaiteur : c'est à sa suite, et sous ses auspices, que les nations ont marché vers la lumière; il domine toutes les sociétés civilisées, et ses droits sont sans bornes comme sans prescription. Monarque incontestable de la littérature, il préside du haut de son trône à tous les travaux du génie, à tous les jeux de l'esprit; il semble dire à tous les gens de goût, si toutefois il est permis d'emprunter un langage sacré : « Partout où vous vous trou-» verez plusieurs ensemble, je serai avec vous. »

Le règne des arts de la Grèce, ainsi que l'histoire un peu certaine de ses habitans, commence pour nous à Homère; mais d'autres avaient avant lui chanté les exploits d'un peuple guerrier, sorti des forêts de la Thrace pour s'établir sous un ciel qui leur promettait des jouissances inconnues ; et, plus récemment encore, les exploits des Grecs devant Ilion avaient inspiré quelques anciens poètes, dont les accens charmaient des instans de loisir ou excitaient à de nouveaux combats.

Nous ne pouvons même douter que ces enfans d'Apollon, dont les noms seuls nous ont été conservés, n'eussent déjà porté l'art à un assez haut degré de perfection, puisqu'ils avaient formé des auditeurs capables de sentir les grandes beautés de l'Iliade ; c'est le talent d'Homère qui dépose en faveur de ceux qui lui avaient frayé la route ; on ne fait point de beaux vers là où ils ne pourraient être appréciés. Le génie lui-même a besoin que des efforts nouveaux soient exigés de sa muse, et qu'une couronne plus brillante lui soit promise pour récompense de ses progrès. Le chantre de la colère d'Achille a cependant fait oublier ses maîtres ; il a produit une révolution attestée par la gloire, sans partage, qui se concentra sur lui : tous ont péri, lui seul est resté ; comme l'astre du jour, il a seul vivifié le monde, et ses rayons ne cessent de l'éclairer. Le même enthousiasme qu'il avait inspiré au siècle de l'enfance des arts s'est perpétué à travers trente siècles : comment expliquer ce prodige ? Ne peut-on pas croire que les productions d'Orphée, de Linus, de Musée, n'étaient que des hymnes de peu d'étendue, ou des relations versifiées, assez semblables peut-être aux romances et aux complaintes de nos troubadours revenant de leurs expéditions d'outre-mer. Dans les antiques poèmes grecs on trouvait de plus, sans doute, des tableaux inspirés par les aspects si variés de la plus belle nature : on y reconnaissait l'influence incontestable d'un climat qui tend sans cesse à perfectionner les organes, et des mouvemens dont le désordre et même jusqu'aux excès annonçaient la présence du dieu des vers ; mais Homère surpassa tous ses prédécesseurs en enfantant l'idée d'un grand ouvrage, dont toutes les parties concourraient à un but unique, et sembleraient naître du fond du sujet ; où tous les personnages en action offriraient des caractères opposés constamment soutenus, et qui, par la richesse des contrastes et la variété des incidens, formerait un drame complet, avec son exposition, son nœud et son dénouement : principe générateur avec lequel nous sommes aujourd'hui familiarisés, comme avec les merveilles de la création, mais qui n'a pu naître que dans la tête la plus fortement organisée. Les prédécesseurs du chantre de la colère d'Achille n'avaient été que des versificateurs : le pre-

mier, il fut poëte, et à jamais le modèle de tous les poëtes, comme
le guide des orateurs, le père des tragiques, et le génie inspirateur
de tous les arts ; ses chants sont la source inépuisable, dont les
eaux, partagées en mille ruisseaux, fécondent tous les domaines
de l'esprit.

14 Ta muse à Bossuet prêta souvent ses ailes.

Il y a de l'Homère dans tout ce qui est grand, majestueux, sublime : ses poëmes sont la source première et intarissable qui, depuis trente siècles, aide si puissamment à la fortune des poètes et
des orateurs. Quand même Bossuet n'eût pas éprouvé l'influence
directe du génie de ce grand poëte, et n'aurait pas rendu, comme
on le prétend, à l'auteur de l'*Iliade* un culte assidu, il n'en serait
pas moins vrai que l'orateur chrétien a eu part au riche héritage
du poëte grec. La magnificence des idées, l'ingénieuse justesse des
comparaisons, la vérité des images de tous genres, et jusqu'au talent d'ennoblir des formes qu'admet difficilement la haute éloquence ; tous ces trésors, dont se compose l'immense succession
d'Homère, ont été recueillis par quelques héritiers dignes de se
parer de ses dons, d'en enrichir leurs langues, et d'en devenir
ainsi les généreux dispensateurs.

On n'est plus étranger à Homère lorsqu'on est nourri des beautés
de Virgile, son plus brillant élève, son admirable imitateur, lorsqu'on est initié aux mystères de l'art d'écrire par ces Latins devenus eux-mêmes de grands modèles et les illustres rivaux de leurs
premiers maîtres.

Les pères de l'Église, parmi lesquels Bossuet eut de son vivant
l'honneur de s'entendre nommer, et dont il sut si bien s'approprier
la forte dialectique et l'imposante éloquence, avaient d'ailleurs
souvent emprunté du chantre des fabuleuses divinités les moyens
de faire triompher la cause de l'Éternel.

Il est vrai que les chefs de l'Église naissante, dirigeant de nouveaux chrétiens encore mal affermis contre les séduisans mensonges
du paganisme, se sont vus quelquefois forcés d'interdire à leurs
néophytes la dangereuse lecture des poëmes qui prêtaient de si
grands charmes à l'erreur ; mais ces savans pontifes étaient trop
grands pour être superstitieux ; ils rendaient personnellement au
génie un hommage qui ne pouvait être périlleux pour leur propre
foi ; ils ne craignaient pas de s'instruire à l'école de leurs plus re-

doutables adversaires, et apprenaient d'eux à manier les armes qui devaient, entre leurs mains, assurer l'empire de la vérité.

La teinte homérique que l'on a cru remarquer dans le style de Bossuet pourrait bien lui être parvenue de la seconde main, par les pères de l'Église, dont les beautés lui étaient si familières; mais il a dû bien plus encore à la majesté des saintes Écritures, dont les rapports avec le style d'Homère sont bien frappans, sans doute, puisque des savans très éclairés ont cru que le poète grec en avait eu connaissance.

> ¹⁵ D'abord avec ses mains l'homme creusait la terre,
> Aux monstres des forêts ses mains livraient la guerre.

Delille, qui avait fait une étude constante du poème de Lucrèce, semble être ici inspiré par le chantre de la nature, et s'attacher à reproduire une partie de ce beau tableau qui termine son cinquième livre.

> Doué d'une âme ardente, active, ingénieuse,
> L'homme remplit d'abord sa tâche industrieuse;
> C'est lui qui, le premier, sous sa robuste main
> En moelleux vêtement a converti le lin.
> Bientôt du laboureur l'inflexible rudesse
> Endurcit aux travaux sa vigoureuse adresse;
> A sa faible compagne il légua le fuseau,
> Et d'un noble labeur s'imposa le fardeau.
> A ses soins curieux la féconde nature
> Des trésors végétaux révélait la culture.
> La graine, à ses regards changée en verts boutons,
> Entoura l'arbre altier de naissans rejetons;
> De la greffe et du plant tel fut l'heureux modèle.
> Bientôt, fuyant sa tige, une branche infidèle
> A la sève étrangère osa se marier.
> Et le gland étonné para le coudrier.
> De la terre épiant les richesses utiles,
> Ainsi l'homme étendit ses conquêtes fertiles;
> Ainsi de ses désirs l'heureuse activité
> Du fruit le plus inculte adoucit l'âpreté.
> Le soc agriculteur s'empara des campagnes,
> Relégua les forêts au sommet des montagnes.
> La plaine des moissons vit ondoyer les flots;
> Le pampre couronna le penchant des coteaux;
> Et le ruisseau, plus libre en ses rives fleuries,
> Serpenta mollement sur l'émail des prairies;
> L'olivier, aligné sur le sol montueux,

Offrit ses verts rameaux et son fruit onctueux ;
Tel nous voyons encor, dans un frais paysage,
L'arbre à l'or des moissons marier son feuillage.

DE PONGERVILLE.

L'imitation n'est pas moins sensible dans ce passage où Delille peint les regrets de l'homme près de quitter la vie.

O regrets superflus !
C'en est donc fait, je meurs, je ne reverrai plus
Mes folâtres enfans objet de mes tendresses
Accourus dans mes bras disputer mes caresses ;
Je ne cueillerai plus, moissonné par le temps,
Ni les fruits de l'été, ni les fleurs du printemps.
Cesse tes pleurs, dit-il, et termine ta plainte ;
Le regret ne vit plus quand la vie est éteinte...

Le chantre de la nature a dit à la fin de sa prosopopée du troisième livre :

O destinée affreuse ! Arraché pour jamais
A ma famille en pleurs, à tout ce que j'aimais,
Je ne reverrai plus cette épouse si chère,
Ces enfans qui volaient dans les bras de leur père,
Et qui, de mes baisers disputant la faveur,
Versaient un plaisir pur jusqu'au fond de mon cœur.
Adieu, projets chéris, amitié consolante ;
Adieu, premiers succès de ma gloire naissante :
Loin de moi, sans retour, fuyez, objets si doux !
O songes du bonheur;, évanouissez-vous...
Oui ; mais, lorsqu'au tombeau le sort te précipite,
Auprès de toi du moins aucun regret n'habite.
Abjure noblement une funeste erreur,
Et, fort de ta raison, vois la mort sans terreur.
Quels que soient tes beaux jours, quand sa faux les moissonne,
Un calme inaltérable aussitôt t'environne ;
Et nous, près d'un bûcher, dévorés de douleurs,
Nous contemplons ta cendre en l'arrosant de pleurs ;
Le temps ne peut du cœur refermer les blessures.
Et pourquoi ce long deuil, ces funèbres murmures ?
Qui donc nous fait gémir ? le sommeil de la paix
Qu'un songe douloureux ne troublera jamais.

DE PONGERVILLE.

NOTES

DU CHANT VI.

[1] Le bonheur et la morale, tel est le sujet de ce chant. Delille s'est bien gardé de séparer ce qui est inséparable : cependant, comme il n'y a point d'imagination dans la morale, qu'elle est fixe, immuable, le poète s'est borné aux tableaux poétiques de son influence sur l'homme. Le bonheur, au contraire, est entièrement du domaine de l'imagination ; et ce ne serait pas un paradoxe de dire qu'il n'y a de félicités réelles que celles que donnent les illusions. C'est de cette idée purement philosophique que Delille a su faire sortir les plus ravissans tableaux de cette partie de son poème. Il prend l'homme à son berceau, le suit dans les divers états de la vie ; environne chaque âge des illusions qui lui appartiennent ; peint les jeux de l'enfance, les passions de l'adolescent ; s'arrête un instant auprès du vieillard, que l'espérance n'abandonne jamais, l'accompagne au tombeau, et ne le quitte qu'après l'avoir placé dans le ciel. A ces scènes rapides le poète fait succéder diverses scènes qui servent à développer sa pensée : il montre l'homme se livrant à l'étude des arts et des sciences, enrichissant la nature de ses travaux, se créant chaque jour de nouveaux plaisirs, et s'environnant des merveilles de son génie ; il peint les terreurs de la mort, les craintes qui la précèdent, et les fantômes dont l'imagination nous épouvante ; il consacre quelques pages au tableau de la faveur populaire, et ce tableau est peut-être un des plus beaux morceaux de poésie qui soient sortis de sa plume ; il montre la fortune, il montre l'ambition, grandes illusions qui sont la source des grandes douleurs. Il oppose à ces peintures une esquisse du bonheur des champs, et n'oublie pas les plaisirs de la lecture au milieu des bois, ce qui le conduit à faire le portrait naïf et ressemblant de quelques écrivains choisis. Enfin, il termine ce chant par le tableau de la misère des émigrés français loin de leur patrie, misère qui ne trouve presque plus de pitié, misère qu'on oublie, qu'on

cherche à flétrir, mais à laquelle les véritables Français ne cesseront jamais de donner des larmes.

> ² Du festin de la vie, où l'admirent les dieux,
>   Ayant goûté long-temps les mets délicieux,
>   Convive satisfait, sans regret, sans envie,
>   S'il ne vit pas, du moins il assiste à la vie.

Ces vers sont une imitation de la pensée de Lucrèce,

> Cur non, ut vitæ plenus conviva, recedis?

Dans les vers qui précèdent et qui suivent, Delille fait le tableau des quatre âges de l'homme. Horace et Boileau ont laissé de très beaux vers sur les quatre âges de l'homme; mais ils ne les ont pas considérés sous les mêmes rapports. Je regrette de ne pouvoir citer un passage du poème de *l'Espérance*, de M. de Saint-Victor, où ce poète distingué a traité le même sujet: Delille même n'aurait pas désavoué la peinture ravissante de l'Espérance, douce compagne de l'homme dans les quatre âges de sa vie.

> ³ La liberté d'abord nourrit sa jeune plante :
>   Non cette liberté farouche, menaçante, etc.

Il est inutile de faire remarquer la noble hardiesse de ces vers; mais il ne faut pas oublier que Delille les écrivait au moment où les factions divisaient l'Europe, et où la licence régnait sous le nom de liberté. Voltaire, dans une épître à madame Fontaine-Martel, définit très agréablement la liberté qu'il aime, et dont il jouit. Au siècle de Voltaire on badinait sur la liberté : nous ne sommes devenus si malheureux que parce que nous avons voulu en parler sérieusement.

> ⁴ Quand, suivant l'intérêt, le ton, l'ordre du jour,
>   Courageux, circonspect, emporté tour à tour,
>   Plus d'un adroit Protée, avec tant de prudence,
>   Pliait à tous les tons sa souple indépendance,
>   Rien ne put arracher un mot à ma candeur,
>   Une ligne à ma plume, un détour à mon cœur.

Ces vers ne sont pas seulement beaux, ils sont vrais. Jamais Delille ne flatta les tyrans : il en est qui voulurent acheter ses éloges; un silence courageux fut sa réponse. Le premier poète de la France ne fit entendre sa voix que pour célébrer son légitime souverain; il consacra ses malheurs, il pleura sur ceux de la nation, et sa

muse, pure comme sa conscience, n'eut jamais à rougir d'un mensonge ou d'une faiblesse.

> [5] A la cour d'un tyran, regardez Damoclès, etc.

Delille, en faisant ces beaux vers, avait sans doute présent à l'esprit
un passage de la satire III de Perse, ou peut-être ces vers d'Horace :

> Districtus ensis cui super impia
> Cervice pendet, non siculæ dapes
> Dulcem elaborabunt saporem,
> Non avium citharæque cantus
> Somnum reducent, etc.

> [6] Là-haut sur la colline il est assis, peut-être,
> Pour saisir, le premier, le rayon qui va naître.

Ce portrait de J. J. Rousseau rappelle celui que La Harpe a
tracé depuis. Delille a placé dans le sien quelques traits de l'élégie
de Gray sur un cimetière de campagne. La ressemblance du con-
templateur anglais et Jean-Jacques n'avait point échappé à notre
poète, et ses vers respirent la plus douce mélancolie :

> Haply some hoary-headed swain may say :
> « Oft have we seen him at the peep of Dawn,
> Brushing with hasty steps the dews away
> To meet the sun upon the upland lawn, etc.

> [7] Malheureux ! le trépas est donc ton seul asile :
> Ah ! dans la tombe au moins repose enfin tranquille, etc.

Ces vers et les vingt-quatre suivans ont été ajoutés par l'auteur,
et paraissent ici pour la première fois.

> [8] Je sais qu'au bord du Nil un solennel usage,
> De la mort aux festins associait l'image, etc.

Allusion à cet usage des Égyptiens, qui, d'après le récit d'Hérodote, liv. II, faisaient apporter, selon l'expression de Montagne,
une grande image de la mort, au milieu de leur repas, par un esclave, qui disait : « Bois et réjouis-toi, car la mort te rendra tel ! »
C'est sans doute pour égayer ces images lugubres que les anciens
y substituèrent les combats de gladiateurs.

> Quin etiam exhilarare viris convivia cæde
> Mos olim, et miscere epulis spectacula dira
> Certantum ferro, sæpe et super ipsa cadentum
> Pocula, respersis non parco sanguine mensis.
>
> SILIUS ITALICUS, lib. XI.

9   Cher Montagne , pardonne.
Ah ! quels tristes conseils ta sagesse nous donne !
. Que la mort, disais-tu sur un ton moins chagrin ,
Me trouve oublieux d'elle et bêchant mon jardin , etc.

« Je veux qu'on agisse , et qu'on alonge les offices de la vie, tant qu'on peut, et que la mort me trouve plantant mes choux , mais nonchalant d'elle, et encore plus de mon jardin imparfait. » *Essais*, liv. I, chap. 19.

10 Suis donc son doux instinct et bénis la nature.
Bien plus cruel encor, le chantre d'Épicure
Qui, fidèle à ses vers, et mécontent du sort , .
Calomnia la vie en se donnant la mort, etc.

Ces vers et les cent vingt-huit suivans ont été ajoutés par l'auteur. Il avait peint la vieillesse et ces dégoûts qui affaiblissent chez elle le regret de mourir ; pour que le tableau fût complet, il devait le terminer par la mort du vrai sage au sein de sa famille et de ses amis. Hélas ! cette scène, à la fois sublime et douloureuse, qu'il traçait en si beaux vers, est l'image de son dernier jour. Il expira auprès de son épouse adorée, environné de ses vieux amis ; et ses dernières volontés, comme ses derniers sentimens, furent ceux du sage dont il chantait les vertus. Il ne semblait pas quitter la vie, ses adieux étaient ceux d'un ami qui s'éloigne un moment, et qu'on doit revoir bientôt. C'est au milieu de l'immense assemblée de ses élèves, que, quelques mois avant sa mort, il prononça ses vers avec un sentiment profond qui les rendait plus touchans encore. On ignorait qu'il se faisait entendre pour la dernière fois , et cependant des pleurs coulaient de tous les yeux. Sa voix un peu faible, sa vieillesse, sa démarche chancelante, le choix du sujet, tout semblait présager la perte que la France allait faire. Environné d'amour et d'admiration, il put jouir d'avance du jugement et des regrets de la postérité ; il put entendre l'éloge de ses talens et de son noble caractère. Ce n'était pas seulement le poète qu'on aimait, c'était l'homme ; et toutes les larmes qu'il fit couler ne furent pas données à ses vers.

11 Et , si la mode encor voulait que les Houdon,
Les Moreau , les Pajou , rivaux d'Alcimédon ,
Gravassent sur ses bords le lierre qui serpente ,
Ou les bras tortueux de la vigne rampante , etc.

On reconnaît ici une heureuse imitation de la troisième églogue de Virgile :

> Pocula ponam
> Fagina , cœlatum divini opus Alcimedontis , etc.

> 12 A quoi bon tant d'apprêts pour un si court voyage ?
> Ce qu'il faut au besoin suffit aux vœux du sage.

Ces vers et les suivans renferment une heureuse imitation d'Horace. Ducis , dans une de ses épîtres, a fait les mêmes vers, en imitant le même passage ; voici comment il s'exprime :

> Amis , vivons contens ;
> Il faut si peu de chose, et pour si peu de temps.
> Regardez ce cyprès : pourquoi sur le rivage
> Tant de vivres , d'apprêts , pour deux jours de voyage ?

Je saisirai cette occasion de faire remarquer que Delille , dans ce chant, a plus souvent imité Horace que Virgile (quoique ce dernier fût son poète favori), parce que ce chant est consacré à la morale, et que toute la bonne philosophie se retrouve dans Horace : aussi notre poète est varié comme le poète latin , et il se rapproche souvent du ton de l'épître. Cette souplesse de talent me semble d'autant plus extraordinaire, que plus on étudie Horace, et plus on trouve son imitation difficile. Horace n'est pas le poète du cœur, quoiqu'il parle souvent au cœur ; mais il parle aussi aux sens , et dans aucun de ses ouvrages on ne remarque ces élans d'une âme brûlante et passionnée qui donnent tant de charmes aux vers divins de Virgile. Tour à tour sublime et tendre, Horace occupe l'esprit et le fait réfléchir, tandis que Virgile l'émeut et le touche sans presque y songer : délicat lorsqu'il peint ses plaisirs ; véhément lorsqu'il attaque les vices de son siècle ; superbe lorsqu'il s'élève aux grandes idées philosophiques Horace est toujours admirable, même quand il ne fait que badiner. Combien de finesse et de grâce dans ses expressions ! combien de force dans ses pensées ! quel enjouement dans ses saillies ! quel goût dans ses jugemens ! Il est le poète des beaux esprits, comme Tibulle est celui des amans ; il est aussi le poète des vrais philosophes. On aime à le voir prendre tous les tons, essayer tous les genres, sans cesser d'être un modèle ; mais ce qu'il offre de plus admirable , c'est cette raison qui n'exclut pas les grâces, cette variété de tableaux, cette richesse d'expressions, cette abondance qui ne fatigue jamais, cette rapidité qui dit tout en peu de mots ; enfin ces descriptions de la nature qui reposent dou-

cément l'esprit, qui l'attachent, et qui sont interrompues soudain
par une réflexion sur le néant de la vie. Ce sont ces différens traits
que Delille me semble avoir saisis très heureusement dans la marche
générale, la disposition, et le ton de ce chant, consacré à la morale et au bonheur.

> ¹³ D'un seul mot de Louis, le grand Racine pleure;
> La censure déchire, et la louange effleure.

Racine ayant remis à madame de Maintenon un mémoire sur la
misère du peuple, celle-ci eut la faiblesse d'avouer à Louis XIV que
Racine en était l'auteur. Ce mémoire fit une impression pénible sur
l'esprit du roi, et la crainte de lui avoir déplu causa un violent
chagrin au poète qu'il avait comblé de ses bienfaits.

> ¹⁴   Un illustre coupable,
> Dans un rang élevé, paraît plus méprisable:
> Le ciel en fait justice en le plaçant si haut,
> Et le trône du vice en devient l'échafaud.

Ces vers si énergiques sur l'ambitieux n'ont pas besoin de com-
mentaire; ils renferment l'histoire de tous les siècles, et l'histoire
du nôtre.

> ¹⁵ Mirabeau nous l'a dit, croyons-en sa parole,
> La roche Tarpéienne est près du Capitole.

La Harpe raconte que Rivarol, ayant aperçu Mirabeau qui se
rendait triomphant à l'Assemblée, lui cria : « La roche Tarpéienne
est près du Capitole. » Mirabeau monte aussitôt à la tribune, et
commence un de ses plus éloquens discours par ces mots : « Et moi
aussi, je sais que la roche Tarpéienne est près du Capitole. »

> ¹⁶ Eh! qui sait quel destin le sort garde à sa cendre!
> Tout ce peuple, qu'il vit suivre son char en deuil,
> Peut-être va demain outrager son cercueil.

L'enthousiasme pour Mirabeau fut extraordinaire. A sa mort,
une partie de la nation fut en deuil; jamais Paris ne vit des ob-
sèques plus pompeux et plus lugubres; tous les spectacles furent
fermés; les citoyens s'abordaient avec tristesse, et se disaient en se
serrant la main : Mirabeau n'est plus. L'aveuglement était si grand
que la patrie semblait avoir perdu un père, lorsqu'elle n'avait perdu
qu'un factieux. Le cortége qui accompagna ses restes au Panthéon
tenait plus d'une lieue, et sa marche dura quatre heures; enfin son

cercueil fut déposé à côté de celui de Descartes... Qui aurait pensé
que, quelques mois après, le même peuple qui avait fait son triomphe
outragerait ses cendres, et que Marat serait mis à sa place; mais ce
dernier, comme Mirabeau, ne devait y obtenir que des adorations
passagères. La faveur que le peuple accorde au crime n'est jamais de
longue durée; le temps éclaire les hommes, et la vertu seule a droit
à des hommages éternels. O Louis IX! ô bon Henri! ô Louis XVI!
c'est à vous qu'il appartient d'être bénis par l'avenir; vos noms y
sont portés par l'amour.

> [17] Un insecte aux longs bras, de qui les doigts agiles
> Tapissaient ces vieux murs de leurs toiles fragiles,
> Frappe ses yeux : soudain, que ne peut le malheur!
> Voila son compagnon et son consolateur!

L'histoire attendrissante de l'araignée de Pélisson est trop connue pour qu'il soit nécessaire de la rappeler ici. J'ai entendu raconter à l'auteur de ce poème qu'un prisonnier suisse avait imité
Pélisson, et qu'au lieu d'une araignée il en avait apprivoisé deux.
Elles étaient sa société, son étude, sa consolation; il croyait connaître leurs besoins, leurs instincts et même leurs maladies. Un jour
un de ses amis le trouva plus triste qu'à l'ordinaire, et ne vit plus
qu'une araignée : « Et l'autre? s'écria-t-il. — Elle est morte, répondit le prisonnier. — Et comment? — De la poitrine. » Ceux qui
seront curieux d'anecdotes sur les araignées peuvent consulter l'ouvrage singulier de Quatremère Disjonval, intitulé *Aranéologie*,
pages 50, 145, 161, etc.

NOTES

DU CHANT VII.

¹ Tout-à-coup, sur ces mers, à mes yeux s'est montré
Un stupide pacha, d'esclaves entouré ;
Tout s'est désenchanté.

Il n'est point de voyageur qui, à l'aspect des ruines de Rome et d'Athènes, ne soit particulièrement frappé du contraste que lui offrent l'état présent des lieux et le souvenir des beaux siècles dont il voit encore les vestiges : le monde enchanté qu'il se représente prend la place de celui qui frappe ses regards, et son imagination, qui se rejette toujours dans le passé, s'y rattache d'autant plus qu'elle en retrouve quelques traces dans les ruines qui sont l'objet de sa vénération.

² Vois gravés sur tes murs Platée et Marathon !
Tant qu'il reste une pierre où se lise leur nom,
Elle accuse ta honte, et pleure ta mémoire.

Ce passage remarquable prouve avec quel art les bons écrivains font passer dans leur style les plus grandes hardiesses. Quand Virgile représente l'ivoire et l'airain qui pleurent dans les temples de Rome, après la mort de César, il ne dit rien de trop hardi, parce qu'il dépeint un prodige ; mais la poésie orientale, qui est la plus audacieuse de toutes, offre-t-elle rien de plus frappant qu'une pierre qui pleure la mémoire d'un lieu célèbre ? Cependant le goût applaudit à cette hardiesse, loin d'en être blessé, parce que le premier hémistiche du vers dit que cette pierre où sont gravés les noms de Platée et de Marathon accuse la honte de la Grèce ; le talent de l'auteur rend cette pierre passionnée, la pénètre d'indignation, et les pleurs qu'il lui fait répandre ensuite n'ont plus rien qui étonne : tant l'art d'écrire ressemble à celui de peindre ! tant les mots et les idées doivent se lier entre eux, comme les nuances d'un tableau ! Il n'est guère de hardiesse poétique à laquelle le goût ne puisse applaudir, lorsqu'elle est bien préparée.

³ Il fallait, sous des chefs armés de la puissance,
  Des mortels nés égaux forcer l'obéissance,
  Et du respect du sang nourrir l'illusion.
  Sans elle, tout est trouble, erreur, confusion.

Ici le poète entre dans son sujet, et prouve qu'il est des illusions sans lesquelles l'ordre social ne peut subsister, et que l'on ne détruit point sans s'exposer à faire crouler tout l'édifice. Cette vérité long-temps méconnue, et que l'expérience nous a rendue si palpable, est exprimée par l'auteur en vers magnifiques, surtout quand il s'écrie, en parlant de cette illusion qui entretient la hiérarchie des rangs :

  Sans elle, tout-à-coup plus terrible et plus fière,
  S'élève en rugissant l'égalité première,
  Qui, fondant l'anarchie, et féconde en tyrans,
  Par le commun désastre égale tous les rangs.

Le second vers offre une image sublime dont la vérité nous est encore présente depuis nos troubles révolutionnaires. Eh! qui de nous n'a pas entendu les rugissemens terribles des factieux déchaînés contre l'auguste chef de la patrie, et prêts à s'emparer de sa puissance !

⁴ La royauté perdit son magique lointain.

Cet excellent vers exprime, on ne peut mieux, la distance que le monarque doit laisser entre lui et ses sujets. Un homme d'esprit me disait, un jour, que les rois devaient imiter Dieu, qui se fait sentir partout, et ne se montre nulle part. Je souris de ce trait moins juste qu'ingénieux, et ne lui répondis que par les deux vers suivans :

  Je vois avec mépris ces maximes terribles,
  Qui font de tant de rois des tyrans invisibles.

Il est remarquable que c'est dans la bouche d'un despote de l'Asie que M. de Voltaire a mis cette réflexion. Il est vrai qu'il lui a donné des mœurs plus françaises qu'asiatiques.

⁵ Les tombeaux sont placés aux confins des deux mondes;
  Rendez-vous triste et cher, où, confondant leurs vœux,
  La vie et le trépas correspondent entre eux.

Est-il possible de mieux exprimer ces doux rapports par lesquels le tombeau lie entre eux la vie et le néant, le ciel et la terre, le présent et l'avenir, la mort et l'immortalité? Ces vers pourraient

servir d'inscription sur le seuil de tous les lieux consacrés aux sépultures.

> [6] Les doux zépyrs du soir, le doux vent de l'aurore,
> Balancent mollement ce précieux fardeau,
> Et sa tombe riante est encore un berceau.

On ne peut représenter plus heureusement l'usage qu'ont les
Natchés de suspendre les cercueils de leurs enfans aux rameaux des
arbres. Les objets nous affectent d'autant plus vivement qu'ils s'offrent à nos yeux sous des apparences contraires à celles qu'ils nous
présentent d'ordinaire. Tous les extrêmes se touchent; l'homme qui
sort de la vie ressemble, chez les Natchés, à celui qui vient d'y entrer : tous deux commencent une nouvelle carrière; la mort a perdu
son effroi; elle s'enveloppe de verdure, et prend les couleurs de
l'espérance.

> [7] Ainsi la vertueuse et tyrannique Rome,
> Qui fut souvent l'opprobre et la gloire de l'homme,
> Pour s'honorer soi-même, honora le cercueil.

Ici l'auteur s'engage dans la description des cérémonies funèbres
que la politique a établies de tout temps pour contribuer au bien
de l'ordre social. On devine aisément quel sentiment profond et respectable lui inspira ces vers, dans le temps où la frénésie révolutionnaire abolissait toutes les cérémonies funèbres.

> [8] Ce n'est donc pas en vain que l'humanité sainte,
> Des tombeaux en tous lieux a consacré l'enceinte.

L'oubli des morts est aussi contraire à la saine politique qu'à
la saine raison, et au respect que les fils doivent à la mémoire de
leurs pères et de leurs aïeux, qui leur ont transmis leur sang, leur
fortune, leurs lois et leur patrie. C'est sur les tombeaux que les
cœurs tendres se plaisent à rêver l'existence des êtres qu'ils regrettent; ils s'y rattachent surtout par les liens de la religion, et par l'espoir de se réunir à eux dans un monde meilleur; ils se figurent même
que les âmes de leurs amis jouissent des regrets qu'ils donnent à
leurs dépouilles mortelles, et qu'elles viennent errer quelquefois
autour de leurs sépultures; ils croient entendre leurs soupirs dans le
souffle des vents et dans le murmure des ruisseaux. L'amour se plaît
surtout à nourrir ces tendres illusions; une amante, une épouse,
une mère, se disent souvent, sur la tombe de celui qu'elles regrettent :

Il ne me répond pas, mais peut-être il m'entend.
Marmontel.

9 O forfait exécrable! ô honte! ô barbarie!
   Du vengeur de l'État le repos est troublé,
   Ses honneurs sont détruits, son cercueil violé!

Je ne puis résister à l'envie de citer une page du *Génie du Christianisme*, composée sur le même sujet; l'auteur dit, en parlant des caveaux de l'abbaye de Saint-Denis :

« C'est là que venaient tour à tour s'engloutir les rois de France.
» Un d'entre eux (et toujours le dernier descendu dans ces abimes)
» restait sur les degrés du souterrain, comme pour inviter sa pos-
» térité à descendre. Cependant Louis XIV a vainement attendu ses
» derniers fils : l'un s'est précipité au fond de la voûte, en laissant
» son ancêtre sur le seuil; l'autre, ainsi qu'OEdipe, a disparu dans
» une tempête. Chose digne d'une éternelle méditation! Le pre-
» mier monarque que les envoyés de la justice divine rencontrèrent
» fut ce Louis si fameux par l'obéissance que les nations lui por-
» taient! il était encore tout entier dans son cerceuil. En vain, pour
» défendre son trône, il sembla se lever avec la majesté de son siècle,
» et une arrière-garde de huit siècles de rois; en vain son geste me-
» naçant épouvanta les ennemis des morts, lorsque, précipité dans
» une fosse commune, il tomba sur le sein de Marie de Médecis;
» tout fut détruit. Dieu, dans l'effusion de sa colère, avait juré par
» lui-même de châtier la France. Ne cherchons point sur la terre
» les causes de pareils évènemens; elles sont plus haut. »

10 Du costume, à son tour, je dirai le pouvoir :
   Variété brillante, appareil nécessaire,
   Dont la religion s'empara la première.

Le poète s'élève, avec autant d'éloquence que de raison, contre l'abus qui, en détruisant les costumes divers, a détruit le respect du rang dont ils étaient les signes majestueux. Il est à remarquer que Delille, malgré tout le prestige de son talent, s'est toujours attaché aux plus saines doctrines de la religion, de la politique, et de la morale. Le poète qui avait le plus d'esprit s'est toujours interdit le paradoxe, moyen brillant et facile de faire valoir les talens ingénieux : très supérieur, sous ce rapport, au citoyen de Genève, qui s'est plu à fonder sur cette base son immense réputation; et c'est ici le cas d'observer que la raison domine toujours dans les écrits des poètes du premier ordre. Malheur à tous les écrivains dont le talent ne repose pas sur ce solide fondement! quel que soit le prestige de leur éloquence, l'éclat de leur pensée, et la magnificence de leur style, leurs écrits passeront, parce qu'il n'est que la vérité qui reste, et qui défende les écrits des outrages du temps : elle doit régner partout, et même dans la fable, a dit le judicieux Boileau. Les muses ne sont que ses dames d'atours; elles peuvent l'embellir, mais elles ne doivent jamais parer le mensonge de ses attributs. Instruire et plaire est leur devise; la raison est la faculté qui remplit le premier objet, l'imagination se charge du reste.

NOTES

DU CHANT VIII.

—

¹ Quelque immense que soit le sujet traité par Delille dans ce poème, on voit qu'il s'est encore plu à l'agrandir ; quelque inépuisable que fût la matière de ses chants, il s'est plutôt attaché à l'étendre qu'à la restreindre. Non content de célébrer l'empire de l'Imagination sur les objets nombreux où elle règne en souveraine avec une autorité exclusive, sans partage, ou du moins fort avantageusement partagée, il chante ses rapports les plus éloignés avec les objets sur lesquels elle n'a que l'influence la plus légère, et même la plus contestée : il la voit dans la politique, dans la métaphysique, jusque dans la géométrie; dans les sciences, dans l'esprit, dans la mémoire, dans nos facultés, nos sentimens, nos sénsations, partout enfin. Il est certain que tout se tient dans l'homme, et même dans la nature entière, tout se lie par des rapports plus ou moins délicats, plus ou moins visibles. Les esprits bornés n'aperçoivent point ces rapports; les esprits justes les aperçoivent; mais ils ne confondent point les objets, parce qu'ils voient aussi les limites qui les séparent. Les esprits brillans, les imaginations vives, franchissent ces limites, et se plaisent à réunir dans le même ordre d'idées, sous le même point de vue, et dans le même tableau, les objets les plus distincts et les plus réellement séparés. Telle est, en général, la manière de Delille; elle l'a, plus d'une fois, fait accuser de faire entrer dans chacune de ses compositions des objets qui y étaient assez étrangers, et de multiplier ainsi ses tableaux à l'infini. Mais, comment ne pas s'abandonner au penchant de tout peindre et de tout décrire, lorsque, comme lui, on avait le talent de tout orner et de tout embellir !

Au reste, si une critique sévère a pu lui reprocher quelquefois d'avoir abusé de cet admirable talent, et d'en avoir prodigué les richesses en l'appliquant à des objets qui n'avaient qu'un rapport trop faible, et même forcé, avec le sujet principal de ses chants, ce n'est point lorsqu'il a fait entrer la religion et les cultes dans le plan de son poème de l'*Imagination* que cette censure serait fondée : ces institutions sacrées sont du domaine de l'imagination ; elle y exerce un grand empire. L'imagination a créé les fausses religions ; elle embellit les rites et les cérémonies de la religion véritable et révélée ; elle donne de la pompe et de la magnificence à leurs pratiques, de l'éclat et de la majesté à leurs fêtes, et n'a même pas toujours été sans une influence plus ou moins heureuse sur les sentimens qu'elles inspirent, sur les préceptes qu'elles donnent, sur les dogmes qu'elles enseignent. C'est l'imagination grossière des sauvages qui enfanta les dieux grossiers qu'ils adorent ; c'est l'imagination sublime d'Homère qui peupla l'Olympe ; et la vive et féconde imagination des Grecs ajouta à ces riches fictions de nouvelles fictions ingénieuses et riantes, qui furent ensuite adoptées par la sagesse et la gravité des Romains. Rien n'est plus poétique que cette antique mythologie éclose tout entière, pour ainsi dire, du cerveau des poètes. Nourri à leur école, échauffé par leurs brillantes inspirations, le génie de Delille ne pouvait manquer de célébrer, dans des chants consacrés à la puissance de l'imagination, tant de merveilles créées par elle.

On sent combien il serait aisé de multiplier les notes de ce chant. Delille y passe en revue les antiques superstitions de l'Égypte et de l'Inde, les cultes bizarres des sauvages de l'Afrique et de l'Amérique, les divinités fabuleuses qui régnaient sur l'Olympe, et les religions divines qui descendirent de Sinaï et du Calvaire. On pourrait donc, en copiant tantôt deux pages d'un dictionnaire mythologique, tantôt trois pages d'un historien, tantôt cinq ou six pages d'un voyageur, faire, à l'aide d'une érudition facile, des notes beaucoup plus étendues que le chant lui-même ; mais nous pensons que ces notions communes sont rarement étrangères aux lecteurs, qu'elles se trouvent partout, et ne doivent point se trouver dans notre travail, où elles ne pourraient jamais entrer, d'ailleurs, que d'une manière fort incomplète. Nous nous bornerons donc à un petit nombre de notes plutôt littéraires qu'historiques, et par conséquent tout-à-fait différentes de celles qui se trouvent dans la première édition : le sujet nous en sera principalement fourni par les imitations des poètes anciens et modernes, dont Delille savait s'approprier les richesses ; l'esprit et le goût aiment ces rapprochemens et ces comparaisons.

> ¹ Les animaux vivaient sans révolte et sans guerre ;
> Mais tous, d'un front servile, ils regardaient la terre :
> Leur souverain, lui seul, marchant au milieu d'eux,
> Levait un front sublime, et regardait les cieux.

Il n'est personne à qui les trois derniers vers de ce passage ne rappellent trois vers célèbres d'Ovide, dont ils sont une imitation sensible, ou plutôt même une assez fidèle traduction :

> Pronaque dum spectent animalia cætera terram,
> Os homini sublime dedit, cœlumque tueri
> Jussit, et erectos ad sidera tollere vultus.

Cette belle idée d'Ovide, cette pensée éminemment religieuse, ne pouvait échapper à l'auteur du poème de *la Religion* ; Racine le fils s'en est donc aussi emparé, et l'a ainsi imitée :

> Le roi pour qui sont faits tant de biens précieux,
> L'homme élève un front noble et regarde les cieux.

Imitation sèche et mesquine. Racine a passé sous silence la moitié de la pensée, cette comparaison entre l'homme et les animaux, qui prouve que non seulement l'auteur de la nature a ordonné à l'homme de *lever un front sublime et de porter ses regards vers les cieux*, mais qu'il est le seul qui ait reçu cet ordre glorieux et cette noble destinée. Delille n'a pas manqué d'exprimer et même d'amplifier cette partie de la pensée du poète latin : *leur souverain, lui seul, marchant au milieu d'eux*, etc. Mais aucun des deux imitateurs n'a rendu l'énergie du tour, *cœlumque tueri jussit*, ni cette sorte de pléonasme, *et erectos ad sidera tollere vultus*, qui n'est point ici une redondance, mais qui complète la pensée, en lui donnant une magnificence digne d'elle. A la vérité, Racine et Delille n'étaient qu'imitateurs ; ils n'étaient point astreints à une traduction exacte et rigoureuse. M. de Saint-Ange, qui s'en était imposé la loi, a beaucoup moins bien rendu que Delille ce beau passage d'Ovide ; voici sa traduction :

> Sous le joug de l'instinct les animaux penchés,
> Tous baissent leurs regards à la terre attachés,
> L'homme, lui seul, debout, la tête redressée,
> Élève jusqu'au ciel sa vue et sa pensée.

Comment se borner à exprimer sèchement un fait commun dans un style plus que commun, lorsque l'original qu'on se propose de traduire ennoblit le fait en en indiquant, par des expressions dignes du sujet, et l'auteur et le but? C'est la Divinité, *opifex re-rum*, qui a donné à l'homme ces nobles attributs qui le distinguent des bêtes en le formant à son image; *in effigiem moderantum cuncta deorum;* c'est elle qui a voulu qu'il regardât le ciel, qui le lui a ordonné; *dedit, jussit :* passer sous silence ces deux importantes et magnifiques circonstances du tableau, c'est lui ôter toute sa grandeur et toute sa poésie; ce n'est pas traduire, c'est dénaturer, défigurer; c'est pis qu'un contre-sens.

> [3] Le projet est hardi, je ne le cèle pas;
> Mais des sentiers battus je détourne mes pas;
> Loin du vieil Hélicon ma muse étend ses ailes:
> Il est temps de puiser dans les sources nouvelles;
> Il est temps de marcher couronné de festons
> Dont nuls chantres encor n'ont ombragé leurs fronts.

Ce passage est évidemment imité de Lucrèce, livre I:

> Vers d'autres vérités je dirige mes pas.
> Les périls sont nombreux, je ne m'aveugle pas;
> Mais la gloire m'appelle, un feu divin m'anime :
> De l'antique Hélicon je franchirai la cime;
> Sur des bords inconnus je porte mon essor,
> J'aime à cueillir des fleurs sur un sol vierge encor;
> Il m'est doux de puiser à des sources fécondes,
> Qui me conservent pur le cristal de leurs ondes.
> O muses, couvrez-moi de ces brillans rameaux
> Qui jamais n'ont orné le front de mes rivaux,
> Car mon sujet est grand; aux pieds de la nature
> De cent chaînes d'airain j'accable l'imposture;
> J'affranchis les mortels d'un tyran odieux,
> Élevé par la crainte au rang sacré des dieux.
> Mais l'austère sagesse, en mon noble délire,
> Unit ses fiers accens aux doux sons de ma lyre;
> Elle enchaîne les cœurs et flatte en triomphant.
> Pour présenter l'absinthe à ce débile enfant,
> Sur les bords de la coupe, ainsi ta main savante
> Verse d'un miel doré la liqueur décevante,
> Et du puissant breuvage ignorant l'âpreté,
> Heureux dans son erreur, l'enfant boit la santé.
> Ainsi de la raison l'éloquence hardie
> Emprunte des beaux vers la douce mélodie;
> Je veux, ô Memmius! au vulgaire enchanté,
> Comme un miel savoureux, verser la vérité.
> Puisse son imposante et suave harmonie
> A sa hauteur divine élever ton génie!

Viens, et de la nature embrassant la grandeur,
Interroge ses lois, sa force et sa splendeur.
                                    DE PONGERVILLE.

    Aux cultes différens qui donna la naissance?
    Fut-ce d'abord la crainte, ou la reconnaissance?
    Repoussons loin de nous un doute injurieux :
    Oui, la reconnaissance a fait les premiers dieux.
    Ainsi, des nations la noble idolâtrie
    Honora les mortels amis de la patrie.

Delille s'élève ici contre l'opinion du poète athée, interprète d'Épicure : *Primus in orbe deos fecit timor,* a dit Lucrèce. Pline le jeune semblerait d'abord ne s'éloigner pas beaucoup de ce sentiment : c'est, dit-il, lorsque l'homme est accablé de maux, surtout lorsqu'il craint le plus redoutable et le plus inévitable de tous, la mort, qu'il pense qu'il n'est qu'un homme et qu'il y a des dieux, *tunc deos, tunc hominem esse se meminit.* Mais la pensée de Pline a un côté vrai et même religieux ; celle de Lucrèce est impie. Il appartenait au cœur sensible et reconnaissant de M. Delille de regarder la reconnaissance comme le premier sentiment qui nous ait avertis de l'existence de la Divinité, et qui nous ait inspiré le dessein de l'honorer par un culte religieux et des institutions sacrées. Cette opinion est plus aimable, sans doute, plus douce, plus honorable à l'humanité; mais, s'il s'agissait d'établir un système philosophique rigoureux, il est certain que tous les sentimens et toutes les passions de l'homme ayant pu concourir à faire naître en lui l'idée d'un être puissant et surnaturel, dans la dépendance duquel il se trouve, la crainte et la terreur n'ont pas dû être plus étrangères à cette opinion que toute autre affection de l'âme. Ainsi, suivant les différens caractères des peuples et des individus, et suivant leurs différentes positions, les uns se seront élevés vers la Divinité par le sentiment de la reconnaissance, les autres se seront abaissés sous la main puissante d'un Dieu redoutable et vengeur par le sentiment de la crainte, d'autres auront été guidés par d'autres sentimens et d'autres passions. Ces divers guides ne les trompaient point, du moins quant à l'idée principale et primitive, qu'ils ont ensuite altérée et défigurée en cent façons ; et l'impiété de Lucrèce consiste à ne voir dans les dieux que des fantômes produits par des craintes chimériques et des terreurs paniques. Delille avoue lui-même l'influence qu'ont dû avoir sur l'opinion si naturelle à

tous les peuples d'une Divinité puissante et redoutable, et notre
propre faiblesse, et la multitude des dangers et des maux qui nous
environnent, et la frayeur qu'ils nous inspirent, lorsque, quelques
vers plus bas, après avoir peint les Lapons, les Indiens, les peuples
de l'Amérique et ceux de l'Afrique, courbés devant des idoles terribles, il s'écrie :

> Partout je vois la crainte encenser les autels.

> 5　　A ces dieux effrayans, l'horreur de la nature,
> Qui ne préfèrerait ce dieu que d'Épicure
> Un disciple autrefois dans l'Inde a transporté,
> Et que chez les Romains Lucrèce avait chanté?
> Ce dieu dort : trop heureux! sans sceptre, sans tonnerre,
> Les crimes des tyrans, les horreurs de la guerre,
> Il ne répond de rien; etc.

Delille fait ici allusion à l'impassibilité que Lucrèce donne à ses
dieux.

> Grands dieux, hôtes sacrés des célestes palais,
> Dont l'auguste existence est l'éternelle paix;
> Et qui donc entre vous, dans ses mains souveraines,
> De l'immense univers ose tenir les rênes?
> Des astres a réglé le cours silencieux,
> A suspendu la terre, a fait mouvoir les cieux,
> Entretient du soleil la lumière féconde?
> Dispense ses bienfaits aux habitans du monde?
> Qui de vous, embrasant ces nuages affreux,
> Fait éclater la foudre en leurs flancs ténébreux?
> La foudre qui, toujours injuste ou téméraire,
> De vos temples pompeux brise le sanctuaire,
> Porte dans les déserts ses inutiles traits,
> Passe près d'un tyran sans punir ses forfaits,
> Traverse le ciel, gronde au hasard menaçante,
> S'égare ou va frapper une tête innocente?
> 　　　　　　　　　　DE PONGERVILLE.

> 6　De lui tout est sacré, de lui rien n'est immonde;
> Rois, princes, potentats, dominateurs du monde,
> Attendez que du jour l'astre majestueux
> Sèche de ses rayons purs et respectueux
> Le rebut adoré des festins qu'il consomme,
> Qui trahit dans un dieu les vils besoins de l'homme;
> Voilà vos ornemens, vos colliers, vos bijoux,
> Et l'excrément divin vous enorgueillit tous.

Horace a dit avec raison :

Et quæ
Desperat tractata nitescere posse relinquit.

« Le poète doit abandonner tous ces sujets ingrats qu'il ne sau-
» rait embellir par les grâces et les ornemens de la poésie. »

Mais Delille ne désespérait de rien en ce genre, et son audace
était presque toujours justifiée par son talent et par le succès; les
objets les plus bas et les plus vils s'ennoblissaient par son style;
les expressions qui, par leur harmonie, ou par la nature des idées
qu'elles présentent à l'imagination, semblaient à jamais être exclues
du domaine de la poésie, entraient cependant très heureusement
dans ses vers, et leur donnaient une nouvelle grâce par le mérite
de la difficulté vaincue. C'est ainsi que, maîtrisant tout ce qui paraissait le plus rebelle aux lois de la poésie, il avait infiniment
agrandi son empire en y ajoutant d'heureuses conquêtes. N'a-t-il
pas quelquefois abusé de cet admirable talent? Et le passage que
je viens de citer n'offre-t-il pas un exemple de cet abus? J'oserais
le croire si la tradition ne m'apprenait que ces vers furent très
applaudis à l'Académie lorsque Delille les y récita dans une séance
publique. L'Académie admira, dit-on, la pompe de cette péri-
phrase poétique, et la magnificence des expressions par lesquelles
le poète avait déguisé tout ce qu'il y a de bas et de dégoûtant dans
l'objet qu'il se proposait de peindre. Voltaire l'avait déjà représenté
sans y faire tant de façon, et avec ce pinceau cynique dont ses
mains trop souvent licencieuses aimaient à se jouer.

> Plus loin, du grand Lama les reliques musquées
> Passent de son derrière au cou des plus grands rois.

> [7] Voyez-le du présent franchir l'étroite enceinte;
>
> . . . .
>
> Son esprit inquiet en cherche les présages
> Dans le feu de l'éclair, dans les flancs du taureau,
> Et dans son vol rapide interroge l'oiseau, etc.

Dans ces vers et dans les vers suivans, Delille fait une sorte
d'énumération des divers présages dans lesquels les Romains li-
saient et l'avenir, et leur sort particulier, et la destinée des plus
grands évènemens. Horace fait une énumération de ce genre dans
l'ode *Impios parræ*, *etc.* Il est probable que l'ami de Mécène,
poète peu crédule, peu religieux, ne fait ici qu'adopter un système
populaire favorable à l'imagination et à la poésie, sans y ajouter

aucune foi et aucune importance. Toutefois, le même Horace ne
parait point indifférent au signe du zodiaque qui a présidé à sa
naissance, *seu libra, seu me scorpius aspicit.* Un de nos poètes a
consacré cette faiblesse :

> Horace frémira, s'il sait que le hasard,
> En naissant, l'a frappé de ce triste regard.

Les hommes les plus sages et les plus instruits ne sont pas toujours préservés de ces tristes maladies de l'esprit, et Delille a raison de dire, en parlant d'un de ces présages,

> Il épouvante un sage, intimide un grand homme.

« J'ai vu, dit le Spectateur anglais, une épingle crochue, un clou
» rouillé, faire pâlir des guerriers qui avaient plusieurs fois af-
» fronté le canon. » Un hibou, pendant la nuit, cause souvent plus
d'alarmes qu'une troupe de voleurs :

> Solaque culminibus ferali carmine bubo
> Sæpe queri, et longus in fletum ducere voces.

Dans tous les temps, dans tous les pays, la faiblesse de notre
esprit nous a fait craindre les fantômes et les chimères dont parle
encore Horace :

> Somnia, terrores magnos, miracula, sagas,
> Nocturnos lemures, etc.

> 8 Déjà l'Ambition, acquittant ses promesses,
> Sur l'autel mercenaire entasse ses largesses ;
>
> . . . .
>
> Achète des autels la faveur complaisante.

Cette vénalité des oracles n'avait pas échappé aux païens eux-
mêmes ; et on sait que les Grecs railleurs disaient d'un de ces in-
terprètes des dieux et de l'avenir, dont les réponses favorisaient les
desseins ambitieux de Philippe : La Sibylle philippile.

> 9 Puissent de frais gazons, puissent de claires ondes,
> Dans un riant pacage arrêter mes brebis !
> Que leur fine toison compose mes habits ;
> Et, quand le fuseau tourne entre leurs mains légères,
> Ne blesse pas les doigts de nos jeunes bergères.

Ces deux derniers vers sont une traduction élégante de deux vers
d'Ovide. *Fast.*, lib. IV.

Lanaque proveniat nullas læsura puellas,
Mollis et ad teneras quamlibet apta manus.

M. de Saint-Ange a traduit ainsi les mêmes vers :

Et que ma laine molle et docile au fuseau,
Ne blesse point les doigts des filles du hameau.

Il y a dans les vers de Delille plus de légèreté, plus de rapidité, et par conséquent une poésie plus imitative. Les deux vers du poète latin sont tirés d'une invocation à Palès très longue, et trop longue dans l'original : Delille en l'abrégeant, et en choisissant les traits les plus poétiques et les plus gracieux, l'a mieux appropriée à nos idées et à nos mœurs, et l'a imitée avec un goût exquis et une grâce charmante. Le tableau d'Ovide est plus complet, celui de Delille est plus achevé.

> 10 Dirai-je quelle heureuse et sage politique
> Joignit à tous les dieux de l'empire italique
> Un pouvoir plus obscur et plus puissant encor?
> Le dieu Terme est son nom. . . . .
> . . . .
> Quand Jupiter parut au nouveau Capitole,
> Tous les dieux firent place à l'imposante idole ;
> Toi seul gardas la tienne, et toi seul es resté!
> Noble image des droits de la propriété :
> Droits puissans, droits sacrés, et sur qui seuls se fonde
> Et le bien des États, et le repos du monde.

Le morceau que Delille a consacré à célébrer le culte du dieu Terme est beaucoup plus long; je n'en rappelle ici qu'une faible partie. Parmi tant de divinités mythologiques qui offraient à ses pinceaux des couleurs aussi poétiques, plus poétiques même, il a choisi, avec une sorte de préférence et de prédilection, le dieu protecteur des champs légitimement acquis, et vengeur des usurpations. Le dieu Terme était donc le dieu de la propriété, et Delille s'est plu à le chanter au moment où les lois de la propriété étaient ébranlées dans sa patrie, et où les passions politiques, appelant à leur secours les passions viles et basses de la cupidité, avaient multiplié les confiscations, et méconnu ces droits antiques et sacrés sur lesquels, comme dit le poète et comme l'expérience l'a si bien prouvé, se fonde

Et le bien des états, et le repos du monde.

C'est au mépris et à la violation de ces lois qu'on reconnaîtra toujours les agitateurs et les tyrans, comme on reconnaîtra les bons citoyens et les bons princes au respect qu'ils auroit pour elles. Parmi les preuves nombreuses que donna Louis XVIII, à son retour en France, de ses vues bienfaisantes et paternelles, il faut mettre au premier rang la clause de la charte qui abolissait les confiscations. Faisons ici une observation bien honorable à Delille : si ce grand poète se montre toujours, dans ses brillantes compositions et dans ses beaux vers, l'homme de bien, l'homme d'honneur ne se montre pas moins dans ses sentimens et ses principes.

> ¹¹   Mais si , dans tout l'éclat de sa pompe imposante,
>   Avec plus d'appareil que ces fameux Romains,
>   Je veux voir triompher le maître des humains,
>   J'irai dans cette ville en prodiges féconde,
>   Veuve du peuple-roi, mais reine encor du monde :

L'objet de ces notes n'est point de faire remarquer les beaux vers de Delille ; un pareil dessein les eût multipliées et étendues beaucoup au-delà du but que nous nous proposons. Je ne puis m'empêcher toutefois d'arrêter un instant l'attention du lecteur sur le dernier des vers que je viens de citer ; jamais on ne parla plus magnifiquement de Rome ancienne et moderne, peut-être même trouverait-on un peu d'emphase et d'exagération dans ce dernier hémistiche, *mais reine encor du monde*, s'il n'était placé si à propos. Le poète décrit, en effet, une des plus augustes cérémonies de la religion : et c'est par la religion que Rome domine encore cette vaste partie du monde ; c'est dans les grandes et imposantes fêtes du culte catholique qu'elle est l'exemple et le modèle de peuples nombreux et florissans, et que son pontife en est le chef. Un poète latin avait dit avant Delille, et avec beaucoup moins d'élévation et d'éclat que le poète français :

> Roma , caput mundi, quidquid non possidet armis,
> Religione tenet.

C'est dans un morceau ajouté à cette nouvelle édition que se trouve le vers qui a donné lieu à cette note. Le poète décrit les processions de la Fête-Dieu ; cette description est peut-être un peu chargée de détails et un peu longue ; mais elle a une pompe digne du sujet et renferme de très beaux vers ; le lecteur me permettra de remettre sous ses yeux ceux qui suivent immédiatement le morceau

que j'ai cité, et terminent la description de la fête à Rome, dans
la ville *reine encore du monde :*

> C'est là, c'est dans ses murs, le siége de la foi,
> Que sous les yeux d'un chef, père, pontife et roi,
> Au milieu des palais, des temples, des portiques,
> Et du faste moderne, et des pompes antiques,
> Dieu se montre aux mortels dans toute sa grandeur.
> En vain l'œil de l'impie eu veut fuir la splendeur,
> Dieu l'accable en secret de toute sa présence.
> Malheureux, il est seul dans cette foule immense,
> Et ses remords du moins confessent l'Éternel :

> Là, des lions d'airain, de feux étincelans,
> Recevaient des mortels dans leurs gosiers brûlans ;
> Là, le sang qui ruisselle en éternel hommage,
> Fait au ciel qu'il invoque un éternel outrage ;
> . . . .
> Nature, tu n'as donc plus d'abri sur la terre ?
> . . . .
> Ah ! sans doute, abhorrant ce culte criminel,
> Tu te réfugias dans le cœur maternel :
> Non, de ces dieux cruels la fureur l'en exile,
> Et la nature a fui de son dernier asile.
> Des mères, aux autels de ces dieux redoutés,
> Leurs enfans dans les bras... Cruelles, arrêtez.

> . . . .
> Ah ! voyez leur sourire et regardez leurs pleurs,
> Et cessez d'immoler, à d'horribles chimères,
> Les nœuds sacrés d'hymeu et le doux nom de mères !

Racine le fils a aussi, dans son poème de *la Religion*, présenté
le tableau de ces effroyables superstitions qui ont fait le tour du
globe et déshonoré, dans les différens âges, tous les peuples, même
ceux qui sont les plus fiers de leur politesse, de leurs arts et de
leur philosophie. Les lecteurs qui seraient curieux de comparer la
manière des deux poètes peuvent chercher les vers que j'indique à
la fin du troisième chant du poème de *la Religion ;* ils verront que
le fils du grand Racine, poète toujours pur, correct, et même assez élégant, était dépourvu de la verve et de la richesse d'imagination qui brille dans les vers du chantre de cette faculté dominante
des grands poètes ; il a moins de ressources et de fécondité dans l'esprit, et des rapprochemens moins heureux ; ses tableaux ont moins
de coloris, d'âme et de sentiment. Delille raconte, dans une de

ses préfaces, qu'étant fort jeune, ou, comme il le dit, presque enfant encore, il alla lire à Racine le fils les premiers essais de sa traduction des *Géorgiques*; il trouva l'illustre poète déjà accablé sous
le poids des ans, plus accablé encore sous celui du malheur: un
fils unique venait de lui être enlevé par une mort funeste; il fuyait
le monde, les hommes et les lettres. Toutefois il accueillit avec
bonté le jeune poète, qui lui annonçait le dessein d'entrer dans une
carrière qu'il abandonnait lui-même, après l'avoir parcourue avec
quelque gloire. Ce ne fut pas cependant sans une surprise mêlée
de quelques observations sévères que Racine apprit le projet formé
par un écolier, à peine échappé du collége, de traduire les *Géorgiques*; il écouta néanmoins les vers du jeune poète; et, après les
avoir entendus, il l'engagea à poursuivre ce dessein qui lui avait
d'abord, et avec raison, paru si téméraire. « J'ai senti peu de plai-
» sirs si vifs dans ma vie, dit Delille... Je crus avoir entendu non
» seulement la voix du chantre de la religion, mais quelques accens
» de l'auteur d'*Athalie*. » Delille, ayant ainsi reçu les conseils et
les encouragemens du fils du grand Racine, s'honorait d'être son
disciple : on peut même dire qu'il fut toujours de son école; car le
poème de *la Religion* est, comme tous ceux de Delille, tantôt philosophique, tantôt descriptif; mais le disciple a laissé son maitre
bien loin derrière lui.

Je ne puis finir cette note, à laquelle ont donné lieu les sacrifices abominables qui ont ensanglanté tant d'autels, sans rapporter la pensée d'un ancien sur ces cultes barbares : « Tel est le dé-
» lire de l'esprit humain, qu'on pense inspirer aux dieux de la
» clémence et de la bonté, par des cruautés dont les hommes seraient
» incapables dans les transports de la colère et de la vengeance;
» *Tantus est perturbatæ mentis et sedibus suis pulsæ furor, ut sic
» dii placentur, quemadmodum ne homines quidem sæviunt.* »

> ¹³ C'était de ce hameau le pasteur respectable!
>   Qui, depuis quarante ans, sert son Dieu, fait le bien,
>   Reçoit peu, donne tout, et ne demande rien.

Ce dernier vers est, par le tour, par la forme et la concision,
une imitation évidente de ce vers du Tasse :

> Brama assai, poco spera, nulla chiede.

« Il désire beaucoup, espère peu, et ne demande rien. »

Ce vers remarquable par le cliquetis des trois antithèses, *assai, poco*, *nulla*, c'est-à-dire beaucoup, peu et rien, avait frappé plus d'un de nos poètes, et avait été déjà le sujet de plusieurs imitations. Voltaire, dans un poème qui admettait le ton familier, négligeant une des idées dont le vers italien se compose, avait dit :

> Ce jeune homme de bien
> Voulait beaucoup, et ne demandait rien.

Bernard, dans son *Art d'aimer*, rivalise de concision avec l'original, et, changeant un peu les idées, il dit :

> Désire tout, prétend peu, n'ose rien.

Delille a placé l'imitation de ce vers dans un sujet beaucoup plus grave, dans un épisode qui, faisant ressortir les miraculeux et consolans effets d'un des augustes mystères du christianisme, termine très convenablement son chant sur les cultes.

FIN DES NOTES DE L'IMAGINATION.

VARIANTES.

VARIANTES DU CHANT I.

—

PAGE 27, VERS 17.

Je dirai ses attraits, etc.

Ce vers, et les dix-neuf qui le suivent, ne se trouvent pas dans les premières éditions. Le poète, après avoir dit

Je chante dans mes vers
L'Imagination, charme de l'univers;

passe immédiatement à l'invocation :

Mais pour la célébrer ma voix a besoin d'elle.
Où donc te rencontrer, etc.

PAGE 29, VERS 17.

Mais, avant de chanter, etc.

PAGE 51, VERS 19.

Le vaisseau réparé
Déjà flottait sur l'onde, au départ préparé.
Le nocher était prêt, etc.

PAGE 52, VERS 6.

O ciel, fais-moi mourir, fais-moi mourir sur l'heure.

Après ce vers, on lit les quatre suivans dans les précédentes éditions :

Tandis que l'avenir se montre au moins douteux;
Tandis qu'un doux espoir encourage mes vœux;
Tandis que, ô mon cher fils! ô seul bien que j'adore!
Je puis te voir, t'entendre, et t'embrasser encore!

PAGE 52, VERS 11.

On le prend, on l'emporte.

PAGE 55, VERS 5.

Mais de vos sorts divers, etc.

VARIANTES DU CHANT II.

—

PAGE 57, VERS 6.

Qui fait pâlir des nuits l'inégale courrière.

PAGE 63, VERS 31.

L'emporte encor fumant de ce sang odieux

PAGE 64, VERS 3.

Mais d'un vol bien plus prompt.

PAGE 70, VERS 31.

Qu'en peignant dans ses vers l'impétueuse ardeur,
Lucrèce, etc.

Ce vers, et les sept qui suivent, ne se lisent point dans les éditions antérieures à 1817.

PAGE 76, VERS 21.

Reçus d'une autre main.

VARIANTES DU CHANT III.

—

PAGE 81, VERS 11.

Et même, quand des nerfs.

PAGE 85, VERS 11.

Piquante sans recherche et sans étourderie, etc.

Tout ce morceau, jusqu'au vers,

Où peut-on rencontrer ce doux moyen de plaire?

a été ajouté par l'auteur dans les éditions postérieures à celle de 1806.

PAGE 86, VERS 23.

Mais je vois la pudeur s'avancer sur sa trace.

PAGE 92, VERS 15.

Mais combien parmi nous.

PAGE 93, VERS 26.

Dont la contagion menaça l'univers!

PAGE 109, VERS 25.

Enfin la nuit revient.

VARIANTES DU CHANT IV.

—

PAGE 115, VERS 31.

Il veut des lieux affreux.

PAGE 116, VERS 10.

Lieux si chers à nos yeux.

PAGE 117, VERS 7.

Les lieux même, les lieux.

PAGE 122, VERS 14.

On m'instruit qu'adorant un lâche scélérat,
Toute la France en pompe y vint cacher Marat.

Ce fut le dernier terme de la profanation pour le magnifique édifice, si scandaleusement enlevé pendant près de trente ans, sous le nom de *Panthéon*, à sa première et religieuse destination : il est rendu, et pour toujours sans doute, à la piété des fidèles et au culte de la sainte patronne de Paris.

PAGE 129, VERS 23.

L'Amour même chérit les ombres du mystère.

Tout ce qui suit, jusqu'au vers,

Eh! pourrai-je oublier, etc.

ne se trouve pas dans les éditions antérieures à 1817.

PAGE 130, VERS 13.

Eh! pourrai-je oublier les lieux inspirateurs,

Où l'on goûte des arts les dons consolateurs ?

PAGE 134, VERS 12.

Le cœur tout palpitant, il aborde, il arrive.

VARIANTES DU CHANT V.

PAGE 148, VERS 5.

Ah ! quand mon œil à peine entrevoit la nature, etc.

PAGE 149, VERS 1.

Mais si je veux trouver tes plus brillans prestiges, etc.

Ces vers et les trente-cinq suivans ne se trouvent pas dans les éditions antérieures à 1817.

PAGE 153, VERS 11.

Gloire te soit rendue !

PAGE 157, VERS 19.

Quels que soient les excès de leurs divisions, etc.

Ce morceau sur Shakspeare et sur la tragédie anglaise, a été
ajouté dans les éditions qui ont suivi celle de 1806.

PAGE 168, VERS 1.

Édition de 1806 :

L'erreur régnait partout : sa voix enchanteresse
D'un ton plus éloquent fit parler la sagesse :
Par lui l'homme rompit le joug du préjugé.

VARIANTES DU CHANT VI.

PAGE 188, VERS 11.

Malheureux ! le trépas est donc ton seul asile ! etc.

Tout ce qui suit a été ajouté dans l'édition de 1817, jusqu'au vers :

Voyez ce fier coursier, etc.

On lisait dans les précédentes :

> J'ai dit les biens charmans d'où naissent nos délices :
> Je dois dire les maux qui causent nos supplices.
> L'Imagination en augmente l'effroi ;
> Contre elle la raison va combattre avec moi.
> Ces maux si redoutés sont de peu de puissance ;
> L'obscurité, la mort, et surtout l'indigence.

> Vois-tu ce fier coursier, etc.

PAGE 191, VERS 3.

> Bien plus cruel encor, le chantre d'Épicure, etc.

Ce morceau, d'une mélancolie si douce et si tendre, et qui respire une sensibilité si vraie, si touchante, ne se trouvait pas dans les éditions antérieures à 1817 : le poète y passait immédiatement à ce vers :

> De loin la pauvreté semble encor plus cruelle.

PAGE 196, VERS 6.

> Mais, vois que de travail, etc.

PAGE 197, vers 27.

> Le ciel partage à tous les biens et la misère, etc.

Jusqu'au vers,

> Pauvres riches ! ces biens que vous croyez les vôtres, etc.

Ajouté dans l'édition de 1817.

PAGE 200, VERS 15.

Édition de 1806 :

> Qui flattent ton espoir, et séduisent ton cœur ?...
> Mirabeau nous l'a dit, etc.

L'édition de 1817 ajoute tout ce qui se trouve aujourd'hui entre ces deux vers.

VARIANTES DU CHANT VII.

—

PAGE 219, VERS 3.

Surtout dans leurs écrits leur souveraine voix,
De leur couche de mort, etc.

PAGE 222, VERS 26.

Si chèrement payée, et si vite ravie !

PAGE 224, VERS 27.

De ces jeux des hameaux, des fêtes des pasteurs.

PAGE 227, VERS 15.

Mais que j'aime ces jeux, qui, dans les jeunes cœurs,
Versaient déjà l'amour des vertus et des mœurs !

PAGE 233, VERS 25.

Mais que veut ce concours et ce peuple en furie ?

PAGE 239, VERS 10.

Mais pourquoi loin de nous.

VARIANTES DU CHANT VIII.

—

PAGE 244, VERS 1.

Mais ce prix, au mérite, etc.

PAGE 250, VERS 14.

Mais de l'esprit humain triste fatalité !

PAGE 261, VERS 1.

Eh ! pourrais-je oublier sur les religions
Ce que peuvent l'esprit, les mœurs des nations !
Sur l'empire des mœurs appuyant son empire, etc.

PAGE 261, VERS 27.

Le Tartare t'adore.

Nature, apprête-toi!

Tout ce qui suit, jusqu'au vers 21, page 266, a été ajouté dans l'édition de 1817.

Édition de 1806 :

> Elle errait incertaine autour de son enceinte,
> Un simple villageois, dans cet auguste lieu,
> Venait d'ouvrir son âme au ministre de Dieu ;
> La sainte paix du cœur brillait sur son visage.
> Ce calme la surprend, cet aspect l'encourage ;
> Elle s'approche, elle entre, elle avance à pas lents.
> Tout-à-coup se découvre, etc.

Enfin, que ne peut point le Dieu qui la rassure?

FIN DES VARIANTES DE L'IMAGINATION.

TABLE DES MATIÈRES

FIN DE LA TABLE.